周游 /著

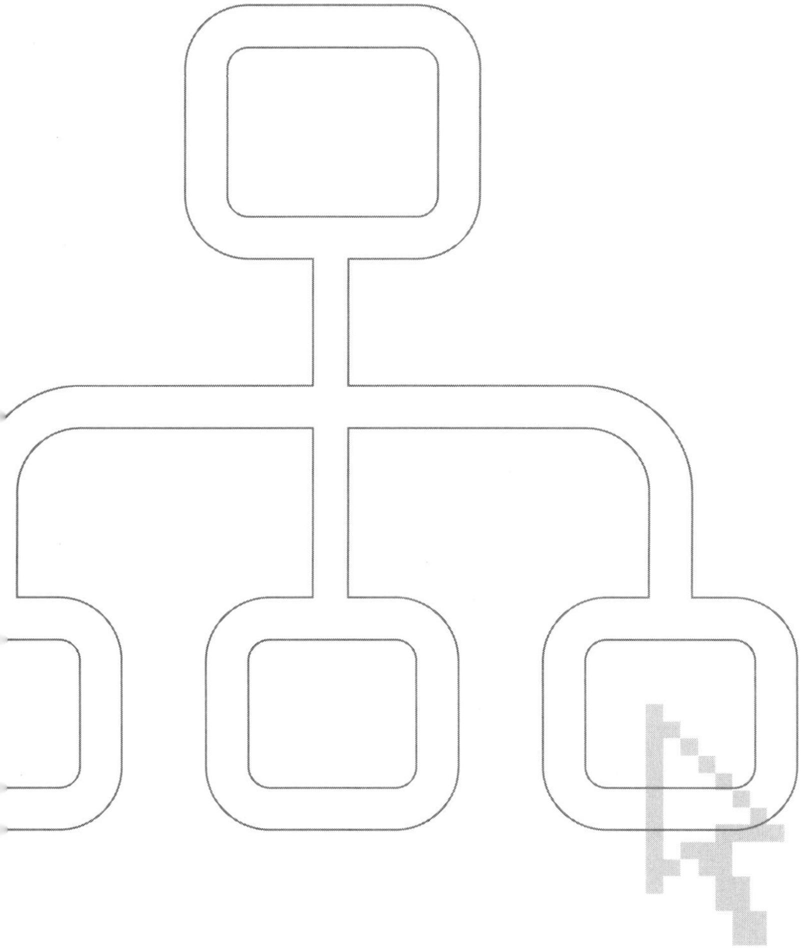

公司法的功能嬗变

FUNCTIONAL CHANGE OF CORPORATE LAW

从填空到选择

法律出版社 | 北京

图书在版编目(CIP)数据

公司法的功能嬗变：从填空到选择 / 周游著. -- 北京：法律出版社，2022
ISBN 978-7-5197-6022-9

Ⅰ. ①公… Ⅱ. ①周… Ⅲ. ①公司法-研究-中国 Ⅳ. ①D922.291.914

中国版本图书馆 CIP 数据核字(2021)第 203843 号

公司法的功能嬗变:从填空到选择
GONGSIFA DE GONGNENG SHANBIAN:
CONG TIANKONG DAO XUANZE

周 游 著

策划编辑 陈 妮
责任编辑 陈 妮 黄 筝
装帧设计 马 帅

出版发行 法律出版社
编辑统筹 法治与经济出版分社
责任校对 王 丰 郭艳萍
责任印制 吕亚莉
经　　销 新华书店

开本 710 毫米×1000 毫米 1/16
印张 18.5　**字数** 276 千
版本 2022 年 2 月第 1 版
印次 2022 年 2 月第 1 次印刷
印刷 三河市兴达印务有限公司

地址:北京市丰台区莲花池西里 7 号(100073)
网址:www.lawpress.com.cn
投稿邮箱:info@lawpress.com.cn
举报盗版邮箱:jbwq@lawpress.com.cn
销售电话:010-83938349
客服电话:010-83938350
咨询电话:010-63939796

书号:ISBN 978-7-5197-6022-9
定价:86.00 元
凡购买本社图书,如有印装错误,我社负责退换。电话:010-83938349

序　一

2020年年末,中国商业法研究会年会在长春召开期间,周游跟我说,他所承担的中国法学会2018年度部级课题结项被评为优秀,结项报告即将出版,邀我作序。我问他研究主题是什么,他答:公司法的功能。我心里寻思,从博士学位论文开始,周游始终在公司法哲学领域苦苦探索,刨根溯源,追寻若隐若现的金线矿脉,开凿坚硬的岩石。这是他的风格,也是学者的品质使然。

周游于2012年考入北京大学法学院,我担任其博士研究生导师。入学之初,我知他特别关注公司法基础理论,于是建议他结合历史学、经济学等领域对企业组织形式变迁作些研究。他很勤奋,也很灵光,行动力还很强,在发表两篇与企业组织形式相关的成果后,他又陆续撰写了数篇颇有见地的学术论文。2016年,他从北京大学毕业后,入职中央财经大学法学院。数年间,也相继看到他发表在《中国法学》《法学》《清华法学》等期刊的诸多成果,得知他仍一如既往地坚持思考公司法的本原问题。对此,我十分欣慰。三四年前,我把独著的教材《企业与公司法学》正式托付给了周游和我的另一位博士周淳(目前在浙江大学光华法学院任教)续著,新近出版的第九版和第十版就是由他们二人完成的。

在我眼前的这份书稿,名为《公司法的功能嬗变:从填空到选择》,是周游连贯性研究中一项较体系化的成果。公司的中国起源、公司与其他类型企业的制度比较、股权结构与公司治理的经济基础关系,以及公司责任的内涵与外延等问题都有专章予以集中深度的讨论。周游的研究暨写作风格再次被本书展现,梳理问题,回溯历史,在诸多解决方案中比较拷问,文思像清泉一般地在山涧流淌,叮咚有声,对中国公司法制度的演变及其趋势路向继续展开深入探讨。

依本书之所见:我国公司法已进行一系列影响深远的改革,在诸多方面取得了明显成效,但仍存在不少值得反思的疑难问题。例如,在推进简政放权之背景下,公司设立的制度门槛被不断降低,公司资本制度的深化改革正是其中的突出表现。这个大方向无疑是正确的,但同时还需要清晰认识到,简政放权不是放任市场主体野蛮生长,法律人需充分了解商业实践,并根据不同情形和不同需求,尽可能对企业组织和商事交易设置有针对性的规范。这正是本书的研究主题。一国究竟需要什么样的公司,需要什么样的公司法,对此,世界范围内并不存在放之四海而皆准的唯一答案。如果机械地照搬域外的理论与规则,并简单划一地确立组织结构与交易行为的标准范式,则往往不能实现制度设置的初衷。周游在书中提出,当代公司法不能单纯以被动填补缝隙为目的,而需在公司基本框架、股权利益享有与行使方式、公司治理结构设置以及公司内外部问责等关键制度领域引入主动提供多重选项的模式。换言之,公司法的改革目标,是促使其进化为一部具有国际竞争力的"选择型公司法"。

读博期间,周游前往日本东北大学从事东亚比较公司法的访问研究。当时,恰逢日本公司法规则革新之重要时点。为期一年的研究也让他对公司法的基础理论问题有了更多思考,这在本书中也得以充分展现。例如,根据周游的研究,日本公司法近年来在公司治理结构选择设置规则方面的改革的确不乏可取之处。相比远隔万里的欧美,地处同一个文化圈的区域之规则实践对我们当前的公司法改革来说,具有不可忽视的参考价值。

立足本土,时刻反思何为中国公司法中的问题,何为中国公司法的贡献——这是我曾对周游的叮嘱,在本书中也多有体现。例如,在理论方面,无论是对公司合同理论的评介,还是对两权分离、股权性质的阐释,皆在中国语境下展开;而在探讨公司决议、股权转让、混合所有制改革等实践问题时,也都以剖析本土疑难案例为基点。当然,本书只是相关议题研究的一个开端,其中还存在不少问题和亟待进一步深挖细究的空间。例如,本书侧重关注股东及其权利行使的维度,而对于以董事为中心的公司治理问题着墨较少。况且,我国社会环境及商业实践有其复杂性和特殊性,就特定事项如何设置尽可能周延的规则选项,又如何配置相应的风险防范或责任追究条款,都不是一两次修法就能完成的任务,更不是单凭一本书就能说透道明的话题,愿学界同人也对此多些关注。希望周游能沉下心,深耕下去,继续在这个方向作出更加有趣、有味的研究。

甘培忠*

2021 年 2 月 23 日

* 北京大学法学院教授。

序　二

周游是我在北京大学的学弟,也是现在的同事,他的新著有一个别致的名称。其所称的“填空”与“选择”,是一种比喻。在我看来,也在至少两个维度上构成一种隐喻。

首先,这是对本书读者命运的正向隐喻。“填空”和“选择”一起出现时,我们最容易想到的是题型中的填空题与选择题。前者是中小学试卷的开篇“武器”,但“做题家”们成功进入法学院的考场后,会发现选择题会成为他们面临的第一轮难题。就本书作者的号召力而言,“90 后”“00 后”将会是阅读本书的重要力量,而“从填空到选择”,也将是他们的一部“人生进化史”。而且,做完选择题后,往后还能看见更难的、更强调自主作答的简答题、论述题的身影,这也是本书作者对公司法的参与者们期许的。

其次,这是对本书作者人生的反向隐喻。本书不时穿插对世界历史的回眸,带领读者发出兴叹,已经能算一部枯燥中带着有趣的法律学术著作,但作者的人生本来其实可以更有趣。周游是一个生活精致、热爱生活的人。他仅仅因为每周要坐几趟六号线地铁上下班,就开了个公众号介绍在地铁上阅读的各类书籍。坚持数载,书目遍及自然、人文和思想,有温度,有深度;他也是一个文艺青年,每年在学院新年联欢会上的献唱已成为固定的引流项目;甚至,如果他愿意转身去开一家咖啡店,与顾客一边分享研磨豆子的经验,一边畅聊“研磨”书卷的心得,我想他也会是成功的。

不过,周游在可以有这么多“选择”时,仍然自南向北跨越大半个中国,走上了学术道路,又在诸多的学科方向中,10 多年来坚定“选择”了公司法,并在既有的公司法学说纷繁复杂的生态中(如参见本书第一章第一部分),“选择”出了自己的路径,最终以“填空”的形式作出了他的贡献。

在这个抓起手机人人就能向世界输出信息的年代,写文章本身似乎早已祛魅。但在学术研究中,“填空”不是那么容易做到的事。在荒郊野地随意挖个坑,再草草掩埋,不算填空。往坑上铺张纸,哪怕是一张好看的纸,不算填空。向未名湖那么大的坑里扔两块石头,不算填空。

有意义的填空可分为三类:在通衢要道明显的陷坑中填补,有助于他人在这条道路上畅行;在既有的道路中勘察路况,发现隐藏的漏洞、空洞,而予以充实;通过在一条本不成路的土地上填补缺坑,为他人开通了新的可行之道。本书达到了上述什么程度,读者可以自行得出结论。我想作者也会期待更多的书评者。

本书提及的“填空”,其实也可以被理解为“范文”。契约论观念下的公司法为公司参与方提供的是一种备用规则、示范规则,当事人可以自行决定另作规则。但这种理论上的图景会遭遇现实的“骨感”,一方面,由于自行谈判的缔约成本过高,大多数当事人并无心力偏离法律设定的标准规则;另一方面,法律的制定和执行者可能基于权威、智识的优越性,以及对整齐划一的秩序的追求,亦可能会导致压制公司参与方另作权的结果。

当示范性填补方案会成为唯一的通行方案时,其不能做到各方皆宜的消极面便需放大考察。俗话说,时代的一粒尘,落在个人头上便是一座山。规则制定中的填补若有些许未曾被感知的不平之处,对具体的当事人而言,可能会成为要付出更多艰难才可攀越的险峰或可穿行的滩涂。

故而，提供更多的选择，便成了一种更高级，也更费心智的立法路径。法律要为当事人提供不同的合理选择。本书第二章结尾处提出：好的选择题应该提供尽可能多的选项，对任何一个选项都给予必要的规则支持（提供更多的关于选项利弊的参考信息），设置丰富的题型（单选、多选、限选、任选等）以应对不同情境。我在此还想补充几点：

第一，不同的选项之间保持一定的区分度；否则，选项就应该合并，就像 2021 年 4 月深圳证券交易所的主板和中小企业板最终被合并。

第二，不同的选项设置应当有必要性。法律是公共物品，不同于学校试卷可以有纯送分项，法律选项的提供本身需要耗费不菲的立法资源，故应当尽量兼顾较大范围内的一类主体的需要，而不是让一个选项成为为少数市场参与者量身定做的“后门”。

第三，不同的选项应当各有利弊；否则，人们就会集中选择一些特定的选项，而令别的选项成为纯“陪选”。当然，不同的选项设置本身是一个探索的过程。若能通过市场选择来实现鉴别区分，甚至发现唯一的优选答案，亦不失设置选择的初心。

从逻辑上讲，“选择题”设置后，还有两种层次可选：一是只能在给定的选项中选择，相当于以选择的自由换取了另作的自由；二是能在选项之外自行另作。后者所需要的技巧性当然更高。因为自作方案的合理性需要以多种而非一种任意选项为参照。

从“填空”到“选择”，也是一种可推广适用的法学思考方法，而不限于公司法。至少在与市场经济相关的法律领域中，我们都面临从唯一示范法的“填空”，到多种法律规则的“选择”问题。在“填空”方式不是任意法而是强制法的场合里，在立法者不只是周游说的“被动填空”，而是“主动填空”的情形中，立法者转向“选择”的必要性和方式也会有更多值得思考之处。

感谢周游委托我作此序，我无法在此尽数萃取周游的学理的精粹。正如本书指出的行政规章和司法解释对公司法的过度填补,作序者也要谨防对作者“过度填补”。大家既然已经“选择”了这本书在手,敬请快快翻页,自寻堂奥,以观其能在多大程度上为你的知识和思想版图“填空”。

缪因知*

2021 年 4 月 2 日

---

* 中央财经大学法学院教授。

目录

引论:立足中国的分析框架

李鸿章所办商务,亦无一成效可观者,无他,官督商办一语,累之而已。中国人最长于商,若天授焉。但使国家为之制定商法,广通道路,保护利权,自能使地无弃财,人无弃力,国之富可立而待也。今每举一商务,辄为之奏请焉,为之派大臣督办焉,即使所用得人,而代大匠斲者,固未有不伤其手矣。况乃奸吏舞文,视为利薮,凭挟狐威,把持局务,其已入股者安得不寒心,其未来者安得不裹足耶?故中国商务之不兴,虽谓李鸿章官督商办主义为之厉阶可也。[1]

暂且不论梁启超对洋务时代之李鸿章的上述评语是否中肯,仅就其中指出当时中国商务皆采官督商办之唯一模式为其不兴的重要原因而言,则可谓一语中的。中国近代企业实践多以失败告终,个中根由复杂,乃至成谜。[2] 然可明确一点:单一的发展模式主要受到国家发展理念

---

〔1〕 梁启超:《李鸿章传》,百花文艺出版社 2000 年版,第 43 页。

〔2〕 清末大臣薛福成慨叹中国公司"不举"——"众志漓,章程舛,禁约弛,筹划疏",根源在于"风气不开"。方流芳解谜,认为中国公司之谜在于始终试图以公司法来治疗国企之痛疾,自 1946 年国民政府全面修改《公司法》起,再到 1993 年中华人民共和国颁布第一部完整意义上的《公司法》,都把公司制作为国企得以重生的"救命稻草",这完全超出了公司制的能力范围。参见薛福成:《论公司不举之病》,载陈志武、李玉主编:《制度寻踪·公司制度卷》,上海财经大学出版社 2009 年版,第 4~5 页;方流芳:《试解薛福成和柯比的中国公司之迷》,载梁治平主编:《法治在中国:制度、话语与实践》,中国政法大学出版社 2002 年版,第 280~318 页。See William C. Kirby, *China Unincorporated: Company Law and Business Enterprise in Twentieth-Century China*, 54 The Journal of Asian Studies 43-63(1995).

的影响,这种模式重国家之需而轻商人之需,将市场上不同投资者划一处理且视之为无差别的主体,从而未能提供多元化、灵活性的制度安排。

诚然,缺乏选择的规则绝非仅是某一时点、某一个人之过。包括洋务企业在内的绝大多数中国近代企业,其发展宗旨都是紧系家国安危,以应对外源性刺激。在传统士农工商之社会等级秩序中,分散生产的农民阶层、以亲族或邻里为纽带集合的新兴工商阶层又无法冲击旧有制度,唯独流动性较强的士绅阶层有能力肩负时代使命。受到观念上的束缚,所谓的绅与商结合,也主要是从绅到商的单向流动。[1] 既然如此,一旦士绅从商,其家国情怀又或是官僚气质也将改变企业单纯的营利性特质,外源性刺激又进一步使近代企业在危机面前更加不能仅关注自身利益,由国家意志主导、士绅阶层执掌并主要关系国计民生的企业治理模式得以成型。[2] 由此,规则的单一模式化就存在可能性和必要性。

当代中国公司法改革的一项重点,可能就是如何摆脱上述路径依赖。不少国家和地区的公司法在近十余年来已经开始尝试改革,例如,日本、美国、英国、欧盟乃至我国香港特别行政区都在其公司法立法中针对特定制度尽可能设置多重选项,以供当事人选择。此处疑惑在于,制度反思需立足本土的思潮是否可以作为继续保持原有立法模式的理由?显然不是。在笔者看来,本土思考绝不是将自身孤立于世界而开展完全路径独立的制度改革,这既不可能,也不现实。王保树指出,中国自加入联合国世界贸易组织后,公司法改革与全球竞争就联系起来了。[3] 和而不同,这是辩证看待不同区域的制度之融合与竞争的中国理念。

自20世纪中后期以来,受到伊斯特布鲁克与费希尔等学者之公司合同理论的影响,公司法的存在意义长期被认为是填补公司合同的"缝

---

〔1〕 参见马敏:《官商之间:社会剧变中的近代绅商》,华中师范大学出版社2003年版,"引论"第2~3页。

〔2〕 参见周游:《企业单位制变迁理路的厘清与反思》,载《清华法学》2018年第3期。

〔3〕 参见王保树:《竞争与发展:公司法改革面临的主题》,载《现代法学》2003年第3期。

隙”(loopholes),由此彰显的是公司法的“填空”功能。[1] 这一看法根植于经济学的自由主义,放松对公司的管制,增加公司法当中的任意规范,是“填空”功能导向下的必然结果。然而,一旦公司合同界限难以确定或是过于宽泛,公司法存在的必要性就可能被弱化,似有以合同法、财产法以及侵权法调整足矣之错觉。这一无法回避的问题也引起部分法学研究者的担忧或质疑。戈登强烈捍卫公司法当中应设置强行规范之传统立场。[2] 而更多学者,如比博绍克、艾森伯格、科菲等人都认为,在肯定公司合同理论之立场的同时,在公司法中设置必要的强行规范在一定范围内有其意义所在。[3] 深受美国法影响的国家或地区也纷纷对此予以反思,例如,日本学者江头宪治郎审慎地指出,相对于充分体现契约自由的闭锁型公司而言,股份公司是否没有必要对章程自治作出必要限制,这是需要时常检讨的。[4] 显然,自公司合同理论兴起以来,法学视域下有关公司法功能的讨论,呈现的是任意规范与强行规范如何设置与平衡之争。只不过,公司法同时兼有任意规范与强行规范是制度变迁的必然结果,一国公司法究竟是以何种规范为主,实为不同时期国家对公司发展采取的紧缩或宽松之政策性问题。但就公司法功能这一基础问题而言,过多地进行政策性思考可能并未切中要害。在股东角色多样化引致的投资格局多角化、治理模式多元化等当代背景下,以“填空”为功能导向的公司法在活化公司治理乃至提升一国公司竞争力方面是否过于被动,值得斟酌。

---

〔1〕 See Frank H. Easterbrook & Daniel R. Fischel, *The Corporate Contract*, 89 Columbia Law Review 1416(1989).

〔2〕 See Jeffery N. Gordon, *The Mandatory Structure of Corporate Law*, 89 Columbia Law Review 1549(1989).

〔3〕 包括伊斯特布鲁克与费希尔、戈登的论文在内,这些学者的论文都是1988年在美国哥伦比亚大学召开的“公司法上的合同自由”研讨会的学术成果。See Lucian Arye Bebchuk, *The Debate on Contractual Freedom in Corporate Law*, 89 Columbia Law Review 1395(1989); Melvin Aron Eisenberg, *The Structure of Corporate Law*, 89 Columbia Law Review 1461(1989); John C. Coffee, Jr., *The Mandatory/Enabling Balance in Corporate Law: An Essay on the Judicial Role*, 89 Columbia Law Review 1618(1989).

〔4〕 江頭憲治郎『株式会社法』(有斐閣,2015年)57頁参照。

谈及竞争力的问题,就不得不联系美国公司法的州际竞争。伊斯特布鲁克与费希尔认为,在美国,公司法的发展历史,也是那些试图迫使所有公司统一为单一模式的州不断落败的历史。[1] 马克·洛也指出,由于没有一种公司治理形式在任何时候都明显优于所有的公司,我们应该允许治理体系之间的竞争。……由于限制可替代伯利-米恩斯式公司的其他形式的发展,美国的法律和政治历史阻碍了竞争。[2] 当然,摆脱单一模式的公司法则也并不一定就为当事人行为以及公权力规制提供了多重选项。换言之,一个倡导自治乃至放任的公司法,是否就一定能实现其所谓的质效,的确是值得深刻反思的问题。

总之,公司法与经济社会实践紧密相连,因而公司法学研究往往不能仅聚焦于本学科的问题,在方法论方面更是要积极借鉴其他学科领域的优良因子。公司合同理论本身就是一个跨学科的理论。有学者认为,经济学就是一种选择的理论,但这门学科忽视了对选择发生的背景的探讨。[3] 而"选择"本身是生活中的客观存在,是社会科学研究的永恒主题之一。[4] 当然,尽管有选择是好事,但这并不代表选择越多越好;当选择太多时,也可能是需要付出代价的。[5] 选择性规则应当如何设置?或者说,怎样才是一道好的选择题?也是制度构建需要斟酌的关键点。

中国公司法的问题兴许还要更复杂一些。公司合同理论自引入我国起就对公司法研究产生了戏剧性的影响,罗培新所著的《公司法的合同解释》是其中最具代表性的研究之一。[6] 新近研究中,朱慈蕴、蒋大

---

〔1〕 See Frank H. Easterbrook & Daniel R. Fischel, *The Economic Structure of Corporate Law*, Harvard University Press, 1991, p. 13.

〔2〕 See Mark J. Roe, *Strong Managers, Weak Owners: The Political Roots of American Corporate Finance*, Princeton University Press, 1994, p. 234.

〔3〕 参见[美]道格拉斯·诺思:《理解经济变迁过程》,钟正生、邢华等译,中国人民大学出版社2008年版,第11页。

〔4〕 参见[英]理查德·哈珀、戴夫·兰达尔、韦斯·沙罗克:《选择》,王显志、郑侠译,清华大学出版社2019年版,第1页。

〔5〕 参见[美]巴里·施瓦茨:《选择的悖论:用心理学解读人的经济行为》,梁嘉歆、黄子威、彭珊怡译,浙江人民出版社2013年版,第3页。

〔6〕 参见罗培新:《公司法的合同解释》,北京大学出版社2004年版。

兴、黄辉等学者围绕强行规范与任意规范的边界、公司合同的特殊性等问题展开了专题讨论。[1] 此外,王保树、[2] 吴建斌、[3] 赵旭东、[4] 施天涛、[5] 冯果、[6] 刘俊海、[7] 汤欣、[8] 邓峰、[9] 钱玉林、[10] 许德风、[11] 蔡立东[12] 等众多学者都在其著述中对该理论予以详细介绍及有益反思。实际上,"填空"功能在我国2005年全面修订的《公司法》中得以很大程度的彰显,例如,公司章程对于《公司法》列示的规则在诸多场合可"另有规定"。[13] 然而,研究发现,"另有规定"并没有被广泛呈现于实践当中,法律所提供的范本,成为绝大多数公司遵行的标准,章程对公司内部权益配置及纠纷处理没有发挥应有作用。个中缘由,值得深思。诸多纠纷虽根据照搬《公司法》规定的章程得以处理,但由于缺乏对公司特殊问题的针对性回应,纠纷的处理并不意味着问题已然得以妥善解决。真正

---

〔1〕 参见朱慈蕴、沈朝晖:《不完全合同视角下的公司治理规则》,载《法学》2017年第4期;蒋大兴:《公司法中的合同空间——从契约法到组织法的逻辑》,载《法学》2017年第4期;黄辉:《对公司法合同进路的反思》,载《法学》2017年第4期。

〔2〕 参见王保树:《从法条的公司法到实践的公司法》,载《法学研究》2006年第6期;王保树:《竞争与发展:公司法改革面临的主题》,载《现代法学》2003年第3期。

〔3〕 参见吴建斌:《合意原则何以对决多数决——公司合同理论本土化迷思解析》,载《法学》2011年第2期;吴建斌:《科斯法律经济学本土化路径重探》,载《中国法学》2009年第6期。

〔4〕 参见赵旭东:《改革开放与中国商法的发展》,载《法学》2018年第8期;赵旭东:《公司法修订的基本目标与价值取向》,载《法学论坛》2004年第6期。

〔5〕 参见施天涛:《公司法的自由主义及其法律政策——兼论我国〈公司法〉的修改》,载《环球法律评论》2005年第1期。

〔6〕 参见冯果、段丙华:《公司法中的契约自由——以股权处分抑制条款为视角》,载《中国社会科学》2017年第3期。

〔7〕 参见刘俊海:《改革开放30年来公司立法的回顾与前瞻》,载《法学论坛》2008年第3期。

〔8〕 参见汤欣:《论公司法的性格——强行法抑或任意法?》,载《中国法学》2001年第1期。

〔9〕 参见邓峰:《中国公司治理的路径依赖》,载《中外法学》2008年第1期。

〔10〕 参见钱玉林:《公司章程"另有规定"检讨》,载《法学研究》2009年第2期;钱玉林:《商法漏洞的特别法属性及其填补规则》,载《中国社会科学》2018年第12期。

〔11〕 参见许德风:《组织规则的本质与界限——以成员合同与商事组织的关系为重点》,载《法学研究》2011年第3期。

〔12〕 参见蔡立东:《公司本质论纲——公司法理论体系逻辑起点解读》,载《法制与社会发展》2004年第1期;蔡立东:《公司制度生长的历史逻辑》,载《当代法学》2004年第6期。

〔13〕 对此较具代表性的反思,除前述钱玉林的研究外,还可参见吴飞飞:《"公司章程另有规定"条款的理论争点与司法解说——以公司合同理论与股东平等原则为认知路径》,载《甘肃政法学院学报》2014年第1期。

涉及当事人之间核心利益的安排,则可能通过其他隐秘的甚至规避法律的方式进行。如实践中大量存在的股权代持或名股实债,实际控制人掌控公司而架空依照《公司法》设置的治理结构,乃至海外上市企业构建的仍不被我国资本市场完全接受的决策机制等,种种事例更进一步凸显在功能上过分被动的公司法可能成为商业进步不必要的"绊脚石",还可能极大地减损中国市场在全球范围内的竞争力。

不少学者在聚焦公司法改革时也渐次指出提供不同的模式或选项以供当事人选择的重要性。王保树认为,公司法修改不能着眼于堵漏洞、补窟窿。[1] 这意指公司法改革应当体系化。蒋大兴认为,最佳的选择是,许可企业根据自身情况以章程选择合适的监控机制,允许不同的治理结构在一国内部同时并存、共同竞争。[2] 许德风在研究董事独立性时也指出,对公司利益的维护,是董事制度、股东的信义义务等制度综合运用的结果;故而,法律应适应企业经营现实,提供充足的公司类型及恰切的公司治理模式供投资者选择。[3]

基于以上观察,笔者在 2018 年发表了一篇讨论公司法功能的文章,[4]其为本书研究的原初框架设想,幸而引起不少前辈同人的共鸣或反响。汪青松、肖宇在研究差异化股权制度时认为,该制度的理论基础在于公司自治,而公司自治从制度目标来说就需要引入主动提供多重选项的模式。[5] 蔡元庆、楼秋然等学者在研究股东协议时都注意到,中国公司的股东协议之所以常常替代公司章程发挥治理作用,很大程度上是因为我国《公司法》对公司章程的制度供给不足,难以适应商业实践的

〔1〕 参见王保树:《公司法的全面改革不能着眼于堵漏洞、补窟窿》,载《环球法律评论》2014 年第 1 期。

〔2〕 参见蒋大兴:《公司法的观念与解释 Ⅰ:法律哲学 & 碎片思想》,法律出版社 2009 年版,第 275 页。

〔3〕 参见许德风:《论法人董事与代表人董事——兼议董事独立性的界限》,载《法学》2015 年第 3 期。

〔4〕 参见周游:《从被动填空到主动选择:公司法功能的嬗变》,载《法学》2018 年第 2 期。

〔5〕 参见汪青松、肖宇:《差异化股权制度东渐背景下的中小股东保护》,载郭文英、徐明主编:《投资者》第 3 辑,法律出版社 2019 年版,第 43 页。

需要。[1] 季奎明在探讨中国公司内部监督机制时提到，可由《公司法》分别列举规定“一元制”下独立董事和“二元制”下监事会的运行机制，敦促当事人对两种监督模式和各模式下的子项规则进行自主选择并在章程中载明。[2] 吴高臣在研究有限责任公司权力配置时指出，相关规范的完善需要设置更多合理的选择性条款。[3] 陈醇在研究公司法之组织法属性时强调，我国公司法采用组织说，应当认识到是对法律行为的组织，因而必须尊重法律行为的自治本性，据此增加公司法规则的选择性。[4] 赵忠奎、周友苏在研究公司组织形态变革时阐明，立法应当赋予不同投资者在不同时期选择不同公司组织形态的权利，为此，就需要对我国公司组织形态进行“整合”与“扩容”。[5] 刘斌也对公司类型予以关注，其研究认为，规范上应当通过明确的赋权性规则和缺省性规则，在强制性规范基础上丰富公司类型规则，这在一定程度上重新塑造了公司法的功能，以提供自治选择的方式充实了公司自治的法理内涵。[6]

理解公司法的功能，可以有多种多样的视角。问题的出路，归根结底可能是需要对公司法的功能进行较为彻底的反思：被动地强调公司自治究竟是不是当前最妥当的立法取向？本书将结合相关基础理论、域外相关立法经验以及本国实践的制度需求予以剖析。一个简要的结论是，公司法不能单纯以被动填补缝隙为目的，而需在关键制度领域考虑建构主动提供多重选项的模式。这一从被动到主动的历程，符合公司法进化的现状，对于中国公司法来说也可能更具意义。以“选择”功能代偿“填

---

〔1〕 参见蔡元庆、黄海燕：《股东协议治理：缘起、困境与规范进路》，载《财经法学》2019年第2期；楼秋然：《有限责任公司中的股东协议效力问题研究——基于合同法与组织法交叉视阈下的效力区隔与整合》，载《河南财经政法大学学报》2019年第2期。

〔2〕 参见季奎明：《中国式公司内部监督机制的重构》，载《西南民族大学学报（人文社会科学版）》2020年第4期。

〔3〕 参见吴高臣：《人合性视角下有限责任公司权力配置研究》，载《烟台大学学报（哲学社会科学版）》2020年第6期。

〔4〕 参见陈醇：《从公司合同说到组织说：法律行为视角下的公司与公司法》，载《财经法学》2020年第6期。

〔5〕 参见赵忠奎、周友苏：《整合与扩容：公司组织形态变革的本土路径》，载《社会科学研究》2021年第1期。

〔6〕 参见刘斌：《公司类型的差序规制与重构要素》，载《当代法学》2021年第2期。

空”功能的策略需充分考虑公司实践的不同可能性,在扩充公司自治基础上对各种形式可能存在的弊病及风险进行各个击破,这或许是公司法改革另一段里程的开始。

从表面上看,公司法的功能定位是一个非常抽象、宏观的议题,实则不然。商业实践所反映的相关难点比比皆是:(1)我国公司治理长期以股东为中心,股东间协议大行其道,放松管制的理念导向下限缩公司法规则容量之举措是否会进一步扩充股东间协议的影响,甚至“杀死”公司治理?(2)发起人设立公司时为减少麻烦,往往照搬公司登记管理部门提供的章程模板,这一模板又通常与《公司法》的规定相仿,如此,当规则别无选择时,公司法在形式上尊奉的自由主义是否引致隐性管制?(3)隐性管制牵涉如何处理政策与法律之间的关系问题,法律的“松绑”并不会减少人们对制度本身的需求。那么,为了更好应对商业实践而将焦点从立法转向司法的初衷,是否会强化政策在制度供给中的地位,继而增加法律效果的不确定性?(4)考虑域外各地相继在公司法中融入“选择”功能以迎合不同投资者的差异性需求之情势,过分简洁且规则单一的中国法如何在愈演愈烈的全球制度竞争中脱颖而出?由此观之,我国公司法如何顺应功能嬗变之潮流并进行结构性革新,就可能是一个极具意义的研究课题。

具体而言,本书将主要回应以下争点:

第一,公司合同理论倡导的“填空”功能在当前情势下是否过于被动?

公司合同理论自滥觞起就对全球公司法带来颠覆性改变,该理论如何与公司法结构相契合,我国近10余年来的公司法改革与之有何联系,其中又存在哪些特殊问题,值得关注。制度改革可借鉴域外理论,但这一过程需结合本国国情。公司合同理论之“合同”与一般理解有别,不能与中国语境下之合同相提并论,据此扩充合同法在公司纠纷当中的适用更不妥当。例如,以效力性强制性规范抑或管理性强制性规范的标准对章程或决议效力予以评判的做法,值得商榷。尤其是在股东角色多样化引致的投资格局多角化、治理模式多元化等当代背景下,过分被动的公司法如何成为商业进步的"绊脚石",又如何减损一国制度在全球范围内的竞争力,不无疑惑。

第二,填空型公司法主要存在哪些局限性?

我国《公司法》是典型的填空型公司法,无论是从公司类型、治理机构还是股东权利保护等视角来看,其结构都较为单一,未充分考虑多元化商业模式影响下不同权利配置的实现可能性。由于公司法的"填空"功能主要通过司法裁判得以呈现,这对于没有判例法传统的中国来说,可能有过度填补、"缝隙"识别困难乃至协议替代治理等问题。而无论是理论研究还是司法实践,都可能聚焦于强行规范与任意规范如何区分之争议上,徒增司法的不确定性。这些症结对公司法质效的影响也需留意。

第三,公司法规则设置引入主动提供多重选项的模式有何积极意义?

基于大数据等进步因素,以及当下参考域外机制的可能性与可行性,立法者要比过往更有能力考虑实践中业已存在或在一定时期内可能出现的交易模式以及风险应对策略,并将其置于公司法规则中以供当事人选择。这一模式的结构性革新,既可提升当事人的主观能动性,又可降低司法裁判中的不确定性。公司法的实施也不再单纯表现为主体被动接受规则设置的过程,而将可能彰显规则与主体之间的良性互动。当然,功能嬗变的研究涉及诸多经济学与历史学的议题,故而本书除省察规则革新及司法动向以外,也会关注制度变迁背后的跨学科问题。同时,本书将着重于探索传统理论在中国化进程中可能面临的疑点与难题,并尝试论证从被动填空到主动选择这一公司法功能嬗变的必然性。

第四,"选择"功能在当代公司法的哪些关键领域应有所呈现?

选择型公司法不是理论推导的产物,而是近 20 年来在提升自身制度竞争力的背景下各地为迎合实践需要而主动进行的规则革新。由此,域外各地不少公司法改革已体现从被动填空到主动选择的功能嬗变过程。总结各地的改革经验,选择型公司法主要在公司基本框架、股权利益享有与行使方式、公司治理结构设置以及公司内外部问责等关键领域引入主动提供多重选项的模式。其中,公司治理结构设置方面的体现尤为突出。

第五,中国公司法在融入“选择”功能进行结构性革新过程中需特别关注哪些问题?

各国及地区公司治理或多或少都存在路径依赖的现象,中国也不例外。在参考域外公司法制度经验并在我国公司法融入“选择”功能之过程中,有不少需要特别关注的问题,例如,以股东为中心的治理结构及国企改革对公司法革新的影响等。这些问题深刻影响公司法结构性革新的质效。在公司法中融入“选择”功能,中国有天然优势。近现代以来我国辩证吸收域外诸多优良制度,当前改革宜对这些制度进行系统梳理和反思,并将其嵌套于丰富多样的本土实践中,从而形成并行不悖的、能应对不同主体之需求的规则体系。由此,不同公司法制度的磨合与兼容完全是必要且可能的,这是塑造我国选择型公司法的机遇。

第一章　填空型公司法的制度溯源及其反思

公司合同理论深刻影响数十年来全球公司法的变迁脉络。这一进程如何展开，又如何渗透至中国公司法的理论与实践，如何看待由此形成的以填补"缝隙"为要务的填空型公司法，是本章重点关注的议题。

一、公司合同理论：立场及争议

公司合同理论的奠基著述可追溯至科斯于1937年发表的《企业的性质》一文。之后，经过数十年的积淀，由阿尔钦、德姆塞茨、詹森、麦克林等人正式开创。[1] 在这样一种理论引领下，公司常被视为一个合同束（nexus of contracts）。[2] 因而，公司就不再是一个独立实体，而只是公司各参与方之间的权利义务关系的联结点。这样一来，合同法所强调的当事人自由意志也必然影响公司法的构建。公司法的任务，无非是想方设法降低参与方之间的交易成本，故其基本规范应当都是任意规范。

而真正开始引起法律人关注这一理论的，可能是1988年在美国哥伦比亚大学召开的"公司法上的合同自由"研讨会上之争锋。

---

〔1〕 有关公司合同理论背景的中文研究，可参见罗培新：《公司法的合同解释》，北京大学出版社2004年版，第21～22页。

〔2〕 See Michael Jensen & William Meckling, *Theory of the Firm: Managerial Behavior, Agency Costs, and Ownership Structure*, 3 Journal of Financial Economics 305, 310－311 (1976).

(一)回溯:1988 年的美国公司法之争

如黄辉所言,这是对于公司法任意性和强制性问题讨论的一个巅峰,至今仍未被逾越。[1] 在这一场意义深远的争锋当中,当时具有影响力的美国公司法学者都几乎出席了会议,且都旗帜鲜明地表达了自己的立场。

伊斯特布鲁克与费希尔是芝加哥法学派的重要代表学者,他们在会议上重点阐释了公司合同理论的基本内涵。两位认为,公司是由一组复杂的显性和隐性合同构成的合同束,公司法应该是赋权的(enabling)。市场的力量驱使管理者追求公司利益最大化,以及公司治理结构的优化。公司法发展的历史以及美国各州之间的公司法竞争表明,公司会主动寻求允许调整公司结构的开放式法律,逃离束缚其结构调整的法律。故而,公司法的基本特征是任意规范。只有在当公司选择的条款未被市场定价且与股东利益背离的情况下,才有可能证明法律规定的强行规范是合理的。此外,公司法存在的原因是填补缝隙和降低成本。一方面,一套现成的合同条款可以降低谈判成本;另一方面,由于合同双方无法预料未来所有事情,所以公司法可以发挥填补缝隙的作用。但上述情形并未取代实际的讨价还价的磋商过程,应当优先尊重双方当事人明确的选择。[2]

与前两位学者针锋相对的,是此次研讨会的组织者戈登。他强烈捍卫强行规范在公司法当中地位。首先,他认为法律上的合同与经济学上的合同有别,不能混为一谈。其次,他对合同主义者认为的“公司法的内容是可能达成的合同条款”以及“公司参与人根据实际需要自由选出这些条款”这两项原则提出异议。戈登指出,公司法中的完全合同自由必然会实现私人财富最大化的观点是错误的,任意规范与强行规范的混合

---

〔1〕 参见[美]弗兰克·H. 伊斯特布鲁克等:《公司法的逻辑》,黄辉编译,法律出版社 2016 年版,“前言”第 6 页。

〔2〕 See Frank H. Easterbrook & Daniel R. Fischel, *The Corporate Contract*, 89 Columbia Law Review 1416(1989).

体系可能才是最好的选择。继而,戈登提出五种假说以解释强行规范的存在:投资者保护假说(investor protection hypothesis)、不确定性假说(uncertainty hypothesis)、公共产品假说(public good hypothesis)、创新假说(innovation hypothesis)和投机修正假说(opportunistic amendment hypothesis),并认为最后三种假说,特别是最后一种假说,具有强大的说服力。所谓投机修正假说,是指强行规范能够提供一种防止投机性修改章程的约束机制。[1]

此次研讨会的其他与会学者对该争论大多秉持中和的立场。

克拉克认为,公司合同理论当然有其积极意义(尽管理论非常不完备),但其支持者往往忽略或轻视了强有力的(powerful)精英和普遍存在的(pervasive)传统在规则制定中所起的作用。他们并不承认非合同基础之规则是同样正当及重要的。他们支持自治,反对他律。这样的趋势具有误导性,且与实践明显不符。[2]

一贯坚持强化股东权利之立场的比博绍克则认为,公司法存在强行规范是毫无疑问的,即必然存在若干重要的规范是不能被选出的,关键问题是哪些规范属于强行规范。此外,比博绍克着重强调,应当区分初始章程和后续章程,两者存在较大差异,需要分别考量。后续章程由于明显缺乏合同特性,因而不能任由其选出公司法规范,即在后续章程的相关规范中,理应设置相应的强行规范。[3]

艾森伯格在此次会议上也表达了富有争议的见解。首先,他从形式上将公司法规则分为赋权性规则(enabling rules)、补充性规则

---

〔1〕 See Jeffery N. Gordon, *The Mandatory Structure of Corporate Law*, 89 Columbia Law Review 1549(1989).

〔2〕 See Robert C. Clark, *Contracts, Elites, and Traditions in the Making of Corporate Law*, 89 Columbia Law Review 1703(1989).

〔3〕 See Lucian Arye Bebchuk, *The Debate on Contractual Freedom in Corporate Law*, 89 Columbia Law Review 1395(1989). 此外,比博绍克已在早前针对章程修改的问题谈及应当在公司法领域对所谓的合同自由予以限制。See Lucian Arye Bebchuk, *Limiting Contractual Freedom in Corporate Law: The Desirable Constraints on Charter Amendments*, 102 Harvard Law Review 1820(1989).

(suppletory or default rules)和强制性规则(mandatory rules),并尝试提供甄别规则属性的思路与策略。其次,就具体实践来看,公司法的规则还可分为结构性规则(structural rules)、分配性规则(distributional rules)和信义规则(fiduciary rules)。大致上,赋权性规则、补充性规则、结构性规则与分配性规则为任意规范,信义规则等其他规则为强行规范。最后,他区分封闭公司、上市公司、即将进行首次公开发行的公司之不同场合,论述强行规范设置的可能性。[1]

麦克切斯尼对艾森伯格的观点进行了猛烈抨击。首先,从艾森伯格的公司模型本身来看,其并没有就适用强制性规则的情形提供具体指引,而且模型的各个部分从内部结构来看也是不一致的。其次,艾森伯格只是通过证明强制性规则的客观存在,就驳斥了公司合同理论的立场。但合同主义者并不否认这一显而易见的事实,真正的问题是为什么存在强制性规则。再次,艾森伯格的研究主要限于私人秩序是否能够降低代理成本,但他没有证明一种纯粹的私人秩序本身需要付出多少成本。最后,艾森伯格只是将实际存在的不完备的合同与被认为是完备的和零成本的政府规制进行了比较,也就是通过常说的“纳维纳谬误”(the nirvana fallacy)来证明观点。[2]

主攻法律经济分析及法哲学研究的柯恩豪斯认为,伊斯特布鲁克与费希尔的立场只是以新兴的合同隐喻(contract metaphor)替代了传统的信托隐喻(trust metaphor),但这两种法律隐喻都与公司结构格格不入。合同隐喻本身存在较大模糊性,且两位支持者似乎过于乐观了:根据他们的观点,合同是增加参与者的共同财富,且为双方在充分了解信息和零成本的情况下选择的条款。然而,所谓共同财富与当事人意图存在差异,完全信息与零成本合同在实践中是不存在的。由此,柯恩豪斯认为,

---

[1] See Melvin Aron Eisenberg, *The Structure of Corporate Law*, 89 Columbia Law Review 1461(1989).

[2] See Fred S. McChesney, *Economic, Law, and Science in the Corporate Field: A Critique of Eisenberg*, 89 Columbia Law Review 1530(1989).

公司法中设置强行规范的依据在于理想状态下的合同难以实现。由于合同各方当事人的目的很少是一致的，这种不一致可能妨碍对一系列紧密联系的合同条款之连贯解释。而在固定的“背景”规则下，合同的订立可能会更容易，即一个强制性条款的存在可以促使双方签订更安全、成本更低的合同。这对公司各方当事人形成多个合同也起到较好的协调作用。[1]

科菲的视角与众不同。他认为，无论是合同主义者，还是强制主义者，都过分关注经济学的问题，而忽视了法院在长期合同中总是发挥极其重要的监测和解释作用。如果认识到公司法中最具强制性的不是规则的实质性内容，而是司法监督制度，那么合同创新就可以与公司法中的强行规范相协调。法院的司法干预作为一种调和力量，可以在合同创新与抑制机会主义之间予以平衡。法院应当具有以下两种重要作用：第一，有充分的自由裁量权决定接受或者拒绝合同创新，以决定是否“选出”公司法规范；第二，对宽泛而含糊的公司章程条款予以解释，目的是防止多数人“暴政”。[2]

梅西完全同意科菲的立场，且认为其观点具有非常深远及进一步探究的意义。美国法院的确在公司治理当中具有极其关键的作用。不过梅西认为，强调司法的作用实际上是倾向于支持合同主义者的立场，因为法院通过解释以弥补公司合同漏洞，所谓的调和更多体现的是规范的任意性而非强制性。[3]

而颇有意思的是，罗曼诺对戈登这位会议组织者之观点发表的评论。她认为，此次研讨会的主题并未切中要害，研讨会的任务不是能否找到公司法上的强行规范以主张公司法是强行性抑或任意性的，她认为

---

〔1〕 See Lewis A. Kornhauser, *The Nexus of Contracts Approach to Corporations: A Comment on Esterbrook and Fischel*, 89 Columbia Law Review 1449(1989).

〔2〕 See John C. Coffee, Jr., *The Mandatory/Enabling Balance in Corporate Law: An Essay on the Judicial Role*, 89 Columbia Law Review 1618(1989).

〔3〕 See Jonathan R. Macey, *Courts and Corporations: A Comment on Coffee*, 89 Columbia Law Review 1692(1989).

更应关注的是:(1)特定条款的存在是否使公司股价最大化;(2)一项规则从强行规范变为任意规范是否会给投资者带来高昂成本;(3)改变特定的规则是否会产生次优(second best)问题。同时,她对戈登的假设予以重点回应,认为公共产品假说、创新假说以及投机修正假说都没有提供预测强行规范内容的标准,从实证角度来看这些假设也并不合理。继而,她认为,公司法上的强行规范在存在外部性问题时才发挥作用,因此,这在美国也只有在联邦层面才能得以有效回应,亦即不主要作为州法之公司法所调整的对象。[1]

(二)梳理:争议焦点及议题引申

1. 强行规范 vs 任意规范

受公司合同理论的影响,公司法主要围绕公司自治与司法干预的关系展开,进而陷入公司法的功能、如何确定强行规范与任意规范之边界的争论。基于公司合同理论,公司的本质是由利益相关者基于意思自治所订立的一组"合同束",是一系列显性或隐性合同关系的联结,公司的运行应按合同自由的理念展开,除非该类合同引致了负外部性;否则,公司法在原则上应尊重各相关方的选择。申言之,公司法在本质上仅为具有示范性价值的文本,故其原则上应属于任意规范,各相关方可以自由选择是否适用公司法的某项条款,公司法不可就此进行强制性的安排。此外,基于公司之"合同束"本质,市场机制的定价功能也可以发挥一定的规制作用,此亦成为避免公权力过多介入公司合同的主要理由。[2]在该理论的影响下,公司法的存在意义被长期认为是填补公司合同的"缝隙",由此彰显的是公司法的"填空"功能,作为该功能导向下的应然呈现,公司法即应增加任意规范并放松对公司的管制。与之相应,质疑公司合同理论的观点指出合同与市场的局限,认为将公司视为"合同

〔1〕 See Roberta Romano, *Answering the Wrong Question: The Tenuous Case for Mandatory Corporate Laws*, 89 Columbia Law Review 1599(1989).

〔2〕 See Frank H. Easterbrook & Daniel R. Fischel, *The Corporate Contract*, 89 Columbia Law Review 1416(1989).

束”将无法实现对社会有益的结果,因此,公司法原则上应为强行规范。“市场失灵”以及“公司自治失灵”成为国家干预的正当理由,又因国家干预往往需以强行规范来实现,因此公司法事实上存在强行规范的特征。挣脱公司合同理论支持者与质疑者的视角,科菲指出,双方对于所争论的问题其实存在一种误读:诚然,双方观点都具有其合理性,但是合同创新自由与强行规范之间实际上存在共生关系。[1]

综上,公司合同理论对公司本质的揭示多在“市场”的语境下进行,其贡献主要在于提供了一种理解公司的新进路。[2] 与公司本质之争相伴的是对于公司法功能的讨论,如何确定强行规范与任意规范的边界、如何平衡强行规范与任意规范之间的关系,成为法学视域下的主要争论。此等争论实与公司合同理论对公司本质的认识不无联系:公司是企业的子集,企业又是市场的替代,公司与市场的规则设计往往呈现协同性。由此,公司与法院之间关系的处理方式便会深刻地体现市场与政府关系处理方式的路径依赖。然而,公司法同时兼有任意规范与强行规范是制度变迁的必然结果,一国公司法究竟是以何种规范为主,实为不同时期国家对公司发展采取的紧缩或宽松之政策性问题。

2. 朝底竞争 vs 朝上竞争

在美国,联邦政府与州政府之间横贯着“内部事务原则”,由此,公司的立法权归属于各州,各州亦均制定了自身的公司法。由于公司的注册登记业务可为该州提供税收收入、为该州的公司代理机构与律师提供收费来源等,公司到该州进行注册登记的行为可以在很大程度上促进该州经济的发展,这也就成了各州争相吸引公司到本州注册登记的动力。出于相互竞争的需要,各州积极地回应公司的法律需求,进而围绕公司法的制定展开竞争。学界对于这场州际竞争一直存在激烈的争论,争论的核心在于,这种竞争是否在朝着有益的方向发展?换言之,为了吸引

---

〔1〕 See John C. Coffee, Jr., *The Mandatory/Enabling Balance in Corporate Law: An Essay on the Judicial Role*, 89 Columbia Law Review 1618(1989).

〔2〕 参见罗培新:《公司法的合同解释》,北京大学出版社2004年版,第31页。

公司注册，各州是否会竞相放宽对公司的管制？

为吸引公司管理层选择在本州注册，各州展开了“取悦”管理层的立法，如放宽授权资本数额、公司权力与经营范围等方面限制。就此，加里指出，这种境况是由州际竞争引致的，并将这种竞争现象称为“朝底竞争”（race to the bottom），即各州的公司立法朝向了最低管制这一目标，是一场争相对管理层予以最低限制的竞争。其结果是各州制定了越来越多的授权法规，管理层被允许在几乎不受股东或法院干预的情况下管理公司事务，而公司的股东可能并未因此受益。对于这场竞争引致的负面影响，需要通过制定统一的联邦公司法才可以扭转。〔1〕不过亦有学者对此持乐观的态度，例如，费希尔指出，特拉华州公司法取得如此卓越的地位很大可能是得益于这场“朝上竞争”（race to the top）的展开，因为其宽松的公司立法有益于股东利益的最大化。〔2〕温特勒亦认为，这种竞争终会带来“奔向最优”的格局，因为市场会迫使管理层选择在有益于股东的州注册，所以在保护股东等相关利益者方面最有效的州才可能获得最终的胜出；对于股东与公司间的关系，扩大联邦政府在公司治理中的作用会产生适得其反的效果。〔3〕这场“朝底”或“朝上”的竞赛对美国公司法的发展形成了重要的影响，使美国各州的公司法在整体上呈现减少强行规范的趋势，并逐步形成从“管制型”到“赋权型”公司法的转变。〔4〕

实际上，综观这场州际竞争，即使是在这场竞争中获胜的特拉华州

---

〔1〕 See William L. Cary, *Federalism and Corporate Law: Reflections upon Delaware*, 83 Yale Law Journal 663(1974).

〔2〕 其理由在于，倘若在特拉华州注册的公司真的会有损股东利益，那么该等公司的股票交易价格往往会更低，管理层也会选择降低他们的服务价值，进而导致公司成为极具吸引力的收购对象，其结果很可能是现有的管理层被取代。正是由于经理们没有动机以这种方式损害自身利益，所以可以解释特拉华州获得如此之大的成功，原因在于其宽松的公司法环境。See Daniel R. Fischel, *The "Race to the Bottom" Revisited: Reflections on Recent Developments in Delaware's Corporation Law*, 76 Northwestern University Law Review 913(1982).

〔3〕 See Ralph K. Winter, *State Law, Shareholder Protection, and the Theory of the Corporation*, 6 Journal of Legal Studies 251(1977).

〔4〕 参见杨成良：《州际竞争与美国公司法的发展》，载《比较法研究》2017 年第 1 期；贺少锋：《公司法强制性规范研究》，厦门大学出版社 2010 年版，第 69 ~ 70 页。

公司法仍然存在较多的强行规范。"朝底竞争"论者虽然努力地对这场公司法的自由化改革进行抵制,但联邦层面的统一公司法却始终未出台。事实上,关于这场竞争究竟是在"朝上"抑或"朝底"发展的论辩并无结论。如前述,戈登认为,公司法若秉持完全的合同自由即可有益于股东利益最大化这一假定其实是错误的,强行规范的存在可能会促成更优的合同。申言之,即使从公司合同论者的视角观之,任意规范与强行规范相结合的体系也可能是最优的。[1] 此外,伊斯特布鲁克也曾基于"选择的权利"这一视角,指出宽松的与严格的规范其实可以同时存在,这也意味着管理层与投资者有机会选择最适合他们的法律结构。[2]

3. 公司法规则的类型化

这场州际竞争究竟是"朝底"或"朝上"发展的论辩推动了公司法规则类型化的研究,呈现为对公司法规则在不同标准下的类型划分,前述已提及艾森伯格的代表性观点,以下再介绍一下柴芬斯与戈登在公司法规则类型化方面的见解。

柴芬斯以假设交易模型为理论基础,将公司法规则划分为:第一,"许可适用"("可以")的规范,该类规范并不会自动适用,只有在可能受其影响者选择适用该等规则时才会发挥其管辖的作用,所以也可称其为"赋能"条文。第二,"推定适用"("可以放弃")的规范,该类规范的适用无须受其影响者采取确认的步骤,其整体的效果为某规范是推定适用的,除非受其管辖者选择不适用它。如果假定法律规范与其所适用的大多数公司参与者的偏好一致,那么在一般情况下,法律规范主要应该是推定适用的,由此也将降低公司参与者的交易成本。第三,"强制适用"("必须"和"必须不")的规范,该类规范对其所管辖的行为自动适用,且

---

〔1〕 See Jeffery N. Gordon, *The Mandatory Structure of Corporate Law*, 89 Columbia Law Review 1549(1989).

〔2〕 See Frank H. Easterbrook, *Managers' Discretion and Investors' Welfare: Theories and Evidence*, 9 Delaware Journal of Corporate Law 540(1984).

受强制规范管辖的各方无权选择不适用这些规则。[1]

戈登主要是对强行规范的类型化进行了研究,并认为主要包含以下几种类型:第一,程序性规则(procedural),该类规则只是规范公司中的权力或现金流分配的程序要求。第二,权力分配性规则(power allocating),因公司合同往往具有不完整性,所以众多未来的公司决策均需通过公司治理结构作出,该类规则也就体现在整个公司治理中,尤其会影响董事与股东之间的权力平衡。第三,经济结构变更性规则(economic transformative),如公司合并、重大资产的出售以及公司解散等方面的规则。第四,诚信义务规则(fiduciary standards-setting),即规范管理层与控股股东义务的规则。该类规则属于强行规范的理由与公司合同理论具有密切联系:由于公司内部人实际上控制着章程修改的程序,他们会试图弱化那些可能会使他们承担责任的诚信义务的标准,作为强行规范的诚信义务规则即可以消解投机行为带来的负面影响。[2]

不难发现,无论是艾森伯格还是柴芬斯、戈登提出的分类标准之间似乎并无实质差异,只是看待问题的具体方式有所不同,其在大致上均可将公司法规范划分为强行规范与任意规范。更何况,此等类型化划分还存在进一步细化的空间,如若按艾森伯格的分类方式,赋权性规则和补充性规则的界分其实并不是十分明朗,因为赋权性规则能否适用将取决于公司参与方的选择,即带有明显的任意性。此外,综观上述分类,即使可以在大致上将前述规则划分为强行规范与任意规范,但该分类模式依然会面临分析失效的问题。例如,即便某项规则被认定为强行规范,是否就一律不允许公司章程对其予以修改?[3]申言之,诸如试图将公司法规则进行类型化的划分是否可行,如何理解此等划分的意义等问题,

---

〔1〕 参见[加]布莱恩·R.柴芬斯:《公司法:理论、结构和运作》,林伟华、魏旻译,法律出版社2001年版,第233~284页。

〔2〕 See Jeffery N. Gordon, *The Mandatory Structure of Corporate Law*, 89 Columbia Law Review 1549(1989).

〔3〕 参见蒋大兴:《公司法的展开与批判——方法·判例·制度》,法律出版社2001年版,第289~297、336~341页。

可能都是公司合同理论影响下填空型公司法的固有难题。

二、公司合同理论影响下的中国公司法

(一)中国公司法发展历程概览

1914 年,中华民国北洋政府公布《公司条例》,这是我国走上共和制道路后首部得以广泛适用的公司法律规范。此前,清政府在 1904 年颁行的《公司律》以及早在 19 世纪后半叶即已开始在摸索中前行的股份制实践,还有中国传统合伙制对公司制发展带来的潜移默化的影响,皆为中国真正开始公司法制第一个百年变迁提供了充分的机缘与素材。官利、[1]优先认购股[2]等机制之盛行,是官方或者代表官方的大股东实现对公司运营始终掌握高度控制权的重要策略。这从表面上看是股权利益配置的失衡,实质是歪曲了股东与公司之间的应然关系。在当时内忧外患的大背景下,无论是官营还是私营的企业,其发展理念和模式都具有高度相似性,营利之外还多关涉国计民生。官营企业自不待言,而民营企业也存在类似情形,例如,卢作孚创办的民生公司,即倡导一种集团生活模式,在这种模式下,职工工资尽管不算太高,但福利制度较为完善,涵盖了住房、养老、医疗等核心内容,甚至包括业余休闲娱乐、知识提升等。[3] 近代企业发展理念和模式的趋同,是受战争与城市建设的影响,而从根源来看则与家国同构的儒家思想相契合。回看近代以来国营企业、民营企业的治理,前者将企业作为国家机构的一部分,后者将企业视为家的延伸。[4] 由此,公司主要被视作兴业救国的筹资工具,1949 年以前

---

〔1〕“官利,商业上利息之一种,即每年例定为几分几厘之利息,无论营业盈亏,皆须分配于出资者之谓也。”参见汪翰章主编:《法律大辞典》,大东书局 1934 年版,第 796 页。可以说,官利就是一种企业不论盈亏每年都须向认股人分配的商业利息。

〔2〕近代企业实践中的优先认购股制度颇为特殊,与当前所理解的优先股不同,这种优先认购股不但可以优先分红或获得增股,其他股权还和普通股无异,可谓一种特权股份。参见周游:《近代中国公司法制之形塑及其诱因考论——以股权利益调整为线索》,载《法制与社会发展》2015 年第 6 期。

〔3〕参见卢作孚:《社会生活与集团生活》《建设中国的困难及其必循的道路》,载张守广、向锦熙主编:《卢作孚全集》(第 2 卷),人民日报出版社 2016 年版,第 537、565、585 ~ 586 页。

〔4〕参见周游:《企业单位制变迁理路的厘清与反思》,载《清华法学》2018 年第 3 期。

的企业法制也多以此为宗旨,模式单一,管制色彩浓重,亦在意料之中。

中华人民共和国成立后,政务院于 1950 年颁布《私营企业暂行条例》,[1]此乃中华人民共和国第一部与公司有关之立法。有学者指出,不管就立法政策的合理性或是管制措施的宽松灵活性而言,这都是一部成功之作。[2]《私营企业暂行条例》仅有 32 条,相关规定亦十分简略,但其成功之处在于,多项规定都试图对股权利益进行理性调整。例如,其第 8 条前半段规定,企业的财产和营业受充分的保护,经营管理权属于投资人;第 25 条强调公司在有盈余的情况下,除缴纳所得税、弥补亏损、提取公积外,得分派股息及红利,无盈余或亏损时其应发的股息得于有盈余的年度弥补亏损后酌情补发。值得注意的是,该条例借鉴了 1946 年《公司法》之股利分配政策,在其第 26 条确立了开业准备期未盈利可酌派股息之规则。总之,该条例是新中国公司法制之良好开篇。

改革开放后,中国的公司立法进入了新的历史时期。[3] 1979 年,《中外合资经营企业法》颁布,这是改革开放以来第一部明确对公司予以规定的法律,与外资相关的立法自此逐步展开。为适应建立现代企业制度的要求,依法规范公司的组织与行为,自 1983 年起,国务院开始了《公司法》的起草工作。而后,全国人大法制工作委员会提出了《公司法草案》,并于 1992 年提交全国人大常委会审议,在初审并进行反复的意见征询与修改后,最终于 1993 年 12 月获得正式通过,自 1994 年 7 月 1 日起施行。1993 年《公司法》的公布与施行,对规范公司的组织与行为,保护公司、股东和债权人合法权益,推动国有企业与经济体制改革,促进

---

〔1〕 中国公司法制史上曾经出现两个《私营企业暂行条例》,1950 年颁布的是其中一个,另外一个自 1988 年起施行。两个条例皆已被废止。1988 年的《私营企业暂行条例》旨在强调私营经济是社会主义公有制经济的补充,其中对独资企业、合伙企业以及有限责任公司作了比较宏观的规定。后来《公司法》《合伙企业法》《个人独资企业法》等法律相继颁布与实施,1988 年的《私营企业暂行条例》就没有必要保留了。

〔2〕 参见方流芳:《试解薛福成和柯比的中国公司之迷》,载梁治平编:《法治在中国:制度、话语与实践》,中国政法大学出版社 2002 年版,第 289 ~ 290 页。

〔3〕 有关中国《公司法》的制定和修改,可参见安建主编:《中华人民共和国公司法释义》,法律出版社 2013 年版,第 1 ~ 5 页。

社会主义市场经济的发展,起到了重要作用。

《公司法》自1993年施行至今,其已经数次修改。一是1999年的修正。由于1993年《公司法》的可操作性较差且法律漏洞较多,存在公司设立的最低资本要求过高、公司治理结构不完善、股东利益难以得到保护等问题,制约了公司与经济的发展。由此,全国人大常委会对《公司法》进行了第一次修正,这次修正主要涉及国有独资公司和高新技术股份公司,目的在于加强出资人对国有独资公司的监督、保证国有资产及其权益不受侵犯,同时促进高新技术产业的发展。二是2004年的修正。这次修正主要是取消对股票溢价发行的限制性规定。该两次修正均是为了处理亟待解决的个别问题而进行的局部修改,其难以从根本上克服《公司法》的缺陷,社会要求对其进行全面修订的呼声较高,在此背景下展开了《公司法》的修订工作。三是2005年的修订。随着理论界对公司法理论研究的逐步深入以及公司实践的不断积累,《公司法》全面修订的基础已较为成熟。全国人大常委会与国务院在2004年将《公司法》修订列入国家立法计划,而后,国务院法制办公室等部门拟定《中华人民共和国公司法(修订草案)》,并于2004年12月提请全国人大常委会审议,经三次审议后,于2005年10月在第十届全国人大常委会第十八次会议上获得通过。《公司法》的这次修订范围极广且意义深远:对《公司法》的实质内容与章节结构进行了调整,修订的主要内容涉及公司设立与公司资本制度、公司的组织机构、股东权益保护、公司的自治空间等诸多方面,此等内容贯彻了尊重股东与公司自治等现代公司法的理念。此次修订也是公司合同理论深刻影响中国公司法改革的体现。四是2013年的修正。这次修正与党的十八大对处理好政府与市场的关系、推进政府职能转变的要求相关,在简政放权、推进机构改革、提高行政效能等工作思路的指导下,积极地回应市场经济发展对资本制度改革的需求,展开了本次的公司法修正。[1] 这次修正虽然仅调整了12个条款,但取消了最

〔1〕 有关2013年《公司法》修正的背景,可参见甘培忠著,周淳、周游续著:《企业与公司法学》,北京大学出版社2021年版,"第七版序言"第4~7页。

低注册资本额以及首次出资比例、货币出资比例的限制,将认缴出资额、出资方式与出资期限交由公司章程决定,实现了注册资本登记制度由实缴登记制到认缴登记制的转变。经过这次修订,我国的公司资本制度变得更为宽松。五是 2018 年的修正。这次修正产生于 2018 年股票市场价格低迷的特殊背景下,与我国股票市场基础制度的完善具有紧密联系。通过这次修正,股份公司被赋予了更广泛的回购股份自主权。

随着《公司法》的施行与经济交易的日趋频繁,实践中与公司相关的纠纷大量涌现,案件的难度与复杂性也愈加明显,司法审判应如何正确适用公司法律制度,不无疑惑。为此,最高人民法院在广泛调研的基础上,先后发布了 5 部有关《公司法》的司法解释,分别是:第一,《最高人民法院关于适用〈中华人民共和国公司法〉若干问题的规定(一)》(以下简称《公司法解释(一)》),其发布的背景在于,2005 年《公司法》修订后,需处理相关案件在法律适用上的衔接问题。第二,《最高人民法院关于适用〈中华人民共和国公司法〉若干问题的规定(二)》(以下简称《公司法解释(二)》),其主要规范如何处理公司解散与清算纠纷等问题。第三,《最高人民法院关于适用〈中华人民共和国公司法〉若干问题的规定(三)》(以下简称《公司法解释(三)》),其主要规范公司设立、股东出资、股东资格确认等问题。第四,《最高人民法院关于适用〈中华人民共和国公司法〉若干问题的规定(四)》(以下简称《公司法解释(四)》),其涉及的范围较广,主要包括公司决议效力、股东知情权、利润分配权、优先购买权和股东代表诉讼等案件的法律适用问题。第五,《最高人民法院关于适用〈中华人民共和国公司法〉若干问题的规定(五)》(以下简称《公司法解释(五)》),《公司法解释(五)》的出台与优化我国营商环境密切相关,主要规范了关联交易情形下的股东代表诉讼、董事职务的无因解除、公司利润分配时限以及有限责任公司股东分歧解决机制等涉及股东权益保护的重大问题。

以上即我国《公司法》制定与完善的基本状况,改革开放以来,我国公司法制的变迁大致经历了从国有企业改革到中小股东保护再到资本制度创新的三大阶段。而自2005年《公司法》修订以来,放松管制与尊重公司自治成为了其历次修正、修订以及相关司法解释制定的重要旋律,此与公司合同理论的引入不无联系。

(二)2005年以来中国公司法的功能定位

伴随我国公司法变革的进程,公司合同理论亦逐渐步入法学界的视野,并深刻地影响这场变革的展开:一方面,司法实务中呈现了运用公司合同理论判决公司纠纷的案例,该等案例多将公司章程等同于股东甚至利益相关者之间的合同;另一方面,学界亦呈现出对公司合同理论的关注,并涌现出大量关于阐释公司合同理论及其与我国公司法变革之关联等方面的研究成果。

吴建斌的研究较具代表性,他认为,公司合同理论的含义主要有三层:第一,公司只是由各种社会关系形成的组合,是由系列合同连接而成的"合同束",其本身并无意识与独立的思想;第二,公司并非国家强制性规范的对象,国家在公司监管中应居于消极的地位,与之相应,公司法则应该以任意性规范为主;第三,公司章程等同于公司合同,参与公司创立的股东因合意而受其约束,修改章程的效力则要视不同情况而定,公司合同理论中的合意原则取代多数决原则的意味即十分明显。[1] 公司合同理论在我国公司法中的运用及功能主要呈现在第二层、第三层含义上,不少学者也就其中某些细节提出了自己的看法。

对于第二层含义,我国公司法学研究依循域外相关研究的脉络,主要有以下两个方面的留意点:一是关于公司合同的司法干预,二是关于公司法规则的类型化。对于第一点,司法应尽可能地尊重公司意思自治的结果,不应轻易地干预公司的内部事务,其主要任务是对公司合同"缝隙"进行填补,即司法干预应尽力地保持克制。与此同时,在解决相关纠纷时亦应当允许公司参与方在一定条件下放弃适用公司法,由此弥补公

---

〔1〕 参见吴建斌:《合意原则何以对决多数决——公司合同理论本土化迷思解析》,载《法学》2011年第2期。

司法留下的合同缝隙,进而实现公司法的正当性。[1] 对于第二点,放松对公司的管制并增加公司法中的任意规范成为公司合同理论视域下的应然导向,与之相随的便是公司法规则类型化的探讨。汤欣指出,公司法中的规则可分为普通规则与基本规则两种:前者指有关公司的组织、权力分配和运作及公司资产和利润分配等普通制度的规则;后者指有关公司内部关系(主要包括管理层和公司股东、大股东和小股东之间的关系)等基本制度的规则。在此基础上,应区分有限责任公司与股份有限公司,对于股份有限公司还要区分其初次公开发行前和上市后的存续期间两个不同时期。在不同类型的公司中,公司法规则会呈现为不同的基调。[2] 赵旭东则持"内外说"的观点,指出公司法规范应是强行规范和任意规范的结合,并将公司法规范划分为内部性规范和外部性规范,前者主要调整公司内部关系,后者则调整公司外部关系。因为内部规范只涉及股东和公司利益,所以主要是任意规范;而涉及第三人尤其是涉及债权人利益的外部规范则主要是强行规范。[3] 贺少锋指明了对公司法规则在宏观上进行类型化分析的价值,认为规范的类型化在规范性质的识别上发挥基础性的功能,但完全准确的判定还需要借助法律用语的辅助功能,最终经由价值判断完成这一过程。[4]

公司合同理论之所以可以在公司法变革中呈现重要的价值,在于其在变革中所呈现的解释力。在公司法变革的背景中,学界多围绕公司法上的管制与自治、强行规范与任意规范之边界、公司章程选出公司法规则的自由度、公司章程的性质等展开探讨。第一,在2005年《公司法》变革中,公司法的性质/功能是学界探讨较多的问题之一。公司合同理论

---

〔1〕 参见[加]布莱恩·R. 柴芬斯:《公司法:理论、结构和运作》,林华伟、魏旻译,法律出版社2001年版,第356页;汪世虎、蒋华胜:《公司法中的意思自治——以公司合同理论与公司法的功能剖析为视角》,载《西南政法大学学报》2015年第5期;罗培新:《填补公司合同"缝隙"——司法介入公司运作的一个分析框架》,载《北京大学学报(哲学社会科学版)》2007年第1期。

〔2〕 参见汤欣:《论公司法的性格——强行法抑或任意法?》,载《中国法学》2001年第1期。

〔3〕 参见赵旭东:《公司法修订的基本目标与价值取向》,载《法学论坛》2004年第6期。

〔4〕 参见贺少锋:《公司法强制性规范研究》,厦门大学出版社2010年版,第177~179、289~297页。

解释了公司法应凸显其任意规范的特征。在公司合同理论的路径下，公司法的价值则主要体现在标准合同机制与合同漏洞补充机制方面。与之相应，如何判断公司法的强制性或任意性也成为了重要的问题，有的学者即极力地找寻公司法中强行规范与任意规范的厘定标准，指出需要对公司法规则进行类型化划分，并区分初始章程与后续章程修改的差异。[1] 第二，对于管制与自治的问题，公司合同理论解释了公司自治的可能性与公司治理结构的多样性。公司法上的管制与自治主要体现在强行规范与任意规范之间的配置、行政机关与司法机关干预公司事务的范围与程度等。公司合同理论倡导放松对公司的管制，增加公司法中的任意规范，在该理念的影响下，我国学者多结合公司法的性质/功能，指出在强化事后管制的同时需放宽事前管制，公司的意思自治应得到尽可能的尊重，司法干预在面对公司内部事务时应保持尽力的节制并注意彰显股东自治和公司自治的理念。[2] 此外，对于公司自治理念的确立，则要求公权力从公司内部的合同关系中逐步淡出。因应这一理念，公司法的功能仅体现为一种公司的技术，一种公司的"支撑框架"，公司法的品格也必须从以强行规范为主转向以任意规范为主、从以实体性规范为主转向以程序性规范为主，通过此等转向营造公司自治的适宜场所。[3] 第三，对于公司章程的性质，学界亦呈现不同的观点。有观点即基于对公司合同理论的理解，认为公司法只不过是大量公司合同的"浓缩"标准版，公司章程则是具体的公司合同，即可以将章程视为合同。与此同时，该观点也注意到章程的修改与标准的、合意充分的合同行为并不等同，进而对初始章程修改与后续章程修改的行为予以区分。[4] 不过亦有观点指出，公司章程的契约说难以全面揭示公司章程的性质，主张以

---

〔1〕 参见罗培新：《公司法强制性与任意性边界之厘定：一个法理分析框架》，载《中国法学》2007 年第 4 期。

〔2〕 参见蒋大兴、金剑锋：《论公司法的私法品格——检视司法的立场》，载《南京大学学报(哲学·人文科学·社会科学版)》2005 年第 1 期；周友苏、沈柯：《在管制与自治之间的我国公司法》，载《当代法学》2007 年第 1 期。

〔3〕 参见蔡立东：《公司自治论》，北京大学出版社 2006 年版，第 249～261 页。

〔4〕 参见罗培新：《公司法的合同解释》，北京大学出版社 2004 年版，第 132～196 页。

章程调整的法律关系来对公司章程的属性进行分类,即“公司章程调整的法律关系中股东与股东之间、股东与公司之间的法律关系用契约说来调整;公司章程中关于公司治理机制、公司内部管理制度(公司章程细则)部分用自治法说来调整”。[1]

诚然,学界基于公司合同理论对我国的公司法律制度多有分析,但是由于法系的差异,自公司合同理论引入中国起就存在不少有偏差的观念,并对我国公司法研究与司法实践产生了戏剧性的影响。由此,或许有必要对法学视域下的公司合同理论进行重新审视。黄辉指出,“合同”这一概念在经济学与法学的话语体系内存在不同的含义:经济学意义上的合同是指非常广泛的基于当事人意思自治达成的任何安排,几乎等于协作;法学意义上的合同则相对狭义,强调要约和承诺等程序要件,合意和对价等实体要件,具有法律的拘束力。在经济学的视域下,“合同”更多的只是一个分析工具,以此论证公司存在的必要性。[2] 吴建斌指出,合同与决议存在差别,多数决更是公司权利冲突主体长期博弈均衡的产物。在此基础上,需认识公司合同理论的多重含义,不能从公司是合同束的理解出发,推导出合意原则取代多数决的结论。[3]

公司合同理论根植于经济学的自由主义,解释了公司的合同本质,主张放松对公司的管制、增加公司法中的任意规范,由此,合同自由与意思自治应为公司法律制度的重要精神。该等理念对于传统公司法理论所呈现的管制性特征带来了较大冲击,在公司合同理论的影响下,各国的公司法大多走上了放松管制与强化公司自治的变革,意识到公司法除了管制与约束功能外,更应发挥其在激发公司活力、促进公司治理的灵活性等方面的功用,这在我国公司法的变革中亦有较明显的表现。在此背景下,公司合同理论对我国公司法制的变革产生了重要的影响,最显

---

〔1〕 王爱军:《论公司章程的法律性质》,载《山东社会科学》2007 年第 7 期。

〔2〕 参见黄辉:《对公司法合同进路的反思》,载《法学》2017 年第 4 期。

〔3〕 参见吴建斌:《合意原则何以对决多数决——公司合同理论本土化迷思解析》,载《法学》2011 年第 2 期。

著的特征在于自2005年《公司法》修订以来所呈现的放松管制与强化公司自治的倾向。具体而言，公司合同理论在公司法历次变革中的影响，主要体现在以下方面：

第一，任意规范的数量明显增多。在公司合同理论的视域下，“与合同关注意思自治和所有公司的适应性本质相类似，我们将公司法看作一种标准合同文本，它提供了会被大多数企业人员所选择的条款，但在有些时候在明示条款上也会作出一些让步”，且“公司法是通过授权而非直接指定的，它的备用条款赋予管理者以极大的自由权，并且为公司实际的签约提供便利”。[1] 申言之，因公司法在本质上仅为具有示范性价值的文本，故而任意规范的数量在公司法中应得到充分的彰显。我国《公司法》修订之前最显著的弊端在于管制性特征过于浓厚，强行规范过多且任意规范不足，所以在2005年的修订工作中，所达成的重要共识便是强化公司自治，减少强行规范的适用空间，此在《公司法》中的直接反映便是任意规范的数量明显增多。据统计，2005年《公司法》中“可以”“由公司章程规定”“依照公司章程的规定”“全体股东约定……的除外”等任意性字眼较之变革前的《公司法》多出近半。[2]

第二，强化公司章程的重要地位，扩大公司章程自治的范围。修订后的《公司法》在多个方面允许股东根据私法自治的精神制定公司章程，股东可以通过公司章程作出安排，更好地体现了股东意志与公司自治。例如，《公司法》中多次出现了“公司章程另有规定的除外”的条款，由此，在会议通知、表决权行使、经理职权等方面赋予了有限公司章程自治的空间，公司参与者可以根据其自由意志，构建公司的权力/权利配置体系。该等变化是我国公司章程制度向合同自由方向发展的重要表现。

第三，扩大了股东权利并完善了股东权利的司法救济规则。例如，

---

〔1〕 参见[美]弗兰克·伊斯特布鲁克、丹尼尔·费希尔：《公司法的经济结构》，张建伟、罗培新译，北京大学出版社2005年版，第9~17页。

〔2〕 参见罗培新：《公司法强制性与任意性边界之厘定：一个法理分析框架》，载《中国法学》2007年第4期。

《公司法》增设了累积投票权、异议股东股份回购请求权、股东提案权等股东权利。此外,按照公司合同理论的理解,公司参与者对于公司合同的签订、修改和执行享有较大的自主性,国家在此间仅扮演监督合同执行的角色,而该角色则主要通过对公司合同的司法干预来完成。2005年《公司法》的修订,扩张了股东对股东(大)会、董事会召开程序与决议内容违法或违反公司章程情况下的诉权,此在公司法后续变革中亦得到了进一步的细化,例如,《公司法解释(四)》完善了决议效力瑕疵诉讼制度,增加了决议不成立的情形、明确了决议效力案件的原告范围与法律效力。2005 年《公司法》修订还增加了有限责任公司股东查阅公司账簿的司法救济权、股权回购请求权的救济渠道、股东代表诉讼权等救济性权利,该等权利在后续的变革中也得到了不同程度的完善。

第四,放松了对公司经营行为的管制。例如,2005 年《公司法》修订取消了投资对象与投资额等方面的公司转投资限制,放宽了公司股份回购的范围等。此外,还取消了公益金提取的强制性要求,公积金提取制度也具备一定的弹性,体现了公司分配中的自治原则。

由此可见,2005 年以来的中国公司法规则在公司治理的诸多议题上力求放松对当事人的管制,充分彰显自治精神;同时,公司法亦尽可能提供一系列默认条款以形成相对标准化的行为范式。由此,公司法的功能在于填补"缝隙",即填空型公司法。

(三)中国公司实践与问题初见

诚如前述,"放松管制与强化公司自治"为我国 2005 年《公司法》修订的重要特点,"填空"功能在这次修订中得到了极大的彰显,尤其是扩宽了公司章程在特定场合可作"另有规定"的空间。但是,公司章程的该项权利却并未广泛呈现于实践中:通过整理统计北大法宝收录的 2016 ~ 2019 年相关案件发现,逾 90% 的案件所涉公司章程都照搬了《公司法》的规定(参见表 1 - 1)。

表1-1　公司章程"另有规定"的案件统计(2016~2019年)

是否"另有规定"	案件数量及占比				
否	906(93.21%)				
是	66(6.79%)				
	会议通知(第41条)	表决权行使(第42条)	经理职权(第49条)	股权转让(第71条)	股东资格继承(第75条)
	27	3	2	26	8

显然,公司章程"另有规定"之情形并不多见,但仍可对其进行扼要的案情分析。

一是涉及公司章程对"会议通知"另有规定的实践。

《公司法》第41条第1款规定:"召开股东会会议,应当于会议召开十五日前通知全体股东;但是,公司章程另有规定或者全体股东另有约定的除外。"据此,有限责任公司的公司章程可就召开股东会会议的时间通知上另作规定,这在公司实践中则多呈现为对通知时间的缩短。例如,在一例决议纠纷上诉案中,案涉公司的章程即规定"召开股东会临时会议,由提议召开会议的股东或提议召开会议的公司机构决定通知期限,但不得少于3日"。[1] 不过,即使公司章程未就此另作规定,全体股东亦可以其行为对会议通知的时间要求达到"另有约定"的效果。例如,在一例公司利益责任纠纷上诉案中,审理法院指出:"钱某虽然在通知股东召开股东会后的第三天即召开股东会议,但公司的全体股东彭某某、钱某及陈某某均未对此提出异议,且均参加了股东会,并形成决议,所以博能公司的全体股东对于2014年1月9日召开股东会议可视为召开股东会的另行约定,并未违反法律规定。"[2] 此外,实践中公司章程还会细化会议通知的具体要求,例如,在一例公司决议效力确认纠纷中,案涉公司章程第18条规定:"股东会会议分为定期会议和临时会议。定期

〔1〕 参见吉林省长春市中级人民法院民事判决书,(2017)吉01民终6181号。

〔2〕 参见广东省珠海市中级人民法院民事判决书,(2016)粤04民终2319号。

会议应每一年召开一次。代表十分之一以上表决权的股东，执行董事，监事提议召开临时会议的，应当召开临时会议。召开股东定期会议，应当于会议召开前15日内以电话通知全体股东。召开股东会临时会议，可由执行董事确定时间，电话通知即时召开。”根据该章程，股东会会议通知采取电话通知的方式，临时股东会会议甚至可以由执行董事确定时间，电话通知即可即时召开。由于仅是对召开会议程序的变更，而不涉及实质利益的调整，所以当事人就此作另有规定的情形相比其他规定而言较为多见。

二是涉及公司章程对“表决权行使”另有规定的实践。

《公司法》第42条规定：“股东会会议由股东按照出资比例行使表决权；但是，公司章程另有规定的除外。”例如，在一例公司决议纠纷再审案中，案涉公司章程即尝试就股东表决权的行使规则进行另外规定，其在关于章程修订的股东会决议中，将公司章程第10条“股东会会议由股东按照出资比例行使表决权”修改为“股东会会议按股东人数行使表决权，一个股东一个表决权”。[1] 实践中，当事人直接在公司章程中变更表决权行使方式的做法并不常见，而往往是通过订立表决权拘束协议或一致行动协议重新进行权力配置，协议替代治理的做法实际上也在很大程度上受到公司合同理论的影响，本书后续对此将作进一步分析。

三是涉及公司章程对“经理职权”另有规定的实践。

《公司法》第49条规定：“有限责任公司可以设经理，由董事会决定聘任或者解聘。经理对董事会负责，行使下列职权……公司章程对经理职权另有规定的，从其规定。……”据此，经理的聘任或解聘由董事会决定，经理需对董事会负责，但是允许公司章程对经理职权进行另外的规定。这在一例与公司有关的纠纷中即有呈现，在该案中，案涉公司章程第20条规定“公司设经理一名，由股东会聘任或者解聘”，由此，将聘任或者解聘经理的权力调整至股东会。审理法院指出：“法定代表人、执行

---

〔1〕 需要一提的是，在本案中，修改公司章程的股东会决议因程序问题被确认为不成立。参见江苏省高级人民法院民事判决书，(2017)苏民再124号。

董事、总经理的任免属公司内部经营范畴,按公司章程规定处理,不属于法院受理民事诉讼的范围。"〔1〕该案判决值得商榷的是:按照《公司法》第49条的文义来看,可作另有规定的仅限于经理职权的内容,而未包括经理的聘任与解聘之职权;再结合《公司法》第46条的规定,该职权应属于董事会的法定职权,似无"另有规定"的空间。不过从实践的整体情况来看,变更经理职权内容的公司也并不常见。

四是涉及公司章程对"股权转让"另有规定的实践。

《公司法》第71条第4款规定:"公司章程对股权转让另有规定的,从其规定。"实践中,有限责任公司的章程自治也多体现在股权转让规则的设置上,例如,有公司章程规定股东在进行股权转让时"必须用书面方式向公司提出转让出资申请",〔2〕这强化了公司在股权转让中的角色。又如,规定"股东向股东以外的人转让股权时,必须经股东一致同意;不同意转让的股东应当购买该转让的股权,如果不购买该转让的股权,视为同意转让",〔3〕该章程即设定了比公司法更严格的要求。再如,有公司章程设置了触发股权转让的条件,规定"在股东丧失股东资格情形下,原股东或其继承人或财产代管人应在两个月内将其股权转让给第一大股东"。〔4〕还有公司章程规定,"公司股东必须是与公司有劳动关系的正式职工,无论何种原因,其与公司解除或终止劳动关系后,必须在30日内向与公司有劳动关系的其他员工转让其持有的股权;公司职工持股比例低于1.7%的,在退休时必须转让"。〔5〕此外,有公司章程要求"股东转让出资由股东会讨论通过"。〔6〕相比之下,当事人在公司章程中对股权转让另有规定的情形也尚属多见。对此,有必要侧重省察当事人不直接适用《公司法》规则的因由,从而厘清相关规则究竟有何不足之处。

---

〔1〕参见福建省泉州市中级人民法院民事裁定书,(2018)闽05民终7352号。
〔2〕参见广东省湛江市中级人民法院民事判决书,(2018)粤08民终2505号。
〔3〕参见最高人民法院民事裁定书,(2016)最高法民监58号。
〔4〕参见重庆市第五中级人民法院民事判决书,(2017)渝05民终7821号。
〔5〕参见河南省南阳市中级人民法院民事判决书,(2017)豫13民终4966号。
〔6〕参见湖北省黄石市中级人民法院民事判决书,(2018)鄂02民终397号。

五是涉及公司章程对“股东资格继承”另有规定的实践。

《公司法》第75条规定:“自然人股东死亡后,其合法继承人可以继承股东资格;但是,公司章程另有规定的除外。”据此,有限责任公司的公司章程可就股东资格继承的问题进行另外规定。例如,在一例共有人优先购买权纠纷中,案涉公司章程即细化了继承人继承股东资格的具体要求与程序,规定:“自然人股东死亡后,其合法继承人均可以书面申请成为股东,由公司记入股东名册、签发出资证明书、修改章程中关于股东及其出资额的记载(不需再由股东会表决),并办理股东变更登记。如继承人属于限制民事行为能力人或者无民事行为能力人,由其监护人代为行使股东权利、承担股东义务,并按该继承人认缴的出资,以该继承人的财产承担民事责任。如不愿意成为股东的,其股份由同一继承顺序的、愿意成为股东的其他继承人或公司股东收购,也可以转让给股东之外的其他人,收购或转让对照《公司法》关于股权转让的规定执行。”[1]不过,若章程对此进行了“另外规定”,规定的内容却不够细化时,公司法的漏洞填补功能则会得到彰显。例如,在一例股东资格确认纠纷中,审理法院指出:“该章程对继承问题的规定具有不完全性……对公司章程中没有明确规定的情形则应按法律规定处理。”[2]当然,不难想象,中国人往往在行事伊始即希望图个好意头,公司章程对与死亡有关的问题作出特殊安排极为罕见。[3]

以上只是中国公司法制实践的一个缩影。公司合同理论进入中国后,的确在较大范围内引起了我们对于公司管制问题的反思。然而,其中留下诸多问题有待解决。放松监管肯定不意味着公司可以恣意发展,而法律留白会不会引致隐性管制,也需引起我们足够的重视。这也恰恰

〔1〕 参见湖南省岳阳市中级人民法院民事判决书,(2017)湘06民终662号。

〔2〕 参见江苏省高级人民法院民事判决书,(2016)苏民初10号。

〔3〕 例如,在个案中,公司并未在章程中作出特殊的制度安排,但当继承开始时,公司希望作出股东会决议阻止继承人成为股东,但法院认为公司决议不能违反《公司法》第75条的规定,故判决继承人可以继承股东资格。参见北京市宣武炊事食品机械有限公司与徐某等股东资格确认纠纷案,北京市第二中级人民法院民事判决书,(2015)二中民(商)终字第04210号。

体现出填空型公司法的局限性。

三、填空型公司法的局限性

填空型公司法所彰显的填空功能,其理论基础就是公司合同理论。前文对于公司合同理论的基本立场及相关争议焦点进行了阐述,并以此为基础谈及该理论对于中国公司法的影响。如前所述,公司合同理论将公司视为一系列合同的联结点,由此形成合同束。其中推演出来的诸如公司合同是具有长期性的不完备契约、关系契约等观点对于中外公司法学者而言也早已耳熟能详。[1] 然而这里所说的合同,既非单纯的协议(agreement),亦非具有法律强制力的承诺(legally enforceable promise),而是指互惠安排(reciprocal arrangement)。艾森伯格曾就此提出一个有趣的疑问:既然如此,为何合同束理论要用合同(contract)一词,而不直接称之为互惠安排呢?艾森伯格自己给出的答案是,合同束理论源于经济学,经济学与法学对合同的定义明显有别。同时,经济学对公司本质的理解更多是在"市场"的语境下进行的,甚至认为公司就是市场力量的产物。[2] 传统观点认为,公司与市场之间存在替代关系,权衡的进路在于分析交易成本。当公司内部的科层权威能比市场合约更节省交易成本时,公司就替代了市场。[3] 公司合同理论在经济学领域绝对具有里程碑式的意义,然而当法学家不经加工地将其用以指导制度建构时,可能就把问题简单化了。

(一)公司合同理论的解释逻辑

根据公司合同理论的相关论述,可以大致梳理其对公司法规则的解

---

〔1〕 例如,参见罗培新:《公司法的合同路径与公司法规则的正当性》,载《法学研究》2004年第2期。藤田友敬「契約・組織の経済学と法律学」北大法学論集5号(2002年)480~433頁参照。

〔2〕 See Melvin A. Eisenberg, *The Conception that the Corporation is a Nexus of Contracts, and the Dual Nature of the Firm*, 24 The Journal of Corporation Law 819, 822-823(1999).

〔3〕 See Ronald H. Coase, *The Nature of Firm*, 4 Economica 386(1937); Oliver E. Williamson, *Transaction-Cost Economics: The Governance of Contractual Relations*, 22 The Journal of Law and Economics 233(1979).

释逻辑。根据该理论,公司作为自治的一项工具,其参与人之间的关系一般取决于合同以及合同的主体,而不是取决于像公司法这样的法律制度,因此公司法的设置需要从公司合同当中寻找答案。

首先,公司合同属于关系合同。如麦克尼尔所言,合同只不过是有关规划将来交换的过程的当事人之间的各种关系。[1] 合同理论语境下的"关系"更注重各合同方的权利、义务和责任。公司也是公司合同关系中的一方当事人,股东、董事、高管、员工等相关参与者通过各类合同产生联结,从而形成一张复杂的公司关系网。同时,公开公司和非公开公司又有所区分。非公开公司的所有者与管理者往往存在重叠,两权分离不明显,因而有可能形成更紧密的公司合同关系;至于两权分离通常比较明显的公开公司,也可能通过诸多公司合同和相应的激励机制来衡平各方利益。可以说,关系合同的视角主要关注公司参与者的行为,而这些看似嵌套于一张关系网上的行为又往往是线性的、孤立的,从本质上来看,就是忽略了具有法律人格的公司之鲜明的组织特性。因此,司法在填补缝隙过程中可能会不自觉地在解决个案时将所涉及的某一法律规则从公司法中抽离出来,而不采取体系化的解释路径。

其次,公司合同还往往是长期合同。公司参与者相互之间以及与公司之间建立各种长期的合同关系,从而对合同各方的权利、义务进行制度上的安排。因为公司合同本身具有高度的灵活性和适应性,故其在调整合同各方当事人之间的利益时具有相当的优势。作为长期性的合同,由于公司合同在公司运营中本身存在一些缺陷,诸如人的有限理性、环境的外部性以及信息不对称等,从而会造成合同激励机制和约束机制的失灵。[2] 公司合同理论本质上不承认公司是一个实体,而将其视为一种法律上的假设,同时也可以成为复杂关系过程中的聚焦点,所以

---

〔1〕 参见[美]麦克尼尔:《新社会契约论》,雷喜宁、潘勤译,中国政法大学出版社 1994 年版,第 4 页。

〔2〕 See Sanford J. Grossman & Oliver D. Hart, *The Costs and Benefits of Ownership: A Theory of Vertical and Lateral Integration*, 94 Journal of Political Economy 691 (1986).

公司参与者之间相互抵触的诸多目标则会被带入一个合同关系的框架中,并在其中寻求一种均衡状态。[1] 这当然是非常理想的状态。而实际上,随着公司参与者角色不断趋于多元化,将这些可能有着不同需求的主体置于同一个合同关系网之中也愈加困难。

最后,公司合同是不完备的合同。承接上一点,公司合同理论支持者也同样认为,公司参与者在订立长期合同时无法预见合同履行过程中可能会出现的所有风险,因此公司合同注定是不完备的,需要合同法、公司法进行补充。公司作为诸多合同的联结,其中所包含的合同多种多样,既有公司同上下游企业签订的供货或销售合同,也有与公司的劳动者签订的劳动合同,还有与银行、证券公司等其他资本供给端签订的借贷合同、融资合同等。这些数量众多的合同涵盖公司内外部法律关系,但都是交易关系。因此,公司法在对这些不完备合同进行缝隙填补时,可能也主要是出于一种如何降低缔约成本及强化违约救济的制度考量。所以波斯纳认为,合同法的功能之一就是通过提供标准合同条款来达到节约交易成本的目的,这一功能也同样适用于公司法。[2] 如此一来,公司法仅是合同法的特别法。而一旦聚焦于资本市场及机构投资者的行为,那么可能更有一种对上市公司的监管已从法院转向市场、公司法也因而无足轻重的错觉。美国学者戈申和汉内斯因此惊叹公司法已死,也就不足为奇了。[3] 诚然,如果公司法仅是一套稍显复杂的交易行为规范,那么在“合同自由 + 市场监管”的模式中的确难有持久的影响力,也

---

〔1〕 公司合同理论深受经济学影响,而诸多经济学立场都不太重视法律,也没有充分认识到公司独立人格的重要性。霍奇森指出,新制度经济学家在法律和经济学的交界面的发展方面作出了重要贡献,但他们有时只是把法律看作习俗或者建立私人秩序的问题。参见[英]杰弗里·霍奇森:《资本主义的本质:制度、演化和未来》,张林译,格致出版社 2019 年版,第 12 页。

〔2〕 参见[美]理查德·波斯纳:《法律的经济分析》,蒋兆康译,法律出版社 2012 年版,第 591 页。

〔3〕 参见[美]佐哈·戈申、莎伦·汉内斯:《公司法的死亡》,林少伟、许瀛彪译,载蒋锋、卢文道主编:《证券法苑》第 26 卷,法律出版社 2019 年版,第 39 ~ 84 页。但正如该译文编者所言,我国股票市场组成尚未实现上述转型,投资者成熟程度也有待提升。在当前股东能力不强的背景下,当事人更会依赖专业的法院解决公司纠纷。鉴于此,我国公司法非但没有死亡的迹象;相反,我们更应重视公司法规范体系与理论框架的改进与完善,并提升商事审判的专业性与效率。

极易被合同法、证券法所替代。而更重要的是,从司法实践来看,缝隙填补的难点主要在于如何确定一个合同是不完备的。其中主要存在过度填补、“缝隙”识别疑难以及协议替代治理等问题。

(二)过度填补

过度填补的本质是公权力对公司自治的不当干预,这在规则的制定与适用过程中都客观存在。

1. 规则制定中的过度填补

考默萨指出,随着社会对法律和权利的需求不断增长以及供应能力的不断降低,人数和复杂性的增长对法院提出了更多要求。[1] 但这种供应能力的降低并非不可逆转的社会发展趋势,立法的理念与技术往往能随着时代进步因应革新。而且,法律的“松绑”并不会减少人们对制度本身的需求,为了更好应对商业实践而将焦点从立法转向司法的初衷很可能强化了政策在制度供给中的地位。在我国,公司的制度供给主要经由政府职能而非商业惯例加以满足。政策与法律,是政府职能实现的两大途径。当制度需求总量恒定时,政策与法律之间的供给量也就呈现此消彼长的态势。完全回归自治的公司法将会如何?依此逻辑,法律应当尽可能地减少对公司的干预,然而因为惯例缺乏而引起的制度需求依然存在,就会让本应通过法律手段规制的层面转由政策途径予以进行,从而导致政策的过度填补。其实正如皮斯托指出,法律可刚可柔,可命令可授权,对行动可刺激可禁止,对行为人的合作也可鼓励可劝阻。[2] 故而法律对公司的存续与发展不必然是干涉性的,设置相应的规则以指引公司治理实践,并不违背放松管制、强化自治的基本面。

公司法给予当事人充分的自治空间当然是大势所趋,但若因此而大量减少《公司法》的规定,而企盼当事人自行其是,则显然是一种不负责

---

〔1〕 参见[美]尼尔·K. 考默萨:《法律的限度——法治、权利的供给与需求》,申卫星、王琦译,商务印书馆2007年版,第3页。

〔2〕 See Katharina Pistor, *The Law and the Non-Law*, 27 Michigan Journal of International Law 983(2006).

任的做法，也无法实现法的价值与功能。进而，这还将引致两点隐患：

第一，行政部门基于监管需要出台相关规章，而规章本身可能对于《公司法》的宗旨存在理解偏差。例如，前几年不少公司登记管理部门还要求公司因股东对外转让股权而申请股东变更的，须提交同意股东转让股权的股东会决议。[1] 这并不符合《公司法》第71条的立法意旨，该条规定的是股东对外转让股权需经其他股东过半数同意，实践中通常需要拟转让股权的股东逐一通知其他股东，其他股东也需要就转让事宜独立发表同意或反对的意见，因此，这并不是通过召开股东会会议并表决方能实现的事项，而这种人头多数决的方式也与股东会决议通常采取的资本多数决有别。由此可见，这种做法对《公司法》的规定进行了过度填补。

第二，由于《公司法》规定的粗疏，当事人机械照搬法律规定所制定的公司章程无法切实解决愈加复杂的商事纠纷，法院裁判的难度增加，最高人民法院不得不适时颁布司法解释以适应统一裁判尺度的实践需求。从规则的严谨程度来看，当然不能说所有司法解释都一定不如法律，但司法解释的制定程序远不及立法那样严格，不少规定还是在影响较大的个案基础上提炼而来的，这使相关规定的周延性及适用面等都受影响。从这个角度来看，司法解释也是一种政策。试举一例：《公司法解释(五)》似乎就是为了针对世界银行营商环境评估而颁行的规定，该解释不仅只有6条，而且引申的问题很多。尤其是第5条，开头即表明该条只适用于有限公司，而后续规定又出现"股份"字眼，显然不合逻辑；同时，该条除第1项明确拓宽了有限公司回购股权的情形以外，其他包括对内或对外转让股权、公司减资或分立等几项都是《公司法》早已明确规定的内容，司法解释无须多言。此等规定实际上也是过度填补的

---

[1] 例如，原北京市工商行政管理局要求股东对外转让股权而申请股东变更的，须提交同意股东转让股权的股东会决议。如今北京市市场监督管理局已然对相关事项作出调整，认为在对外转让股权时只要提交了发给股东的书面通知的，可不提交股东会决议、决定。这的确是一大进步，但其实无论是何种情况下，都不应当提交决议、决定。参见北京市市场监督管理局发布的《有限责任公司变更登记(备案)一次性告知单》。

表现。

2. 规则适用中的过度填补

当公司与市场被视为同一体系的不同选择时,公司与市场的规则设计也往往呈现协同性:在公司合同理论的影响下,公司与法院之间关系的处理方式,深刻地体现出对市场与政府关系处理方式之路径依赖。市场失灵引致政府干预,公司自治失灵引致司法干预。这在很大程度上就能解释法学界为何如此热衷于探讨公司自治与司法干预之关系,以及由此引申的强行规范与任意规范之区分了。同时,司法在应对商业实践时是不是必然优于立法,更值得斟酌。公司法在扩充公司自治空间的同时,对于相关行为合法性的判定并未给予充分的制度回应,这就意味着法官的自由裁量权也相应扩张。罗培新指出,填补缝隙意义上的司法介入很有可能被异化为变相的行政干预。〔1〕因此,除却以上提及的规则制定方面的过度填补以外,裁判中规则适用也同样存在类似问题。

例如,在某股权转让纠纷中,法院即"活用"了所谓的关系契约理论,跳出对单个合同效力判断的常规模式,而直接以"整体合作框架下的一系列安排未能实现"从而导致显失公平为由解除了当事人之间的《合作协议书》。〔2〕该案的争议焦点是能否解除当事人之间的《合作协议书》问题,法院认为:"综合相关事实可以认定,由于沁和能源、沁和投资与金业公司、张某某之间整体合作框架下的一系列安排未能实现,双方的合作关系无以为继。沁和投资基于双方合作的总体安排取得了金海公司的股权,但金业公司一方在合作关系中未获得相应的利益,沁和投资亦不能证明其支付了合理的股权对价或者以其他权益进行了兑换,其结果为双方利益出现重大失衡,金业公司一方的合作目的无法实现。在此情形下金业公司一方请求解除《合作协议书》并要求沁和投资返还股

〔1〕参见罗培新:《填补公司合同"缝隙"——司法介入公司运作的一个分析框架》,载《北京大学学报(哲学社会科学版)》2007 年第 1 期。

〔2〕参见山西金业煤焦化集团有限公司与沁和投资有限公司、沁和能源集团有限公司、吕某某、裘某某、山西金海能源有限公司、谢某股权转让纠纷案,最高人民法院民事判决书,(2011)民二终字第 76 号。

权,符合公平原则,其实质是请求对双方之间的合作关系进行清算,原审法院支持金业公司解除合同的请求正确,应予维持。沁和投资上诉坚持认为《合作协议书》约定的股权转让是单独的法律关系,《金海公司股权转让协议书》是股权转让的基础合同,其受让股权支付了充足对价等缺乏事实依据,对其主张本院不予支持。”其中存在的过度司法干预主要体现为两点:其一,除非能够论证这些合同之间存在不可切割的关联性;否则,无视单个合同的独立性缺乏理据。其二,显失公平是合同可撤销而非合同解除的事由,而合同履行完毕后出现的市场波动属于客观原因引致的投资风险,不能视为显失公平的情形。

况且,在处理相关问题时,我国并无商业判断规则,这对法官来说更是严峻考验。虽无明文规定,但司法实践中,不少法院在裁判中都采用了商业判断规则的表述。试举一例涉及商业判断的典型案例:法院在该案中认为:“润晖公司主张谷某某、范某某违反法定义务向创世纪公司免费赠送8个版面,给润晖公司造成765,893元的经济损失,但润晖公司据以证明该主张的证据不充分。润晖公司提供的证据不足以证明给予创世纪公司8个版面返点优惠不符合润晖公司销售政策、给公司造成765,893元的损失,亦未提供证据证明谷某某、范某某在该业务往来中违反商业判断规则,存在损害润晖公司利益的故意或重大过失,故润晖公司上诉请求没有法律及事实依据,本院不予支持。一审判决认定事实清楚,适用法律正确,实体处理并无不当,依法应予维持。”[1]与其他类似案件一样,法院在本案裁判中并没有具体阐述商业判断规则到底是什么,又当如何运用。

当然,也有少部分法院在裁判中对何为商业判断作了回应。例如,在某侵害股东利益责任纠纷中,法院认为:“公司董事作为由股东选举产生的公司管理者,对公司事务具有独立的决定权,有权依照其对公司经营状况的判断独立做出相应的经营决策选择,只要该经营决策没有故意

〔1〕 参见南京润晖文化传媒有限公司与谷某某、范某某损害公司利益责任纠纷案,江苏省南京市中级人民法院民事判决书,(2016)苏01民终3047号。

损害其他人的合法权益，即使该经营决策事后被证明对公司造成了损害，董事的该种基于公司经营状况作出商业决策的权利也应受到法律的保护，而无须承担责任，这也即所谓的公司管理者的商业判断规则。"[1]

商业判断规则是一项由法院在处理针对董事的诉讼中发展起来的、据以免除董事因经营判断失误而承担责任的法律制度。该制度实为"强调法官不可替代公司的管理者而对公司经营事务做出事后评价"。[2]通常认为，商业判断规则实际上是一种假定，即董事作出经营决策时已经透彻了解了情况，不仅善意而为，还真诚地确信所采取的行动符合公司最佳利益。因此，原告应当负有证明董事违反上述情形的责任；否则，法院就应当尊重乃至保护董事的商业决策。程序价值是商业判断规则的精髓所在，我国当前公司法体系并未真正引入该规则。我国目前是否已经具备借鉴商业判断规则的条件，诸如，鼓励商业冒险的环境、激烈竞争的经理人市场、发达的公司控制权市场以及完善的股东代表诉讼等，仍有疑问。[3] 尽管两个案例最终都判定董事无须担责，然而其中却几乎无视了商业判断规则中的程序价值。与其说是商业判断规则在中国的运用，倒不如说此时所谓的商业判断仅是自由裁量权的代名词。商业判断规则的滥用表面上看是对当事人意思自治的尊重，实则可能徒增司法裁判的不确定性，从长远来看也将影响裁判权威，促使当事人采取其他途径维护自身权益。从而，公司法在形式上尊奉的自由主义并未从根本上改变公权对公司的管制。

总之，一旦立法过于模糊或者存在歧义，那么司法机关在处理公司法的相关问题时，就可能不会或无法按照相关法律法规和章程进行解释与运用，而是运用自由裁量权回应案例当中的相关问题。这样的做法其

---

〔1〕 参见衡阳市南东有色金属有限公司与湖南安化渣滓溪矿业有限公司、溆浦县华能矿业有限公司侵害股东利益责任纠纷案，湖南省高级人民法院民事判决书，(2014)湘高法民二终字第73号。

〔2〕 参见甘培忠著，周淳、周游续著：《企业与公司法学》，北京大学出版社2021年版，第225页。

〔3〕 参见甘培忠著，周淳、周游续著：《企业与公司法学》，北京大学出版社2021年版，第226页。

实对法官的能力及素养提出了非常严格的要求,从而可能导致类似案件的判决结果存在明显的差异性。

(三)"缝隙"识别之疑难

既然司法干预的主要任务是对公司合同"缝隙"进行填补,那么首先就应当对是否存在"缝隙"进行识别。而这在实践中恰恰是一道难题,同时也涉及有关默认规则(default rule)的思考。

默认规则源于合同法,合同种类及内容本来就纷繁多样,合同当事人对于合同条款的制定及实现也具备更高程度的主观能动性。默认规则作为适当补充亦理所当然。[1] 受公司合同理论的影响,公司法是为当事人准备的一套示范条款,这些条款一旦未被当事人在章程中"选出",那么就会成为对公司及相关参与者产生效力的默认规则。对此,我国公司法学界已有不少研究成果。[2] 此处主要反思:立法者如何确定公司法所提供的这一套规则一定是符合效率的或是当事人最想要的?关于默认规则的效率问题,需要从不同视角予以分析。经济学上存在两个效率标准:帕累托最优和卡尔多-希克斯最优。前者主要指,规则设置使任何一人受益都不会导致其他人受损,这实际上是一种理想标准;后者则是一种次优但更现实的策略,即便损及部分人利益,但只要整体福利最大化,也是一项有效率的规则,只需对损失一方给予合理补偿即可。可以说,公司法规则通常涉及公司、股东、管理层、员工及其他多方债权人的利益平衡问题,默认规则无论再如何完善,都不可能实现帕累托最优,而在卡尔多-希克斯最优的理念下,立法者抽象出来的一种所谓示范条款难以很好地适应当事人的不同需求。公司法很可能确立了表面上看有效率而实际上并不是许多当事人希望适用的规则。从此种

---

〔1〕 即便如此,也还有诸多学者对默认规则存在的问题进行了反思,例如,有研究认为,默认规则在特定信息结构(information structure)当中解决合同问题的效果并不佳。See Alan Schwartz, *The Default Rule Paradigm and the Limits of Contract Law*, 3 Southern California Interdisciplinary Law Journal 389(1993).

〔2〕 例如,参见罗培新:《公司法的合同路径与公司法规则的正当性》,载《法学研究》2004年第2期;钱玉林:《公司章程"另有规定"检讨》,载《法学研究》2009年第2期。

意义来看,效率其实是一个非常主观的问题——当事人最想要的,才是有效率的。故而,上述默认规则的理论进路并不完善——为何制定、如何制定、制定好坏等,都存在较大不确定性。立法者不是商业践行者,不宜以一种"父爱"视角去制定规则,以至于公司法规则都只有一种默认规则模式。据此,立法者提供尽可能多的规则选择实为对有限理性的关注与回应。

而接下来的问题是,即便当事人意识到公司法规则并不完全契合其自身需求而对默认规则进行了变更,那么变更后的内容是否就一定能得到法院支持呢?这主要涉及以下两个方面的疑难点:一是部分接受《公司法》默认规则时的效力判定;二是公司章程另有规定本身的效力判定。

1. 部分接受《公司法》默认规则是否存在"缝隙"

例如,根据《公司法》第 71 条第 4 款的规定,公司章程可以对股权转让另有规定。倘若章程在股权转让条款中仅规定,"股东对外转让股权应当经其他股东过半数同意",而对《公司法》第 71 条有关不同意即需购买、同意即享有优先购买权等内容皆未置可否,那么这些内容究竟对该公司是否有效。换句话说,上述章程究竟是否已然另有规定,就存在争议。倘若公司章程对于某一默认规则完全未作规定,该默认规则对公司发生效力殆无疑义;然而在部分接受默认规则的场合,究竟是当事人明确表示选入的条款才发生效力,抑或是未被当事人选出的条款皆发生效力?不难发现,倘若坚持后者的做法,则"缝隙"被人为夸大了。

在实践中,当事人在制定章程时往往会参照《公司法》的条文以及公司登记机关提供的模板,虽然默认规则会在章程没有作出另有规定时发生效力,但为了稳妥起见,当事人往往会逐一省察模板上的条款,并将默认规则也记载于章程当中,因此前述案例不可能是当事人由于疏忽而没有规定《公司法》第 71 条的其他内容,亦即不属于"缝隙"。在当前规则体系下,司法对于缝隙的识别,需要深入理解公司法条款的具体内容及目的。尤其是在对章程部分接受公司法的默认规则时,需要审慎识别与确认。倘若仅因为章程条款与公司法规则不一致而对前者予以否认，又或者对其进行"缝隙"填补，都可能不符合实质自治的要义，也极大地减损当事人参与治理的能动性。

2. 公司章程另有规定时如何判断是否存在"缝隙"

即便能够认定公司章程的确另有规定，对其效力进行判定也并非易事。而在应对该问题时，又不得不重回强行规范与任意规范之边界认定的老路。例如，在某股权转让合同纠纷中，法院认为："股东对外转让股权是股东的固有权利，其他股东的优先购买权只是对股权对外转让的一种程序性限制，股东未经其他股东同意对外转让股权的行为并未违反法律、行政法规的强制性、效力性规定，其他股东在一定期限内享有对该合同的撤销权，股权转让合同因其他股东撤销合同并行使优先购买权而无法产生股权变动的效力，但股权转让合同本身是有效的。"[1]可见，《公司法》的规定在此种场合依然起到填补"缝隙"的作用，这是值得肯定的立场。然而股东权利当中究竟哪些属于固有权利，以及如何判定章程对这些权利行使作出另有规定之效力，不无疑问。

此外，倘若公司章程另有规定的内容并非《公司法》规定的允许另有规定的几项，而是对其他涉及数额或比例的规定提出更高的要求，如此另有规定本身的效力如何判断，亦存有疑惑。例如，在某公司决议纠纷中，公司章程规定本公司的特别决议由全体股东出席，并经全体股东通过。[2] 这显然与《公司法》规定的特别决议须经代表 2/3 以上表决权的股东通过的规定有别。那么，法院是否应当否定该章程规定的效力呢？法院认为，《公司法》该条只是对表决权的下限作出了强制性规定，并未对上限作出规定，即公司章程可以约定比 2/3 更高的条件，这也是符合《公司法》规定的。这一说理值得赞许。法院虽承认《公司法》第 43

〔1〕 例如，参见单某某与朱某某等股权转让合同纠纷案，湖南省衡阳市中级人民法院民事判决书，(2015)衡中法民二终字第 104 号。

〔2〕 参见马某某、何某某诉富群养殖有限公司决议纠纷案，云南省昆明市中级人民法院民事判决书，(2017)云 01 民终 7595 号。

条对于特别决议的规定是强行规范,但并未拘泥于表面含义而将 2/3 认定为不可更改的比例,亦即,法院没有强行填补"缝隙"。

上述的司法案例表明,另有规定条款的效率存在许多争议,同时司法实践在进行效力认定时也有困难。诚然,公司法的规定,尤其是另有规定条款可以在某些方面对于漏洞起到填补的作用。但是很多时候,这些填补的作用能否做到恰到好处,或者说是合法合理仍是有很大疑问的。也正因为公司章程另有规定可能存在诸多不确定性,当事人在制定章程时最保险的做法就是照搬公司登记机关提供的模板,由此助长了商业实践的惰性,也进一步体现被动强调公司自治可能带来的隐性管制。

(四)协议替代治理

我国公司治理中存在协议替代治理的现象。这当然有诸多复杂的原因,公司合同理论在其中的影响尤其深远。由于将作为分析方法的公司合同理论与法律实质意义上的合同混为一谈,使股东之间所进行的制度安排——章程、决议以及合同之效力常常等同起来。再加之章程为了迎合监管需要往往规定得极为粗糙,股东不得不通过协议来实现具体的利益配置。如此,实践中以当事人订立的协议填补"缝隙",抑或是将公司决议和股东协议相混淆的案例屡见不鲜。试举一例:2009 年 12 月 29 日,江西华电公司及其第一大股东兼法定代表人胡某作为甲方与乙方张某某签订《股份认购协议》与《期权授予协议》,约定华电公司向张某某定向增发股权,在华电公司股份上市交易前,张某某承诺其所持华电公司股份的投票与胡某保持一致。该约定事项在 2010 年 6 月 10 日华电公司董事会上形成了董事会决议。之所以产生纠纷,是因为张某某在华电公司股东会 2015 年第 6 号、第 7 号两次决议之表决中皆投了反对票,而胡某投了赞成票;公司以上述两份协议为凭据,直接将张某某的投票统计为赞成票,使两次决议达到代表 2/3 以上表决权的股东通过之法定要求。张某某先后两次分别诉请法院撤销上述决议,经过两级法院审理后，其请求均被驳回（以下简称华电公司案）。[1] 我国现行法之相关规定亟待完善。无论裁判结果如何，司法裁判对于此类案件理应进行充分的说理。然而，省察本案所有裁判文书后不难发现，裁判理由显然难以令人信服，其逻辑可归结为一句话：当事人应依约而行，不能违背诚信原则。这是一种轻视公司法理念的合同法立场，无疑留下许多可商榷的空间。

合同法与公司法本应有各自的调整范围，但我国的问题是，相对合同法，公司法的制度供给明显不足，涉及股东协议的规定更是少之又少。如此，一旦出现类似纠纷，司法裁判不得不从合同法当中寻找依据，从而难免忽视公司法的价值。这种部门法之间的供给不平衡，再加上我国目前公司治理的实态，使涉及公司治理的协议之效力认定可能成为一个难题。在如何"认真"对待决议与协议的问题上，我国学界存在两种截然不同的声音。一方面，许德风认为，在商事组织中，成员合同与组织规则不应截然区分，组织亦具有合同属性，成员合同应予尊重。[2] 另一方面，冯果、段丙华指出，组织交易的特殊性决定了简单地套用合同理论处理与商事组织有关的商事纠纷具有局限性；[3] 陈群峰更是认为，股东间协议在公司和公司法实践中大量涌现，甚至出现了协议替代治理现象，这是我国公司法上公司观念的落后和对股东会、董事会定位不合理所致。[4]

矛盾的焦点似乎是如何权衡自由与干预之间的关系，但本质上是公

---

〔1〕 有关第6号决议的纠纷，参见江西省新余市渝水区人民法院民事判决书，(2015)渝民初字第02693号；江西省新余市中级人民法院民事判决书，(2016)赣05民终12号；江西省高级人民法院民事裁定书，(2017)赣民申367号。有关第7号决议的纠纷，参见江西省新余市渝水区人民法院民事判决书，(2016)赣0502民初75号；江西省新余市中级人民法院民事判决书，(2016)赣05民终328号。需要说明的是，以上纠纷还有小股东周某某作为共同原告，其在两次决议中与张某某一样皆投了反对票。

〔2〕 参见许德风：《组织规则的本质与界限——以成员合同与商事组织的关系为重点》，载《法学研究》2011年第3期。

〔3〕 参见冯果、段丙华：《公司法中的契约自由——以股权处分抑制条款为视角》，载《中国社会科学》2017年第3期。

〔4〕 参见陈群峰：《认真对待公司法：基于股东间协议的司法实践的考察》，载《中外法学》2013年第4期。

司法的理念之争。具体而言,协议“杀死”决议的以下三点理由值得推敲:第一,符合全球公司法放松管制的发展趋势;第二,有效保障股东权益;第三,有助于维护非公开公司的人合性。

1. 放松管制?

受公司合同理论的影响,从近10余年来不同国家和地区的立法改革来看,放松对公司的管制的确符合全球公司法发展的趋势,这在英国2006年《公司法》、日本2005年《公司法》以及我国2005年《公司法》中都得以充分体现。尊重当事人之间订立的协议,似乎成为协议“杀死”决议最直接的理由。

然而,放松管制是否意味着必须打破协议与决议的区隔?显然不是。放松管制的本质不是简化法律关系,而是在确保不损害其他主体权益的前提下尽可能地促进公司之组织和行为的多样化,使其无须拘泥于公司法提供的唯一的规则文本。综观不同地域的公司法改革,放松管制的核心主要有两点:一是通过简化资本制度为公司“松绑”,但改革一般不包括简化资本变动的程序,故而与公司治理的联系并不紧密;[1]二是进一步拓宽非公开公司的自由度,但此类改革并不是要弱化章程或决议在公司治理当中的重要性,一旦需要扩张协议对公司治理的影响,也必须以法律有明确规定为前提。倘若不加限制地允许协议干扰公司治理,那么这种公司法改革就不是放松管制,而是动摇公司形式乃至公司法存在的根基。况且,就目前公司法改革的趋势来看,拓宽公司自由度的策略也不是以协议替代治理,而是在公司法的语境下尽可能丰富当事人在公司基本框架设计、股东权利的享有与行使、公司机关设置等关键领域的规则选择权,由此彰显公司法的选择功能。

强化公司法的选择功能必须考虑选择本身可能带来的风险,因此,当事人无论作出何种选择,都需经由公司决议并将其固化于公司章程之上,同时每种选择都将配之以特定的风险防范措施,这是一种符合逻辑

---

〔1〕 以我国2013年《公司法》修正为例,尽管删除了最低注册资本额、缴纳期限等规定,但对于减资、回购、分红等规定皆未改动。

的制度范式。如此,法律关系在放松管制的背景下不仅不能简化,还理应更加明确协议之影响边界,以防范规避法律及徒增风险的行为发生。

2. 保障股东权益?

协议"杀死"决议还有一个看似合理的缘由——股东在所有权与控制权相分离(两权分离)学说影响下的公司治理结构当中渐次丧失话语权。在美国,从1932年伯利和米恩斯的《现代公司与私有财产》开始,两权分离就被视为公司法必须回应的问题。[1] 班布里奇还指出,两权分离不仅不是一个问题,还是现代美国公开公司的独到之处。[2] 高度分散的股东在如此独特的公司治理结构中的地位也不断弱化。[3] 随着机构投资者对资本市场的影响渐次增强,股东行动主义鼓吹的夺回股东在公司中的权利、积极参与公司决策等提议也得到不少美国学者的拥护。[4] 由此,确保协议的效力且强制其履行成为股东参与公司治理的重要策略。例如,根据特拉华州《普通公司法》的规定,只要协议当事人包含非公开公司发行在外的表决权股份过半数的股东,协议干涉公司治理的安排有效。[5] 不过这并非惯常做法,美国其他州一般要求一致同意的协议方可对公司事务作出决定,如果董事会不同意,可以请求召开股东会对此进行表决。[6] 从司法实践来看,美国法院也通常会判决执

---

〔1〕 See Adolf A. Berle & Gardiner C. Means, *The Modern Corporation and Private Property*, The Macmillan Company, 1932, p. 115 – 119.

〔2〕 See Stephen M. Bainbridge, *The New Corporate Governance in Theory and Practice*, Oxford University Press, 2008, p. 3.

〔3〕 按照克拉克的说法,股东地位的变迁是从企业家开始,依次变成所有者、资本提供者、受益人的过程。See Robert C. Clark, *The Four Stages of Capitalism: Reflections on Investment Management Treatises*, 94 Harvard Law Review 561 (1981).

〔4〕 对此,比博绍克的观点最具代表性。See Lucian A. Bebchuk, *The Case for Increasing Shareholder Power*, 118 Harvard Law Review 833 (2005); Lucian A. Bebchuk, *Alon Brav and Wei Jiang*, *The Long-Term Effects of Hedge Fund Activism*, 115 Columbia Law Review 1085 (2015). 而对此质疑声音也不少。See Iman Anabtawi, *Some Skepticism about Increasing Shareholder Power*, 53 UCLA Law Review 561 (2006).

〔5〕 See Delaware General Corporation Law § 350.

〔6〕 参见陈群峰:《认真对待公司法:基于股东间协议的司法实践的考察》,载《中外法学》2013年第4期。

行这些协议。[1] 这也符合美国公司发展的实际境况。

那么,我国在制度借鉴过程中能否直接照搬美国有关强制履行股东协议的规定?兴许不能。我国尽管也强调两权分离,但经营权与控制权在我国语境下是存在本质区别的,我们所言之两权分离,是所有权与经营权(而非控制权)相分离。[2] 目前,中国公司治理常被认为处在股东会中心主义阶段。从实践中不难发现,以股东(而非股东会)为中心才是我国公司的常态——不经过股东会而直接通过协议甚至是根据大股东或实际控制人意志就决定了公司事务,谓之"股东"中心主义或实际控制人中心主义。故此,我国公司治理的主要问题不是股东丧失话语权,相反,如何防止这种强大的话语权掩盖公司的本质,方为公司法的主要任务。

3. 维护公司人合性?

承接上述探讨,公司人合性也成为强化协议在公司治理当中地位的一项有力辩解。吉尔森极端地认为,非公开公司的股东在作出决策时,并不存在市场运作去修复其中可能出现的机会主义与主观偏见,因而调整这类公司的法律可能根本不属于公司法范畴,将其视为合同法之特别适用更为妥当。[3] 美国这种做法对司法实践提出了极高的要求,同时,相对公开公司而言,这种做法在美国也只是一种例外。许德风指出,坚持股东协议与章程、合同规则与组织规则截然区分的观点,至少就股东人数较少的非公开公司而言,并不能成立。这是准确的看法,非公开公

---

〔1〕 See Frank H. Easterbrook & Daniel R. Fischel, *Close Corporations and Agency Costs*, 38 Stanford Law Review 271(1986).

〔2〕 例如,中国旧时的客栈、酒馆,老板完全可以聘请掌柜负责日常经营,但对于重大事宜,往往须由老板决策,这表明控制权与经营权之间理应有所区别。而掌柜在中国文学作品当中有着极为典型的"精明"形象,例如,鲁迅先生的名篇《孔乙己》中的咸亨酒店掌柜;而孔乙己对"我"说"将来做掌柜的时候,写账要用"也表明掌柜如同钱庄经理一样,是个可被更换的职位,属于商事习惯中被称之为"伙友"的一部分。参见《鲁迅全集》(第1卷),人民文学出版社2005年版,第457～462页;张家镇等编纂、王志华编校:《中国商事习惯与商事立法理由书》,中国政法大学出版社2003年版,第589页。

〔3〕 Ronald J. Gilson, *Separation and the Function of Corporation Law*, 2 Berkeley Business Law Journal 141, 152(2005).

司的人合性的确是我们关注协议影响的重要原因。

只不过，人合性只体现在非公开公司场合吗？并不尽然。公司人合性实则不是指股东之间的合意，而是强调公司对股东个性（谁是股东）的重视。[1] 这反映的是公司与股东之间的关系。公开公司尽管在学理上往往被归类为资合公司，然其人合性同样不应被忽视。例如，一致行动协议本身就存在明显的人合性特质。又如，发行特别股的公司往往不允许优先股股东出席一般的股东大会，这是其所获得预先约定股息这一财产利益的对价，也在一定程度上体现出普通股股东所组成的股东大会之人合性。倘若以公开公司是资合公司为由一概否认当事人之间达成的协议，有失偏颇。这也说明，以人合性作为承认协议在非公开公司治理中之效力的理由，并不能完全站得住脚。由此更可发现，即便是在管制色彩较强的公开公司，也同样存在提供规则之多重选项的可能性与必要性。

---

〔1〕 前田庸『会社法入門』(有斐閣,2009 年)14 頁参照。

第二章　选择型公司法的基本理论问题

从社会学角度来看，选择型公司法作为一种制度发展的必然，是因为当代社会分层以经济分层为中心，这与改革开放前的身份分层之不流动性存在明显区别。高度流动性的社会也就产生了新的社会结构。[1]在这样的社会结构中，不同主体之差异化需求得以较大程度的彰显。据此，有必要对选择型公司法的理论基础、价值与特征予以系统阐述。

一、选择型公司法的理论基础——公司法上的分离理论

综观公司内外部法律关系的变迁历程，我们可以发现"分离"是公司法上的主流态势，并始于企业组织形式的分化。同时，从时间次序之整体来看，公司之外部分离要先于内部分离，外部分离的实现促使现代公司之滥觞，内部分离的持续发展是公司治理优化之原动力。公司内部人员合理分工以迎合治理需求，治理规则进一步强化了因分工形成的层级关系，渐次发展为管理层控制的集权模式，内部协商及法律推动又促进了对这种控制权的监控，公司呈现了分权局面。而作为调整公司法律关系的公司法，有必要对以上这些方面作出制度回应，深入公司结构内部进行解构，成为制度构建的一项策略。

---

〔1〕 参见李强：《当代中国社会分层》，生活书店出版有限公司 2019 年版，第 3～5 页。

（一）公司与合伙分异

“人类还从来没有创建过任何一种毫无实在目的的组织。”〔1〕公司组织的出现无疑是为了资本积累与扩张之需求。而公司之滥觞首先要实现自身与合伙之分离，这种分离的前提又源自合伙的发展及形式的多样化。古代合伙源于在陆地上以家事法为基础的家族经济户，而海上贸易的拓展催生了“康孟达”（commenda）之合伙形式，并渐次演变为海上合伙，马克斯·韦伯指出，康孟达的风险由资本所有者负担，旅途的花费及商品买卖的损耗依据某些特定规范共同分担，至于利润则按比例分享。继而，康孟达演变为海上合伙反映了单边康孟达向双边投资的合伙关系的转变。〔2〕这无疑散发出更为浓厚的商业气息，但也只是合伙形式多样化的一个历史缩影，后来据此进一步衍生出隐名合伙、有限合伙等多种形式。合伙形式的变迁过程给公司日后的发展积累了大量素材，而且在19世纪公司股东的有限责任制度相继得以确立之前，〔3〕合伙与公司之间并非泾渭分明，许多早期公司类型都是合伙形式的变种。公司与合伙的分离，体现在前者对后者高度人合性的突破，以适应资本流动之需求，由此渐次使股份自由转让成为公司的一个基本特征。合伙形式变迁更多是商人实践的自然选择，而公司形式多样化则充分体现了国家需求及国家发展理念在其中的影响力。〔4〕西方人因海外贸易实践而更早、更主动关注企业发展，他们认为，通过企业对内垄断市场、对外开拓

---

〔1〕这本是对国家起源的一种分析，但用以解释经济组织的形成也同样合适。参见［德］罗曼·赫尔佐克：《古代的国家——起源和统治形式》，赵蓉恒译，北京大学出版社1998年版，第89页。

〔2〕参见［德］马克斯·韦伯：《中世纪商业合伙史》，陶永新译，东方出版中心2010年版，第17～18页。

〔3〕例如，美国纽约州在1811年确立了有限责任制度，英国于1855年颁布《有限责任法案》。参见［英］罗纳德·拉尔夫·费尔摩里：《现代公司法之历史渊源》，虞政平译，法律出版社2007年版，第119页；See Lance Davis & Douglass C. North, *Institutional Change and American Economic Growth*, Cambridge University Press, 1971, p. 8。

〔4〕参见周游：《企业组织形式变迁的理性逻辑》，载《政法论坛》2014年第1期。

新市场,是一种长远的、全局的投资乃至保卫与发展国家的战略;〔1〕同时,这种战略还与国家财税体制有机结合,〔2〕这些因素都大大促进了公司形式的分离。

现代公司最重要的两大特征是独立法律人格与股东有限责任。公司法律人格的创设在一开始是为了让公司获得如自然人同等的诉讼资格,〔3〕其借由法律的强制而得以确立,但更多关注的是债权人保护问题,因此"财产独立"是其核心要素。〔4〕当然,各国在理解何为法人及法律人格方面实际上存在较大差异,但毫无疑问的是,并非只有公司才具有法律人格。〔5〕从这个角度来看,对股东责任的限制才使公司在实质上有别于合伙。〔6〕尽管诸多国家的企业法都存在有限合伙的相关规定,但这只是合伙的特殊形式,而且有限合伙人的有限责任是通过合伙协议加以确定的,这与股东有限责任之法定性存在明显差别。〔7〕

---

〔1〕 古代东方(包括中国)统治者的策略有所不同,乔杜里指出:"古代亚洲国家统治者似乎从未出现如此理念,亦即比直接向商人征税更好之策略可能是通过权力占有能产生持久利益之商业投资。"故而,统治者不但未试图催生任何有助于降低交易成本之商业组织,而且在很大程度上促进了浓重的抑商传统之形成,更不用说企业形式的分离。See K. N. Chaudhuri, *Trade and Civilization in the Indian Ocean*: *An Economic History from the Rise of Islam to* 1750, Cambridge University Press, 1985, p. 228.

〔2〕 See Internal Revenue Code of 1986, USA, § 301, 1361; Steven A. Bank, *A Capital Lock-in Theory of the Corporate Income Tax*, 94 The Georgetown Law Journal 889, 895 – 931(2006).

〔3〕 See Louisville, C. & C. R. Co. v. Letson, 43 U. S. (2 How) 497 (1844).

〔4〕 参见[美]莱纳·克拉克曼等:《公司法剖析:比较与功能的视角》,刘俊海、徐海燕等译,北京大学出版社2007年版,第8页。

〔5〕 尤其是在我国,合伙企业不是法人,但合伙企业也具备相对的法律人格,合伙企业对其债务应先以其全部财产进行清偿,合伙人承担的是补充连带责任。因此,法人与法律人格并非同义语,享有法律人格的主体并不意味着就是法人,法律人格涉及独立性程度的问题。See Tingmei Fu, *Legal Person in China*: *Essence and Limits*, 41 The American Journal of Comparative Law 261 (1993).

〔6〕 20世纪90年代初利伯斯坦预言,由于有限责任原则对企业的渗透,从而催生有限责任公司(LLC)等形式,合伙在企业制度当中的重要性正在进一步衰减。See Larry E. Ribstein, *The Deregulation of Limited Liability and the Death of Partnership*, 70 Washington University Law Quarterly 417(1992).

〔7〕 因此,尚恩夸张地认为"公司是人"的看法是一种法律虚拟与假定。法律已经能够利用其优势,将公司深深嵌入在语言结构上,使其概念化,并由此最大化地满足法律需求。See Sanford A. Schane, *The Corporation Is A Person*: *The Language of A Legal Fiction*, 61 Tulane Law Review 563, 609(1987).

(二)公司与股东隔离

独立法律人格与股东有限责任这两大特征为当代公司法发展带来深远意义。公司享有独立法律人格,以此实现了与股东的隔离,并以其全部财产独立承担法律责任。公司与股东隔离之最大影响,在于渐次形成公司内外部两层法律关系。公司法律关系由此呈现与空间、时间密切相连的四维结构。公司法律人格在空间层面重构了公司法律关系,而公司从设立到终止则在时间层面对此进一步呈现。而公司内外部关系的分离,也促使商事法上外观主义的形成,由此也成为公司内部结构进一步分离的基础。独立法律人格的创设旨在切断股东与公司债权人在一般情况下发生直接关系的线路,使"公司的行为不被认为是所有者的行为"。[1] 尽管创设法律人格之初衷在于实现财产的独立,但是法人本质应更多关注意志的独立。[2] 要实现公司利益与股东利益的分离,仅强调公司的财产独立远远不够;只有充分认识公司的人格独立,尊重公司意思形成过程,这种分离方才实现。

究竟要如何厘定公司与股东之利益边界,对此,我国当前司法实践仍存在很多问题。其中最突出的问题在于,对股东利益的保护在部分裁判中被视为对公司利益的保护。例如,有裁判明确表示,当事人没有将公司权益归个人所有,而是分配给公司股东,不存在损害公司利益的后果;[3]亦有案例存在基于控制股东的影响致使公司自认为利益未受损之怪状。[4] 以上两例都将公司利益与股东利益视为一体,充分表明仅关注财产独立并不足以彰显公司之独立法律人格。公司利益与股东利

---

〔1〕 See Leonard W. Hein, *The British Business Company: Its Origins and Its Control*, 15 The University of Toronto Law Journal 137(1963).

〔2〕 有研究认为,将独立财产神圣化而忽视意志的独立性,形成了中国公司法制的诸多弊端。参见邓峰:《代议制的公司:中国公司治理中的权力和责任》,北京大学出版社 2015 年版,第 205 页。

〔3〕 参见苏某等诉荣某某公司高管人员损害公司利益纠纷案,北京市海淀区人民法院民事判决书,(2009)海民初字第 32426 号。

〔4〕 参见周某某诉施某某损害公司利益责任纠纷案,浙江省余姚市人民法院民事判决书,(2011)甬余商初字第 431 号。

益的分离,既是要明晰不同主体之间的法律关系,又旨在针对不同主体的利益提供更为理性的法律机制,而这必须以公司人格与股东人格相互独立为前提。

(三)公司内部治理衡平

公司法律关系的内外分离,彰显了从合伙到公司的变迁并不是一种简单的资本整合过程。在内部关系层面,投资者与公司的关系同时可引申出投资者之间、投资者与其所选择的管理者之间、管理者内部各成员之间等一系列的关系。从组织内核来看,当前各类企业的确趋于合流。所谓合流,指的就是各类企业内部治理结构渐次细化,并以实现权力衡平为目的,这在公司形式当中尤为凸显,且成为"公司究竟是谁的"之问题原点,由此形成现代公司授权经营管理、投资者分取利润的特征。不少学者认为,公司治理结构之所以出现这种衡平,其思想并非源自私法传统,反倒是受公法上权力分立之影响甚重;[1]而以董事会为权力中心的间接民主代议制也类似近现代国家之议会。[2] 权力衡平的重要影响之一是促使我们重新认识处于公司法律关系当中的"利益"。公司人格独立促使公司利益与股东利益的分离,而此两种利益内部的进一步分离,需以公司内部治理衡平为基础。权力意识渗透至公司治理结构当中,使公司成员(包括股东)的行为有时不再仅基于自身利益,从而突破了仅以个人财产为中心的原有利益范畴。

持路径依赖观点的学者通常会认为,不同地域存在差异性的政治文化决定了权力衡平的样式,并充分体现在股权结构上。例如,有研究指出,公司股权结构在美国高度分散而在欧陆则相对集中的原因在于两地受到社会民主主义之影响程度不同。在欧洲的社会民主条件下,公司不得不迎合雇员而胜过迎合投资资本,股东对此作出抵抗的策略就是尽可

---

〔1〕 参见陈醇:《商法原理重述》,法律出版社 2010 年版,第 71 页。

〔2〕 邓峰同时指出,更加戏剧的,但更接近事实的结论是,公司的权力分配制度,产生了今天国家政治系统中的代议制。参见邓峰:《代议制的公司:中国公司治理中的权力和责任》,北京大学出版社 2015 年版,"前言"第 12 页。

能地“集中所有权”；在美国则并没有强迫管理者与雇员利益保持协同一致的政治环境。[1] 故而，公司内部治理的确与国家政治体制存在相似性，但前者优化并不必然受制于后者。之所以出现相似性，是因为一国之历史发展、文化传统、思维模式影响了人们活动的方方面面。倘若不是全球化成为当代国际社会发展的主流之一，这种路径依赖情形可能将长期得不到改变。不管是国家还是公司，权力衡平的结果都是改变了组织内部作出决策的方式，并引起内部各机构、各成员之分工得以进一步优化。其中先是董事会与股东会的权力配置渐趋明确，后是各股东因是否有意愿或是否有能力决定公司发展而引起股东角色分化。

（四）股东角色分化

公司内部治理衡平的影响，先是董事会与股东会的权力配置渐趋明确，后是各股东因是否有意愿或是否有能力决定公司发展而引起股东角色分化。这反映出不同投资者有不同之利益需求，他们在公司当中可能扮演完全不同的角色。股东角色分化在全球公司法及公司治理发展中已是大势所趋。股东角色分化的样式受制于公司类型、公司独立性、持股比例、个人喜好等因素。首先，不同类型的公司呈现出差异化的治理结构，并影响权力衡平的程度，股东之间达成协议、作出决议的方式和程序也有所区别。其次，倘若公司仅具有形式上的法律人格而在实际上受到投资者的严格掌控，那么相对不能完全独立的公司而言，投资者的角色也同样混沌不清，公司成员的职能分化、内部治理的有效衡平亦皆难以实现。再次，股东持股比例决定其在公司决策上的重要程度，也就影响股东经由公司运营而获得利益的策略选择，并呈现于不同股东在个人利益与公司利益之间的权衡上。最后，投资者的个人喜好实际上也有极大影响，财产、名誉或纯粹对他物的控制欲等都可从不同方面解释投资者的投资动机，这并非法学探讨的重点，然其成为法律机制建构应当斟酌的因素。行为经济学在传统经济学研究稀缺性的基础上尝试对不确

---

〔1〕 参见［美］马克·罗伊：《公司治理的政治维度：政治环境与公司影响》，陈宇峰等译，中国人民大学出版社2008年版，第20～21页。

定性、复杂性的突破,似乎让其理论成果更贴近社会现实。[1] 在行为经济学之语境中,人不能被简单地视作完全理性的经济人,因为效用有不同类别,并非仅是标准经济学模式中强调的偏好式效用。[2]

在股东角色分化的基础上,不难发现不同股东之利益需求迫使股权利益不能再被视为一个不可分离的整体,它需要通过一定的方式得以分离,以实现各取所需、各得其利之目的。由此观之,公司法从实践到理念都存在强烈的分离倾向,这一倾向之意义可归纳为两点:

一方面,公司法上的分离就形式而言是组织结构的立体化与法律关系的网状化。公司的经营规模扩大化、业务内容复杂化迫使其组织结构不得不从集权走向分权,这一变化在第二次世界大战后得以普及。[3] 各国公司法制尽管存在差异,但是从整体来看皆使公司内部的治理始终保持“授权—执行—监督”的结构体系。在这样的组织结构中,原本简单的线性法律关系也渐次发展为复杂的网状法律关系。这是传统民法思维下之法律行为理论无法给予完美解释的环节,其更多吸收了公法上的团体民主思想。由此,公司法必须超越以意思表示一致为核心的契约规则,并以决议为中心构建公司意思形成机制。

另一方面,公司法上的分离就本质而言是利益需求及其实现途径的多元化。公司法的进化实际上可以被理解为发现和认识公司法律关系当中不同利益的过程,例如,公司与合伙分异渐次彰显公司利益保护的重要性;公司与股东隔离明晰股东利益的边界;公司内部治理衡平引致对利益相关者(如公司债权人)的关注;股东角色分化又进一步昭示股东可能因为投资的不同动机或所处的不同地位而产生迥然有别的利益需求。组织结构与法律关系之形式变化还会使公司内外部将牵涉越来越多的有着不同利益需求的主体,从而牵涉利益的配置与衡量问题。从

---

〔1〕 参见汪丁丁:《行为经济学要义》,上海人民出版社 2015 年版,第 6 页。

〔2〕 参见[美]尼克·威尔金森:《行为经济学》,贺京同、那艺等译,中国人民大学出版社 2012 年版,第 44 ~ 50 页。

〔3〕 大河内曉男『経営史講義』(東京大学出版会,2001 年)157 ~ 170 頁参照。

这个意义上来看,满足不同主体之不同利益需求正是公司法上分离理论构建的主要目的,据此,利益需求的实现途径也理应具备多种选择。

(五)总结:分离、多样化及公司法律关系

社会变迁衍生各维度的分离态势造就了行为及关系的多样化。落实到公司法层面,在公司立法以及公司法律纠纷的解决过程中,不得不思考:首先,公司法律关系如何因为公司这一主体的存在而变得复杂?其次,公司法是否仅仅规范公司成立后的法律关系,而对于设立中公司则是否主要通过民法有关非法人组织的理论予以规范?即公司法律关系与非公司法律关系之间如何甄别?[1]通过对以上两点的思考,可以得出这样的结论:公司独立法人人格的存在从空间层面复杂化了公司法律关系,而公司的成立与否则从时间层面复杂化了公司法律关系。

一方面,从空间层面来看,公司内外部法律关系呈现极其复杂的网状结构。在不承认公司具有法人资格的年代,问题似乎比较容易解决,然而显而易见的道理是,法律关系的简化不意味着权益实现可能性的提高。这也是为何立法及修法活动愈加频繁的重要原因,构建完整的法律体系无法避免引致法律关系复杂化。公司人格的创设,实际上是割断了投资者与公司债权人在一般情况下发生直接关系的线路。因此,整个公司法律关系则可分成公司外部关系与内部关系两大维度。更进一步说,在外部关系层面,只有公司能力受限时才可能重新回归最原始的关系,即在投资者与公司债权人之间形成直接的法律关系。在内部关系层面,由投资者与公司的关系同时可引申出投资者之间、投资者与其所选择的管理者之间、管理者内部各成员之间等一系列的关系。这样一来,尽管法律关系因呈现网状结构而变得纷繁复杂,但绝非混乱不堪以致问题难以解决。恰恰相反,这样的网状结构正形成公司法律关系的独特性,洞悉这一独特性的存在也就更能从根本上解决司法实践中的相关难题。

另一方面,从时间层面来看,投资者为了创办一家公司务必进行法

---

〔1〕 徐强胜认为,公司关系与非公司关系是公司法与一般民法适用的边界。参见徐强胜:《论公司关系:公司法规范的分析基础》,载《法学》2018年第9期。

律规定的相关程序,程序的进展是一个动态效应,在程序的不同阶段也就意味着“公司”具有不同的形态。处于不同阶段的公司形态也就存在不同的法律关系。在这一过程中,公司是否具有法律人格成为问题的核心。这些不同情形大致可分为:公司设立、公司不能成立、公司成立、公司设立无效。之所以要明确区分公司设立过程中的各种形态,既是为了明晰公司法律关系中各方的权利义务与责任,又是旨在更好更快地实现各方的利益平衡,同时也是企求勘定公司法所应管辖的法律关系之边界。因此,时间维度的考量进一步厘定公司法律关系的特性,并鲜明地反映出其与民事法律关系的差异所在。

由于空间层面与时间层面的发散性与结构性,使公司法若仅仅是提供单一的漏洞补充之规则模式,显然不能满足公司制度实践的需求。

二、选择型公司法的价值与特征

要改变“填空”功能引致的当事人之行为惰性以及公权的隐性管制,妥当的策略是赋予当事人根据自身需求对不同规则的选择权。实际上,公司法自其滥觞起即已在公司组织形式方面显现微弱的“选择”功能,但这一功能无论是在强调国家意志的管制主义时代还是力求规则松绑的自由主义时代都不存在充分彰显的空间。不过,这在当下已有所改变。一方面,受到股东角色多样化的影响,不同投资者有着截然不同的利益需求,他们在公司及市场当中也可能扮演完全不同的角色;另一方面,基于大数据等因素激发的科技进步,以及在全球公司治理之功能趋同背景下对于域外机制借鉴的可能性与可行性,立法者要比过往更有能力考虑实践中业已存在或在一定时期内可能出现的交易模式、运作机制以及风险应对策略,并将其置于《公司法》的相关规定当中以供当事人选择。

当然,笔者并不是要全盘否认“填空”功能的意义,而是在此基础上增添公司法的“选择”功能,以提升公司法的价值,故可谓之“代偿”。下面对选择型公司法的价值与特征作扼要总结。

(一)价值

选择型公司法的价值主要体现在以下三个方面:

第一,“选择”功能在很大程度上跨越了强行规范与任意规范界限之争的鸿沟。

规范性质的识别困境是传统强行规范与任意规范之界分方式产生的一大弊端。特定规范究竟属于强行规范还是属于任意规范往往在立法时难以明确,有赖于法院在司法适用时的判定。由于我国没有判例法规则,不同法院对同一规范性质的判定结果也不尽相同,规范性质的模糊性延续到了司法场合。这种法律规范性质的模糊性降低了公司场合各方的行为预期,增加了交易成本。当事人往往很难准确判断其所实施行为的法律效果。为了降低纠纷解决的不确定性与法院解释的压力,最高人民法院通过出台司法解释等方式进一步细化了规范性质的识别方式。值得注意的是,这一识别方式是针对合同效力而制定的,在实践中,随着合同法理论在公司法领域的浸染与渗透,其已然成为公司法规范性质识别的主要方式。在这一路径下,法院必须首先判定法律规范属于强行规范还是任意规范,若属于强行规范,则需进一步判断其属于管理性规范还是效力性规范,然后再判断其对当事人行为效力的影响。对此,我国学界除参考前文提及的域外公司法规则的类型化建言以外,亦有不少学者在此基础上提出了若干创见。例如,赵旭东提出可采取语义识别法,并区分公司内外部规则;[1] 汤欣则认为,可以区分普通规则及基本规则等。[2] 从总体来看,学界至今未能对此凝聚共识,法院也难以直接运用相关识别方式或标准进行裁判。

提供多重选项的公司法将大大增加法条的数量,[3] 从而似有弱化公司自治的错觉,实则不然。公司法的管制性色彩不是表现在法条数量

[1] 参见赵旭东:《公司法修订的基本目标与价值取向》,载《法学论坛》2004 年第 6 期。

[2] 参见汤欣:《论公司法的性格——强行法抑或任意法?》,载《中国法学》2001 年第 1 期。

[3] 例如,日本现行《公司法》超过 900 个条文,且大多数条文的规定都非常详细。又如,英国现行《公司法》之序号也编排至 1300 条,是英国史上最厚的一本成文法。

上的,关键要看所规定的内容。而在片面强调放松管制的立法理念指导下,我国《公司法》的规定较简略。所谓尊重商业实践和公司自治其实难以作为在诸多领域仍存在制度空白的妥当理由,这只是将立法的难题转嫁至司法中,由法院对于相关规则的属性予以评判。这增加了解决纠纷的不确定性,也徒增最高人民法院出台司法解释的压力。一旦法律条文为不同场合提供了不同的制度选择,司法过程中的解释压力也相应减轻。同时,法律也可以根据公司的类型、规模等因素对选择权的行使设定若干限制。经由法律提供选项、当事人作出选择的方式,法律的确定性也将大大提升,法官也无须在辨明法条究竟是否为强行规范方面花费过多精力。

第二,"选择"功能促使公司自治从形式走向实质,并激发当事人的主观能动性。

公司法规则扩张任意规范是可以理解的,也是理所应当的。然而,任意规范不一定促进自治,〔1〕形式上的自治也不一定促进效率。公司法的"填空"功能未能很好地促进公司及股东的自治,致使自治形式化、流程化,甚至可能在实际上构成对弱势方的强制。〔2〕

"选择"功能之于"填空"功能在法律适用上的重要区别在于未经选入的规则将不对公司发生效力,由此淡化默认规则对公司及相关参与者的影响。在成文法体系下,公司法往往只保护明文规定的几类公司,坚持放松管制的思路还可能因为规则的精简导致不同类型公司之间的辨识度降低,在无过多规则指引的条件下,当事人对于进行特殊安排将极为谨慎,再加之公司团体性而呈现的网状法律关系,以至于有学者认为合同不自由才是公司法中的合约逻辑。〔3〕 从本质上说,所谓的合同不

---

〔1〕 例如,郭锐指出,任意规范与自由选择之间可能存在虚假关联。参见郭锐:《商事组织法中的强制性和任意性规范——以董事会制度为例》,载《环球法律评论》2016 年第 2 期。

〔2〕 例如,潘林认为,设置惩罚性缺省规则并形成清单式指引将在保全当事人选择自由的前提下提升对小股东的保护力度。参见潘林:《论公司法任意性规范中的软家长主义——以股东压制问题为例》,载《法制与社会发展》2017 年第 1 期。

〔3〕 参见蒋大兴:《公司法中的合同空间——从契约法到组织法的逻辑》,载《法学》2017 年第 4 期。

自由是公司合同理论指引下自治失灵的必然症结。通过强化公司法的“选择”功能,可以对此加以修补。无论是公司还是公司法律关系的各方主体,在面对制度的多重选项时,都要先行省察自身需求,并主动进行损益分析;在作出若干重大选择前,当事人之间也必然会增加洽谈、商议的流程,而不能,也不会像从前那样被动接受固有的范式,故而也在很大程度上促进公司内部治理的完善。亦即“选择”功能将通过提升机制形成过程中当事人的参与度来实现公司的实质自治,从而也大大降低司法在事后对公司事务的过度干预。

第三,“选择”功能可以提升中国公司法在全球范围内的竞争力。

公司法的调整对象是迅猛发展、开放创新的公司实践。从本质上来看,公司法的首要价值应当在于降低成本、减少损失,至于能否最大限度地增加财富,并非单靠法律就能实现。一部具有竞争力的公司法,应当能够让当事人对风险控制有较明确的预期及可行的应对。由此,公司法的功能不应当只是简单回应当事人的需求,还需要充分吸收商人实践的自发规则,并构建相应规则应对风险、控制风险。当然,即便公司法对当事人的交易行为与组织结构提供了足够的制度选项,也不意味着降低成本及减少损失的目的必然实现。毕竟公司法所设置的选择性规则主要是一种事前性质的风险控制,事中、事后的风险控制仍需要进一步的制度强化。公司法规则充分考虑与每一选项所对应的具体制度,尤其是义务承担和责任追究规则,即需要体系化地构建公司内外部问责机制。据此,当事人选择特定的股权结构、股权利益配置及股权行使方式,即为选择该选项背后的“一揽子”公司法规则。

制度竞争在全球商业实践中渐次彰显,近年来我国也因应优化营商环境的需要,进一步完善了相关法律制度。相比之下,仅以填补“缝隙”为主要任务的公司法愈加难以适应此种情势。在公司法中融入“选择”功能或许是一次提升制度竞争力的重要契机。尤其是《外商投资法》施行之后,内外资企业统一适用《公司法》《合伙企业法》等组织法规定。一部适应性极强的《公司法》,不仅要关注国内不同投资者的制度需求,还需兼顾外国投资者的投资习惯。这样一来,制度融合就显得更加重要。融合,不只是充分省察域外制度并选择所谓最优的规则纳入内国法中,更重要的应该是针对同一部法律当中的同一规定提供多重选项,以供国内外不同投资者选择。总之,"选择"功能是法的指引功能在公司法上的呈现。[1] 这一功能将尽可能地迎合股东角色多样化乃至投资格局多角化、治理模式多元化之发展趋势,所以也将大大提升公司法的适应性与竞争力。

(二)特征

结合前文分析,可将选择型公司法的特征凝练为以下三点:

第一,选择型公司法对商业实践具有更显著的契合度与回应力。

立法本来就应当关注实践。不过,选择型公司法更重视对不同组织结构或交易模式的理解,并针对不同情形设置不同规则以供选择。当然,这就要求规则制定者切实而客观地关注实践。需要阐明的是,所谓关注实践并不是说法律人要像商人那样去思考或行事,而是要尽可能使规则与事实之间产生实质联系,并确信这些规则在当下是有价值的。如拉德布鲁赫所言:"价值和非价值来自于我们,来自于这些观察者,而不是事物和人自身。"[2]因此,选择型公司法的构建要求规则制定者必须开展充分的实践调研,而不能仅从个案中提取所谓的普适性规则。不难发现,要构建一部体系完整的选择型公司法,并非一蹴而就之易事,前期需要有大量的素材积累,如可进行充分的类案研究。[3] 继而,在规则制定及修改过程中还需持续性进行类似工作,以期契合并回应商业实践之需。

由此,选择型公司法就会存在诸多列示性条款。我国《公司法》也

---

〔1〕 在法理学研究当中,指引还分为确定性的指引以及不确定性的指引两类。本书所强调的是不确定性的指引,即通过赋予法律权利,给人们创造一种选择的机会。参见张文显主编:《法理学》,高等教育出版社、北京大学出版社 2007 年版,第 84 页。

〔2〕 [德]G. 拉德布鲁赫:《法哲学》,王朴译,法律出版社 2005 年版,第 1 页。

〔3〕 近年来,类案研究方兴未艾,尽管商事纠纷相比民事纠纷、刑事纠纷而言具有更复杂的结构或模式,但类案研究的思维方法对商事立法仍有非常积极的意义。新近代表性研究可参见孙海波:《重新发现"同案":构建案件相似性的判断标准》,载《中国法学》2020 年第 6 期。

存在不少类似条款，但两者显然有别。例如，《公司法》之列示性条款多见“某某组织、行为或文件应当具备或载明哪些条件或事项”之表述，这就意味着所列规定必须同时满足。选择型公司法的相关条款与之有别，尽管同为列示性条款，然其针对同一事宜所列选项不仅不要求同时满足，通常还强调当事人只能从其中选择其中几项甚至是一项。由此，相关条款多见“下列事项未记载于章程的，不发生效力”“下列组织或行为之一者必须……”等表述。此外，鉴于权利义务责任的对应性，不少条款之间也将呈现对应关系，从而在司法过程中体现选择型公司法的对应适用之特征。

第二，选择型公司法体系下的司法聚焦于规则的对应适用性。

司法在面对选择性规则时，其主要任务并不是判定规则本身究竟是强行规范还是任意规范，关键在于确定当事人的选择是否符合法律要求，以及相关选择所对应的义务与责任。选择对象必须是在法律提供的范围之内，除非规则预留了创设其他安排的空间，否则当事人不得自创选项。同时，选择必须以明示的方式进行，这是行为要式性与规范性的体现，更能彰显公司程式的特性。这也意味着，一旦当事人进行选择，即产生约束力，相应规则应予以适用。在此基础上，法院还有必要明确相关选择所对应的义务或责任条款。

同时，依循商事外观主义，当事人在实践中违背已有选择的做法，不能被视为通过默示行动的方式改变了已有选择。比如，《公司法》某规定同时提供了 A、B 两种选项，当事人在章程中选定 A 后，又长期在实践中采用 B 做法，那么，一旦产生纠纷，就不能因此种做法既在法律提供的选项范围内又已经在公司实践中形成惯例而被认可。一是由于信息不对称性与当事人的有限理性，这种做法往往无法全面顾及选项背后的“一揽子”法律规则，进而产生漏选之局面，致使相应的规范目的不能完全实现。二是股权结构、组织结构等制度设计与安排会产生一定的负外部性，非明示的选择无助于提升公司治理的透明度，进而可能导致当事人不能基于知情理性地作出行为安排，趋利避害。三是否定此种做法也能督促当事人依法进行制度安排,有助于促进公司程式化。当然,当事人可以通过明示的方式改变已有选择。法院应对此种改变选择予以认可。与此同时,法院需要审查变更选择是否经过决议或章程修改等程序性行为,程序瑕疵可能对变更选择的效力产生不利影响。

第三,当事人在选择型公司法体系下具有更充分的能动参与性。

厚重的文本对于同一当事人来说并不会全部适用,关键要看当事人如何选择。由于不存在大量自动适用的默认规则,当事人必须主动作出选择,否则即无法运用公司形式开展经营活动。亦即,相应规则对于当事人的约束力并非纯粹源于法律的规定,而是源于当事人自己的选择与行为,是对自身的约束,契合自由意志、自己行为与自己责任的私法精神。这种选择又往往以对选项的理解为前提,而通过选项之间的对比,当事人能够更深刻地理解选择。一旦选择生效,所选选项以及其背后的"一揽子"法律规则即发生适用。而选项与背后"一揽子"法律规则的勾连又能加深当事人对选项的理解程度。而与之相对,当事人未选选项以及其背后的"一揽子"法律规则即不适用。故而,所谓厚重化仅体现于法律文本之中,并不会给当事人造成沉重的负担。

而就选择的方式来看,当事人必须遵循特定的公司程式,以彰显作出选择的正当性。这不仅是行为要式性的体现,也是公司人格维持与不断强化的过程。前者是指通过程式所附带的要式性与规范性,能够使当事人更加认真地对待选择。相反,若仅强调合意之意志要素,则难以督促当事人认真对待选择。后者是指,只有依据程式所进行的选择才被视为公司的选择,产生公司法上的效力。如此,也能促使当事人认真对待章程和公司法规则。比如,当事人在修改组织结构之选择时,需要参加股东会会议,遵循股东会程序规则,与其他股东进行商讨,形成股东会会议决议。公司程式具有可视化特征,有利于相对人以及行政机关、司法机关判定相应选择,以区分公司的意志与股东的意志。

三、选择功能语境下公司法的总体结构

公司法与经济社会发展紧密相连,故而在具体规则方面域外公司法

也同样经常性地发生变化。不过，就总体结构来看，特定区域的公司法仍相对稳定。以下就德国、日本、美国、英国的公司法之结构予以简要介绍，从中也能大致了解选择型公司法构建的关键领域。[1]

（一）域外公司法的结构及基本内容

1. 德国

德国并未颁布统一的公司法典，其中涉及无限公司、两合公司的内容规定在《商法典》第二编当中，同时颁布了《有限责任公司法》《股份法》等单行法。德国《有限责任公司法》于 1892 年通过，是世界上第一部有限公司法，其与无限公司、两合公司的规定充分体现了人合性及公司自治的特性，内容比较简略，主要包括公司设立、股东之间或股东与公司及其他主体的关系、公司解散清算等内容（参见图 2－1）。有限责任公司可以说是"最适合中小企业的一种法律形式"，[2]还"已经成为德国商业生活的一种事实"。[3]

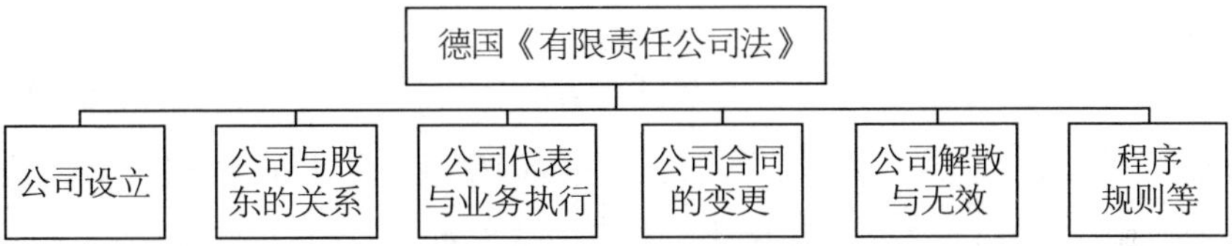

图 2－1 德国《有限责任公司法》的总体结构

1965 年，德国在既有制度之基础上，整合并通过了《股份法》。《股份法》的规则容量明显要比《有限责任公司法》的多（参见图 2－2）。股份有限公司法律制度是《股份法》最重要的部分，尤其是对于组织结构、财务会计以及涉及公司程式方面的规定予以细化。

---

[1] 该部分涉及的介绍性内容，主要参见甘培忠著，周淳、周游续著：《企业与公司法学》，北京大学出版社 2021 年版，第 125～128 页。此外，各国相关法律的总体结构示意图皆根据现行法进行整理。

[2] ［德］托马斯·莱塞尔、吕迪格·法伊尔：《德国资合公司法》，高旭军等译，上海人民出版社 2019 年版，第 34 页。

[3] See Henry P. de Vries & Friedrich K. Juenger, *Limited Liability Contract: the GmbH*, 64 Columbia Law Review 866, 886 (1964).

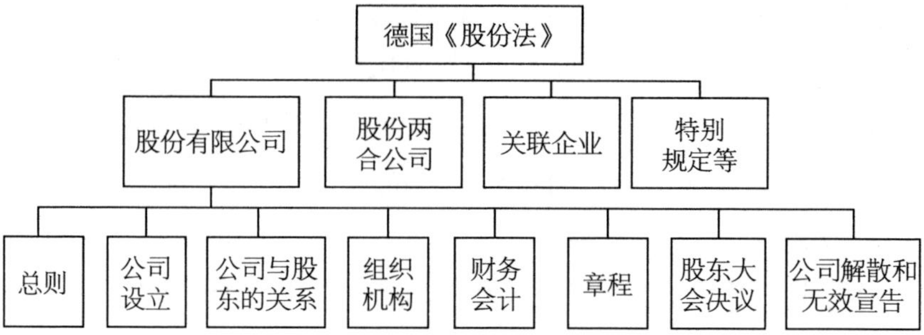

图 2-2　德国《股份法》的总体结构

2. 美国

在美国的联邦体制下,公司法由各州议会制定。1807 年,纽约州即制定了美国第一部公司法规,从而开启了允许私人组建公司的历史。随后美国各州都相继制定和颁布了关于公司的法律。为了指引全国公司的商业活动与法律改革,美国律师协会(American Bar Association,ABA)制定了《示范商事公司法》,并适时进行修改。尽管其本身并不具有法律效力,但大多数州已经整体或部分接纳了该文件的内容。当然,相较而言,特拉华州的公司法律制度得到了更多投资者的认可,其在美国公司法领域的地位"无可替代"。[1] 特拉华州公司法律制度规定于特拉华法典第 8 编"公司"中的第 1 章,一般称之为特拉华州《普通公司法》(参见图 2-3)。从总体结构来看,该法与其他美国州公司法类似,都是以公开公司为普通公司并对其予以细化规定,同时在其后对封闭公司设置了特别规定。

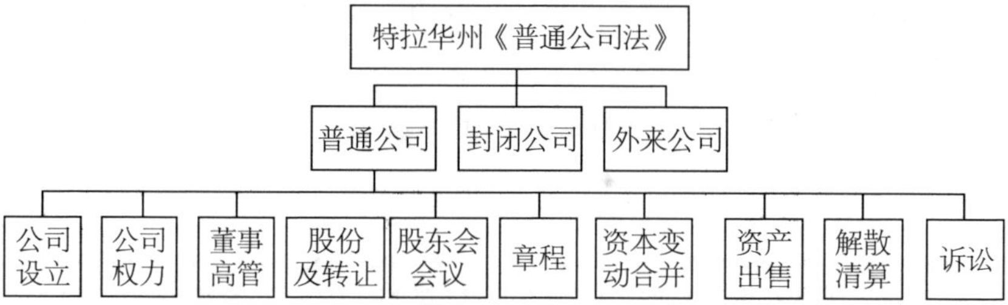

图 2-3　美国特拉华州《普通公司法》的总体结构

〔1〕 参见《特拉华州普通公司法》,徐文彬、戴瑞亮、郑九海译,中国法制出版社 2010 年版,"译者前言"第 1 页。

3. 日本

日本本来也是仿照德国的做法，在其《商法典》中对公司作出了规定，后又颁布了《有限公司法》。日本2005年整合相关规定制定了统一的《公司法》，取消了有限公司形式，并以股份公司为中心进行规则设置。同时，在股份公司之外，还设置有持份公司部分，主要包括人合性要求更高的几种公司类型，即无限公司、两合公司和合同公司。同时，立法非常注重公开公司与非公开公司的区分。这一结构的确"彻底颠覆了大陆法系传统上的公司分类"，[1]而体现因为美国法化所引致的两大法系之融合（参见图2－4）。

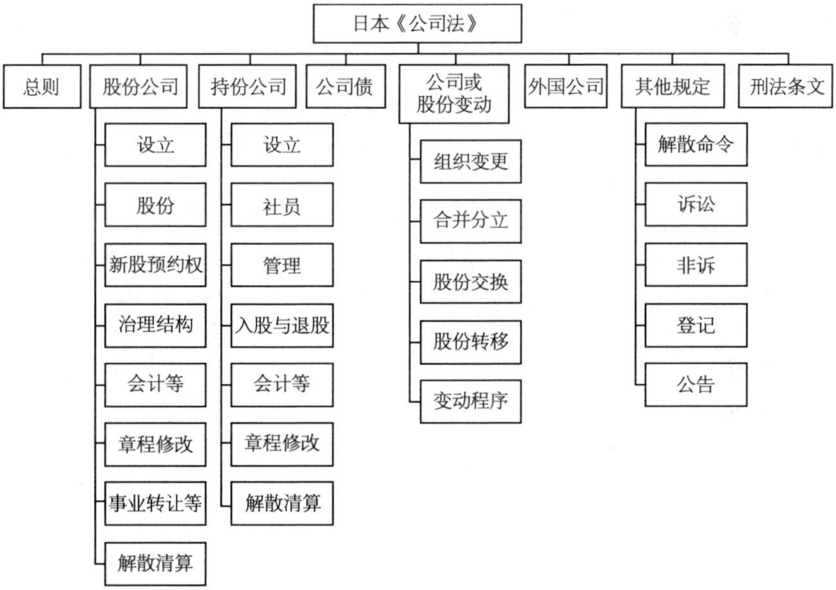

图2－4　日本《公司法》的总体结构

4. 英国

英国2006年对其公司法律制度进行了大刀阔斧地改革，并颁布了2006年版的《公司法》。该法分成47个部分，共计1300条，被誉为英国

---

[1] 吴建斌编译：《日本公司法：附经典判例》，法律出版社2017年版，"编译者前言"第2页。

历史上最长的一部单行法。[1] 英国此举,是为促进经济发展,决定减轻中小企业负担,使英国公司更具竞争力,当然也使英国法规对外国公司更有吸引力,由此,此次修改主要是赋予公司更多的自主与经营弹性。受到英国的影响,部分英联邦国家和地区也随之修改了公司法律制度。英国这部规模宏大的法律,对公司实践的方方面面都进行了非常细致的规定,可以说,这不仅是一部公司法,还是全面反映英国公司制乃至整个商业实践的百科全书。英国《公司法》同样是以公司分类为基础展开具体的规则构建。与美国做法不太一样的是,英国法除注重公开性的分类标准以外,也非常注重以责任形式的标准明确公司的法定类型,继而针对公司内部主体的权利义务及责任、公司投融资及重要变动等渐次呈现庞大的制度体系(参见图2-5)。

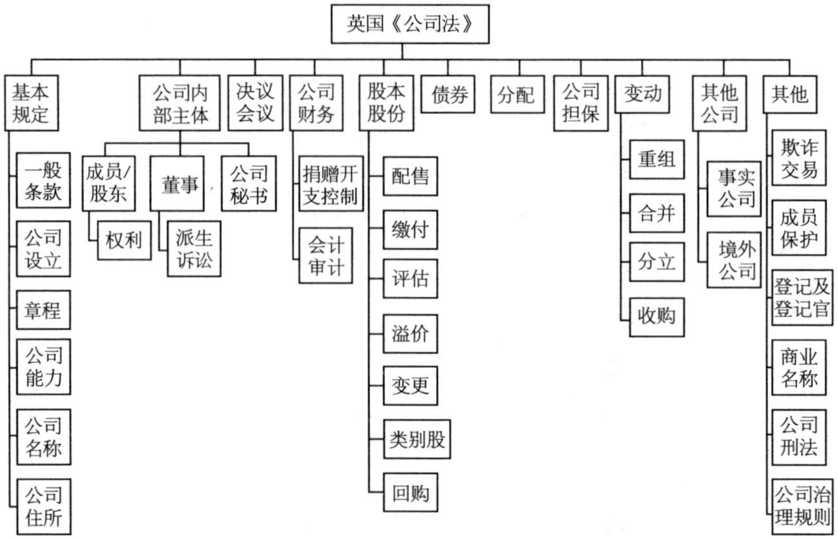

图2-5 英国《公司法》的总体结构

更重要的是,从英国这部《公司法》我们能清晰地发现英国和美国之间所呈现的同一法系内部之巨大差异,且这种差异还可能随着经济社会的发展而愈加显著。根据布鲁纳的研究,"英美法系"这一概念虽然

[1] 参见葛伟军译注:《英国2006年公司法》,法律出版社2017年版,"代前言"第1页。

被经常使用，但英美公司治理模式的差异却非常大，再加上澳大利亚、加拿大作为比较，问题就更复杂。在股东权力和地位方面，美国远不及英国，而澳大利亚和加拿大处于两者中间，但更接近于英国模式。[1] 大致来看，英美两国公司治理主要在股东角色、董事角色、股东应对收购及董事权力来源等维度存在较大区别，这在两国的公司法律制度当中也得以充分彰显（参见表2－1）。

表2－1　英美两国公司治理及公司法的关键对比

国家	股东角色	董事角色	股东应对收购	董事权力来源
英国	管家	衍生的	强	合同
美国	旁观者	“看门的”	弱	制定法

注：根据前引布鲁纳的研究制表。

从以上总体结构来看，各国公司法从体系上来看都存在较大差异，但大致都会涉及公司类型、公司章程、股东权利行使和保护、公司治理结构、公司法律责任等维度。同时，各国公司法在以上各维度规则设置中也不断增加选择性规则。

（二）选择型公司法的结构

在谈及公司法总体结构革新之前，有必要对于何为公司自治进行反思。赵万一、赵吟认为，自治型公司法并不是说国家对公司行为就完全放任不管了，毕竟公司也是有限理性的，市场也是会失灵的，对这些问题的矫正都需要借助法制框架内的国家干预。[2] 只不过，一旦公司自治失灵以及市场失灵，国家对其干预就一定合理吗？应当指出，商人对这种干预的需求迫切性，并不意味着国家干预就是必不可少的。沃尔夫指出：“认为公共政策干预有理的主要依据是市场结果存在着频繁的、大量的缺陷。然而，这一论据不是政策制定或政府干预的充分条件，只是必

---

〔1〕 See Christopher M. Bruner, *Corporate Governance in the Common-Law World: The Political Foundations of Shareholder Power*, Cambridge University Press, 2014, p. 3－12.

〔2〕 参见赵万一、赵吟：《中国自治型公司法的理论证成及制度实现》，载《中国社会科学》2015年第12期。

要条件。"[1]我们应当有意识地防止陷入纳维纳谬误,[2]即片面采取非此即彼的"二选一"路径,指出商人选择存在问题就直接得出国家干预得当的结论。从这个角度来看,立法提供必要的制度选择,在一定程度上能实现自治与干预之间的缓冲。[3] 徐洪涛认为,公司自治有两层含义:一是公司的自主,主要是指公司与政府的关系,核心是营业自由;二是公司治理意义上的自治,立法对于公司治理参与人进行的公司权利义务配置不作过多干涉。如此看来,与欧美国家谈及公司自治时强调内部治理的自治性不同,我国公司自治更多是指公司如何抵挡外部干扰的问题,故而主要是处理公司与其他主体的外部关系。[4] 我国的两权分离正是试图回应公司作为独立自主的市场主体之问题。然而,关注公司外部关系的自治仅是公司自治的初始意义,更深层次的意蕴理应从公司内部治理出发,探究公司法律关系参与人的权利义务配置以及与之相关的选择性规则,这也可能是当前公司法革新的妥当进路之一。

归结起来,选择型公司法的结构需要回应以下几个维度的问题:公司基本框架、股东关系、公司内部治理、公司内外部规制与责任追究。

1. 公司基本框架

选择型公司法首先需要在公司基本框架方面予以制度回应。这大致包括两层含义:一是从外部视角来看,公司与其他企业组织存在何种区别与联系,主要是有关公司类型的探讨;二是从内部视角来看,公司作为独立法人,不能仅关注其外部行为/意思表示,更要从内部省察及证成其独立性的法律逻辑,即要研究外部意思表示究竟是如何形成的。

一方面,公司类型的问题实际上涉及对公司分类乃至整个企业组织形式变迁的反思,需要因应投资者的差异化需求考量如何设置企业组织

---

〔1〕 参见[美]查尔斯·沃尔夫:《市场,还是政府——市场、政府失灵真相》,陆俊、谢旭译,重庆出版社2009年版,第17页。

〔2〕 See Harold Demsetz, *Information and Efficiency: Another Viewpoint*, 12 The Journal of Law and Economics 1(1969).

〔3〕 参见周游:《企业组织形式变迁的理性逻辑》,载《政法论坛》2014年第1期。

〔4〕 参见徐洪涛:《公司自治与公司法的改革——以公司治理为中心》,载王保树主编:《全球竞争体制下的公司法改革》,社会科学文献出版社2003年版,第438页。

形式选择的规则等问题。提供适当数量的组织形式以供投资者选择是各国公司法的共性之一。而在选择功能的引导下,公司法所提供的公司类型不仅聚焦于以责任形式为中心的法定类型上,还需要考虑不同的标准对于公司分类的意义,继而在法律文本中呈现,例如,对公司规模、公司公开程度、公司股权结构等因素予以综合考虑。

另一方面,公司意思形成机制作为公司独立人格的关键表征,需要我们给予足够关注。由此,公司章程之"宪章"地位应当进一步彰显。公司法的"选择"功能在大多数情形下都需要当事人通过章程将相关选项确定下来。换言之,章程是选择性条款的重要载体,是选择型公司法革新的重要向度,法律需要对章程条款进行科学分类。

本书第三章将对此予以详细论述。

2. 涉及股东的关系

股东与公司以外其他主体的关系从本质上来说并不是公司内部事务,故而不宜在公司章程当中予以调整。如此,这些关系往往需要通过订立协议得以确立。因此,如何明确及细化公司法上的协议制度,充分考虑到股东之间权益安排的不同可能性,提供相应的制度选择,是处理股东与其他主体关系的一项妥当进路。公司法上的协议种类繁多,尤以股东协议为典型,然而我国《公司法》及相关司法解释对协议制度的回应不足,大体上只是对于发起人协议、隐名出资协议等少数情形设置了规则,且多为原则性规定,并未予以细化。[1]

---

〔1〕 存在较大争议的一个规定是我国《公司法》第37条第2款的"书面表决"规则,即对《公司法》所列事项股东以书面形式一致表示同意的,可以不召开股东会会议,直接作出决定,并由全体股东在决定文件上签名、盖章。将书面表决视为一种契约,显然不当。首先,股东书面一致同意所形成的文件为"决定",而非协议。股东一致同意作出的决定,凸显企业的权威特质:不仅股东要遵守,公司内部其他机关也必须依照决定执行相关事务,其本质是一种"下行文"。其次,即便存在一致同意的外观,但容易忽视的是,这是一种"同意不开会 + 同意待决定事项"之"双同意"机制,仍蕴含公司程式的意味。即便股东同意待决定事项,但并未排除其要求召开股东会之权利行使。最后,不召开股东会而形成的决定同样产生决议的法律效果,因此,《公司法》第22条以及《公司法解释(四)》有关决议的规定可适用于决定效力认定之场合。这也与协议存在本质区别。参见周游:《公司法语境下决议与协议之界分》,载《政法论坛》2019年第5期;王军:《中国公司法》,高等教育出版社2017年版,第276页。

尽管从形式上看,股东协议似是合同法调整的对象,然而,它在本质上是一个公司法问题,根治之策是在公司法框架下对其予以必要的制度回应。当事人之间的合意可以对股权利益之优化配置及实现方式作出合理安排,根据当事人之角色差异,协议类型还可作进一步细分。

一是股东之间订立的协议。此类协议还分为全体股东协议及特定股东协议两类。全体股东可对股权利益作出整体安排,例如,我国《公司法》第34条有关不按照出资比例分红由全体股东约定的规定正是其例。[1] 特定股东协议则是特定股东之间的合意,对其各自享有的股权利益重新予以配置,例如,A、B股东约定,连续5年将A每一会计年度所分取红利当中的10%归属于B,公司也同意将此收益直接转入B的账户,以作为出资时B为A垫资之回报。又如,股东还可通过协议放弃自己的某些利益,这在理论与实践中都存在可能性。[2] 股东协议所进行的股权利益安排聚焦于股东之间的利益配置,尽管也会对公司治理产生一定影响,但股东协议的内容不能直接处理公司事务,这与股东会决议之效果有别。更重要的是,股东协议并不适用资本多数决原则,这对于股东平等原则的实现能产生积极效应,尤其是对中小股东权益保护发挥重要作用。我国公司法制并未充分关注股东协议之功能,理论研究也稍显薄弱,[3] 这无疑是对资本多数决原则的过分依赖,也忽视了股东角色分化及利益平衡的多种可能。[4] 继而,股东协议之利用形态在不同种类的公司场合也有所区别。有学者认为,股东协议在公开公司可能被运用于企业结合及企业支配的目的,而非公开公司则主要以此进行股东

〔1〕 当然,所谓"约定"不一定就是以协议的形式,也可能是通过全体一致同意制定或修改的章程或其他文件予以确定。

〔2〕 田邉真敏「会社法の強行法規性と株主権の放棄:英国・ドイツ・オランダの比較法的考察」修道法学32巻1号(2009年)398頁参照。

〔3〕 也有个别学者对股东协议制度进行了系统性研究,全面分析其功能、效力认定及对公司治理的影响,意义重大。参见罗芳:《股东协议制度研究》,中国政法大学出版社2014年版。

〔4〕 有外国学者认为,我国之所以不重视股东协议的理论研究,可能是因为实践中因股东协议引起的纠纷并不常见。这一看法可能因果倒置:纠纷不常见是因为法律未能明确股东协议之机能,当时学界对此也不关注。See Mathias M. Siems, *Convergence in Shareholder Law*, Cambridge University Press, 2008, p. 53.

间权限及利害的调整。[1] 当然,这并非绝对化之差异。无论是何种股东协议,一旦涉及公司治理的问题,就可能存在不能被强制履行的风险,当事人应当对此进行综合考虑,并在协议中约定必要的救济措施。

二是股东与股东以外之其他主体订立的协议。股东可根据自己的利益需求,与其他股东以外的相对人协商一致,对股权之一部利益或全部利益之归属重新安排。继而,根据这种安排是否引起股权变动还可作出细分:不引起股权变动之合意,以股权收益权信托合同为典型;引起股权变动之合意则以股权转让合同为代表,还包括股权赠与等特殊情形;实践中还存在诸如股权出质等不必然引起股权变动之样态。这一区分的意义在于,不引起股权变动之合意主要关注特殊利益安排的合法性,例如,是否规避了相关法律的强制性规定,又或者是否存在不正当的利益输送。引起股权变动之合意则聚焦于利益让渡的实质内容以及不同利益让渡可能出现的时间差,倘若是全部利益的让渡,在利益享有方面并不存在分离,但此种解释能明晰股权变动的过程,区隔不同法律关系可提升股权变动的效益,从而实现股权利益与公司利益之间的和谐。同样地,立法也需关注此类协议对公司治理的干预问题。

当然,相比以上提及的协议问题,股权利益的享有与行使方式多样化更是选择型公司法关注的方面。商法愈加强调主体的角色分化,愈加重视交易结构的层次化。我国《公司法》第 4 条规定,公司股东依法享有资产收益、参与重大决策和选择管理者等权利。这是对股东权利的概括性规定,暂且不论该规定的表述存在不严谨或缺乏法学意味等问题,更重要的是,这一股东权利的规定脱胎于过往国有企业的国有股股东的权利行使,明显带有将所有股东"同质化"的痕迹。继而,我国《公司法》没有对股东权利予以专章规定,相关内容散落在《公司法》及相关司法解释当中,既不系统,也没有充分考虑股权利益享有与行使方式的多种可能。

---

〔1〕 森田果「株主間契約」私法総 64 号(2002 年)1 頁参照。

本书第四章将从理论和实践两个角度对此予以详细论述。

3. 公司内部治理

可以说,在公司内部治理方面设置选择性规则是当前全球公司法的最重要改革趋势之一。根据邓峰的观点,董事会作为公司的决策中心,不是公司渐次发展的产物,而是自从公司滥觞,董事会就存在并且肩负着这样一种职能。[1] 而公司监督机关究竟源于何时,仍存有疑问。据日本学者大隅健一郎的研究,目前发现荷兰东印度公司在 18 世纪设置了新的组织"syndics",这可能是监事的最早形式。[2] 不过,"syndics"是否就是监事,值得推敲,该词更多指称理事等管理性质的职位,而且在这一层含义去使用该词的时间似乎更早。例如,荷兰著名画家伦勃朗·莱因在 1662 年即画有《纺织行会的监事们》(The Syndics of the Drapers' Guild),展现这些"syndics"专注、专业的一幕。[3] 所以监事源于何时似乎仍有待考证。

无论公司内部各机关的起源为何,但在时下,域内外各国公司实践及公司法构建都基本围绕"授权—执行—监督"的框架展开。而在这样的功能趋同之大背景下,不可否认的是不同地域的公司治理结构仍有非常大的差异。乃至在一国之内,人们也时常发现不同类型的公司存在差异化极大的治理模式,公司法律制度也相应地设置选择性规则。因此,在选择型公司法之体系下,对于公司内部治理的研究需要关注中国本土的理论与实践问题。各国公司的治理模式选择一定与其公司过往实践密切相连。在中国,公司虽是一种"舶来品",然其一旦在中国生根发芽,就必然含有本土基因。因此,在对具体制度进行重构前,需要结合中国实践对相关基础理论进行反思。继而,再结合我国当前制度实践的问题,审慎地思考公司治理结构设置优化的多种可能性。

---

[1] 参见邓峰:《董事会制度的起源、演进与中国的学习》,载《中国社会科学》2011 年第 1 期。

[2] 大隅健一郎『新版株式会社法変遷論』(有斐閣,1987 年)18 ~ 19 頁参照。

[3] 参见[意]斯蒂芬尼·祖菲:《以黑暗绘成光明:伦勃朗作品赏析》,蒋文惠译,北京时代华文书局 2018 年版,第 124 ~ 125 页。

本书第五章将对此予以详细论述。

4. 公司内外部问责机制

由于权利享有与行使的方式渐趋多样化，那么义务与责任的表现形式及承担方式也必须因应革新。问责（accountability），本来是用以特指行政问责；[1]但公司治理借鉴代议制后，也在公司场合逐渐用以指称如何有效监督管理层行使职权。[2]

当然，本书所言之“问责”是在非常广阔的范畴上使用该词，其可以涵盖所有对公司及相关参与者的追责。一方面，对于公司内部，问责之议题主要关注公司惩罚权的设置，即公司是一个社团，为了维持组织运作的有序性和稳定性，公司在其内部应当对其成员享有一定的惩罚权。同时，基于与外部成员所形成的合同关系，这种惩罚也可能基于合同约定而对外部成员具有一定范围内的约束力。另一方面，对于公司外部，主要是通过立法而对相关主体的法律责任予以明确。这首先需要对公司法语境下决议制度与协议制度作出严格区分，继而探讨决议责任的构建问题。对此，公司法的相关规定略显粗糙，部分内容甚至完全空白，这也是在特定场合需要以合同法来处理决议问题之因由。继而，公司作为一个独立法人，也需要因为其自身的规则选择或者交易模式而相应适用不同的制度。尤其是在平台经济蓬勃发展之当下，多元化的平台公司法律关系促使我们不得不对差异化的交易结构所引致的“相应的责任”问题予以细致反思。

本书第六章将对此予以详细论述。

四、何为一道好的选择题

从被动填空到主动选择，所谓公司法之功能嬗变，形同“题型”之转

---

〔1〕 例如，参见宋涛：《行政问责概念及内涵辨析》，载《深圳大学学报（人文社会科学版）》2005年第2期；周亚越：《论我国行政问责制的法律缺失及其重构》，载《行政法学研究》2005年第2期。

〔2〕 参见［澳］斯蒂芬·波特姆利：《公司宪治论——重新审视公司治理》，李建伟译，法律出版社2019年版，第92页。

换,实为理念之革新。作为立法者,宜审慎斟酌如何出好公司法这道选择题。归结起来,一道好的选择题,至少要包括几点重要的特质:

首先,以现有条件及能力为基础充分考虑可能存在的选项。基于互联网大数据等当代手段,立法者有能力更有责任通过信息归集、统计及分析,对相关行为、交易结构及其风险防范等予以预判。可能有人会担心,因为立法者之理性也是有限的,不可能对商业实践考虑周全,选项设置也可能会挂一漏万。诚然,这可能是事实。但一方面,即便是所提供的选项存在漏洞,也必定比只提供一套简单的默认规则所存在的漏洞少;另一方面,正是因为社会多变,立法者或当事人才更需要有相应的选择。毕竟,为何选择、如何选择、选择是否得当,都可能存在不确定性。既然理性是有限的,提供尽可能多的选择正是对立法者与当事人的有限理性之修补。

其次,对于任何一个选项可能存在的问题给予必要的规则应对。就如同出题者需考虑每一个选项之逻辑是否周延那样,立法者也需要反思所提供的制度选项是否会产生相应的风险。因此,以权利与义务、权力与责任之对应关系为出发点,公司法当中的每一项规则选择都需要配之以相应的规则。这也是为何域外公司法条文会变得越来越多的重要原因。当然,因为是选择题,那么未被选择的部分也与当事人无甚关系,而法律文本的厚度与管制的强度之间也不存在逻辑勾连。

最后,根据不同情境设置合适的题型。即便都是选择题,亦可进行题型方面的区分。一方面,根据作出选择的数量,可以有单选、多选及不定选之分。即法律可以允许当事人在规则选项当中任选其一、任选其中几项或者任选任意数量。例如,公司类型、公司治理结构等都是单选题,需要确定其中一种模式;涉及股权利益行使、应对敌意收购、公司惩罚权等,就可能涉及多选或不定选之情形。另一方面,结合是否必须作出选择,还可分为限选与任选两大类。所谓限选,就是立法要求当事人在若干事项方面必须作出选择,而不能留白,亦即法律不会在此提供默认规则。任选,就是立法允许当事人在若干事项方面可以不作出选择,但未选择的事项既可能存在默认规则予以补充，也有可能在此场合没有相应规则得以适用。

总之，当只有一个选项时，是无所谓好坏的。而在商业实践不充分同时对公权过分依赖的情势下，只有一个选项的自由实际是变相的管制。戈登指出，立法在放松强制性时应提供必要的规则以供股东“选入”(opt in)，而不仅是允许其“选出”(opt out)。不过这种传统的“选入”观点往往只要求公司法提供一个选项。[1] 以“选择”功能代偿“填空”功能，是公司法功能嬗变的当代潮流。不过，既然是“代偿”，就不是完全取消公司法的“填空”功能，而是在现有条件下思考如何融入“选择”功能，以此使得公司法能更大程度地适应商业实践的需要。由此，公司法的实施不再单纯表现为主体被动接受规则设置的过程，而将充分彰显规则与主体之间的良性互动。

〔1〕 See Jeffery N. Gordon, *The Mandatory Structure of Corporate Law*, 89 Columbia Law Review 1549(1989).

第三章　公司基本框架设计的制度选择

公司基本框架是指公司从整体上进行的制度考量。具体来说，其主要包含以下两个方面的内容：其一，每一个投资者在进行投资活动时都有不同的客观情况和主观愿望，选择企业法律形式就要根据主观和客观的具体情况，结合法律规定来进行。〔1〕 其二，公司意思形成体现的是公司之独立人格，公司意思形成的方式是公司基本框架设计的另一重要维度。尤其是章程作为公司宪章，其制定将确定公司内部的组织结构，确立公司管理体制和运行程序，明确股东及公司治理结构的权利义务关系，〔2〕当然也就成为公司基本框架设计过程中的关键环节。

一、公司类型

有关公司类型的规定最早体现出公司法的“选择”功能。在传统规则中，一般是由法律先行规定不同类型公司的设立条件，再由当事人根据自身情况进行选择。这涉及两个选择问题：一是一国之公司类型应当如何设置，其中应当考虑哪些因素；二是在既定的公司类型当中，投资者

---

〔1〕 参见甘培忠著，周淳、周游续著：《企业与公司法学》，北京大学出版社 2021 年版，第 22 页。

〔2〕 参见甘培忠著，周淳、周游续著：《企业与公司法学》，北京大学出版社 2021 年版，第 133 页。

应采取何种公司形式。同时,若要对公司类型的问题予以深入理解,就不得不将其置于整个企业组织形式变迁的背景之下,结合非公司企业的发展进行持续观察。

(一)公司类型的制度选择

公司类型的设置并不是公司立法的新命题,但一直在其中占据极为重要的地位。1904 年《公司律》规定的公司类型是合资公司、合资有限公司、股份公司、股份有限公司;[1] 1914 年《公司条例》、1929 年《公司法》则采取无限公司、两合公司、股份有限公司、股份两合公司之分类;1946 年《公司法》在此基础上增加了有限公司;1950 年《私营企业暂行条例》遵照此做法;1993 年《公司法》将公司类型整合成有限责任公司与股份有限公司两种,并沿用至今。公司法改革重在优化体系与架构,并以革新公司分类为轴线。公司分类的变化可谓牵一发而动全身,相关机制都随之更改。

1. 公司类型是否越多越好

首要疑问在于,可供投资者选择的公司类型究竟应当多一些还是少一些? 显然,尽可能地提供多重选项理应是制度进化的方向,不过根据公司类型的不同划分方法可能会产生似在减少类型的错觉,而实际上,这很可能是混淆了根据不同标准进行的不同公司分类。例如,受到美国以公司之公开程度作为分类标准的影响,日本于 2005 年取消了有限公司形式,颁行以股份公司为最主要形式的《公司法》,有学者以此论证我国也应效仿其做法。[2] 然而不应忽视的是,在区分公开程度的基础上,日本《公司法》还以公司规模为标准将股份公司进一步分为大公司及中

---

〔1〕《公司律》对公司分类的混乱在其公布后不久即受到质疑,清末张家镇等人认为其机械融合了两大法系的做法,有"主义不一贯"的问题,同时除股份有限公司以外,其他三种公司大都"名目空存,条文不具,无从遵守"。参见张家镇等:《公司律调查案理由书》,载民友社编订:《新商法释义》,民友社 1914 年版,"第一章总纲"第 11 页。

〔2〕提出类似建议的学者大多以日本的经验作为论据,例如,参见刘小勇:《论股份有限公司与有限责任公司的统合——日本及其他外国法关于公司类型的变革及启示》,载《当代法学》2012 年第 2 期;张辉:《中国公司法制结构性改革之公司类型化思考》,载《社会科学》2012 年第 9 期。

小公司,可见公司组织形式的复杂程度并未因为类型的统合而有所降低。[1] 同时,在股份公司之外,还设有无限公司(合名会社)、两合公司(合资会社)与合同公司(合同会社)三种类型。其中,合同公司是模仿美国有限责任公司(Limited Liability Company,LLC)之产物。我国香港特别行政区尽管也根据公开性程度将公司分成私人公司与公众公司,但在公司形式方面则分为有限公司、股份有限公司、担保有限公司、无限公司等。[2] 故而,就各国、各地区公司法律规范所规定的法定形式来看,其实还是呈现越来越丰富的样态。

目前对公司的分类主要有公司信用基础、公开程度、注册国籍、资本构成的来源属性、持股关系等不同标准。[3] 不难发现,随着经济社会的精细化发展,分类的标准还会进一步增加。然而,这并不意味着公司法所确定的公司形式也必然增加。有限责任公司与股份有限公司之区分主要是以股东责任形式为标准确定的法定类型。[4] 不过我国公司法并不认可无限公司、两合公司形式,而确定的两类公司形式之股东又都承担有限责任,故而该分类标准并不突出。当然,即便存在有限责任公司与股份有限公司两种选择,也同样可以细化两者之规则,以提升各自的辨识度。

况且,公司法在设置公司类型时还需顾及其他既存的企业组织形式。日本法上并没有像我国《个人独资企业法》《合伙企业法》等所规定的企业类型,所以日本《公司法》的做法有其特殊性。相反,倘若我国公司法也引入美国 LLC 等企业类型,很可能会与既存企业组织形式产生冲突。况且,非公司企业形态与规模各异,甚至有“侵蚀”(encroaching)

---

〔1〕 类似地,如法国设有简易股份有限公司(SAS)。

〔2〕 参见《香港法例》第 622 章《公司条例》(2019 年最新修订)第 7 ~ 12 条。英国《公司法》将公司形式确定为股份有限公司、保证有限公司、无限公司,同时也以公开性程度区分了私人公司与公众公司。参见葛伟军译注:《英国 2006 年公司法》,法律出版社 2017 年版,第 4 ~ 7 页。

〔3〕 参见甘培忠著,周淳、周游续著:《企业与公司法学》,北京大学出版社 2021 年版,第 118 ~ 122 页。

〔4〕 参见朱慈蕴:《公司法原论》,清华大学出版社 2011 年版,第 10 页。

传统公司领地之态势。[1] 钱玉林建议，未来公司法可以将独资企业、合伙企业改造为无限公司、两合公司等。[2] 倘若仅为了编纂所谓完备的公司法典而进行相应改造，可能只是换汤不换药的形式主义，实属不必。比起形式上或称谓上的变化，更关键的可能还是具体的、实质的规则革新。故而，王保树、赵旭东、叶林等众多学者都认为不宜取消有限责任公司形式，但应尽快对其相关制度予以革新。[3]

2. 域外相关实践的进一步省察

实际上，在中世纪前半期，我们仍不能清晰地看到所谓的法系分化，直到欧洲出现了罗马法复兴以后，这种分化渐趋明显。部分原因在于"英国是整个欧洲唯一没有推行罗马法体系的国家"。[4] 在这样的法系分化后，我们看到不同法系的企业组织形式变迁在一开始的确显现出非常不一样的发展脉络。下文主要以美国、德国为例予以阐释。

首先来看美国。从 1811 年的纽约州开始，美国各州都摒弃了授予特许状的旧式做法，继而进行普通公司立法。[5] 更重要的是，由于没有过多的历史负担，美国各州一开始所形成的公司制度就较少受到合伙以及合同规则的影响，[6] 这样的公司更像是一个法律创造出来的实体。当然，格沃茨也指出美国早期的普通公司法对于公司通常"高度管制"，[7] 这种现象在当时也实属常态，但也部分反映出国家过分催促企业组织形式变迁所带来的负面影响。到了 19 世纪末，美国公司形式变迁主要围绕放宽公司的刚性规则进行，让闭锁公司可以在组织结构上获

[1] See Larry E. Ribstein, *The Rise of Uncorporation*, Oxford University Press, 2010, p. 1 – 3.

[2] 参见钱玉林：《公司法总则的再生》，载《环球法律评论》2019 年第 4 期。

[3] 例如，参见王保树：《有限责任公司法律制度的改革》，载《现代法学》2005 年第 1 期；叶林、刘向林：《论我国公司法立法结构的变革》，载《政法论丛》2010 年第 3 期；赵旭东：《有限责任公司的改造与重塑——〈公司法〉相关内容的修改建议》，载《政法论坛》2003 年第 3 期。

[4] See Jack A. Goldstone, *Why Europe? The Rise of the West in World History*, 1500 – 1850, McGraw-Hill Higher Education, 2008, p. 109.

[5] See Henry Hansmann, Reinier Kraakman & Richard Squire, *Law and the Rise of the Firm*, 119 Harvard Law Review 1394(2006).

[6] See L. C. B. Gower, *Some Contrasts between British and American Corporation Law*, 69 Harvard Law Review 1372(1956).

[7] See Franklin A. Gevurtz, *Corporation Law*, 2nd Edition, Thomson Reuters, 2010, p. 19.

得更大的灵活性。[1] 到了 20 世纪,美国进一步以国家干预的形式,通过企业法与税法结合的途径,推进企业组织形式的分化。[2] 尤其是对于税法的适用,彰显一种刺激这种分化的新路径。税法的改革是国家税权运用的表现,国家税权的运用又正是国家满足自我需求最直接的方式。对于不同企业组织形式的税收政策更是直接影响不同的企业组织形式的存在与发展,甚至是以人为的手段达至倡导或者反对某一种企业组织形式在经济社会中的适用,这种做法从 20 世纪初美国频繁修改税法之举动中兴许能洞悉一二。[3] 后来所谓的美国 LLC、S 公司更是不能通过市场自发形成而必须依赖税法的推动才得以产生。税法往往能影响企业的资本结构与投资决策:资本结构的变化最终影响企业投资者的组成、投资者的分红政策;投资决策则与企业管理、企业文化有关。由此可见,税法与企业组织形式的多样化问题紧密相连,税法可以通过间接的手段来达到分化企业组织形式的目的。

至于以德国、法国为代表的大陆法系国家在近代企业组织形式变迁的历程中则呈现另外一派景象。实际上,19 世纪中后期以前的德国,其经济发展较其他欧洲大国而言是较为落后的。其中一个重要的原因在于德国长期处于分裂状态,并且伴有频繁的外战与内战。然而不同时期的德意志统治者都深刻意识到企业发展对于壮大国家实力的重要性。即便在未统一之前,普鲁士帝国就分别在 1843 年和 1861 年颁布了《股

---

〔1〕 See Henry Hansmann, Reinier Kraakman & Richard Squire, *Law and the Rise of the Firm*, 119 Harvard Law Review 1396(2006).

〔2〕 在美国,对于企业为何要征收所得税一直以来都存在诸多理论上的解释,传统解释有实体理论(entity theory)、管理能力理论(administrability)、规制理论(regulatory theory),最新的理论有资本锁定理论(capital lock-in)。理论的层出不穷反映出美国通过税收来促进企业形式变迁是近现代以来的重要手段。See Steven A. Bank, *A Capital Lock-in Theory of the Corporate Income Tax*, 94 The Georgetown Law Journal 895(2006).

〔3〕 19 世纪时,美国公司和合伙之税收制度差异并不明显。但是到了 20 世纪初,在 1913 年、1917 年、1918 年以及 1921 年美国都进行了税法修订,并由此出现了现代企业组织形式的实质分化。当然,这在一定程度上也反映出法律对经济发展的适应,但是如此频繁的修改更凸显了税法在主导企业变迁上的强大能动性。See Steven A. Bank, *A Capital Lock-in Theory of the Corporate Income Tax*, 94 The Georgetown Law Journal 895, 915 – 931(2006).

份法》和《德意志商法通则》。[1] 到了1870年，德国颁布《德意志商法通则》的修订本，该修订本接受了当时的自由主义思潮，取消了原来规定的国家许可制度，而采用了一个标准化规范体系。[2] 1870年前后正是德意志打败法国并实现国家统一的重要时刻，德国在此时对于设立公司门槛的放宽同样体现了一种要将企业作为促进国家经济腾飞的重要工具的动机。这种制度变迁的速率和前述美国独立后的情形极为相似。短短20多年后，德国人又创造性地构建了有限责任公司制，这一举措无疑是与对经济增长的需求相得益彰的。[3] 德国的实践还反映出，国家经济发展的需求始终是现代企业组织形式变迁的动力来源。

3. 我国公司类型划分之反思

由此观之，企业组织形式变迁与制度选择与一国之发展理念紧密相连。[4] 如前述，对于我国当前公司类型问题，有学者建议效仿取消有限责任公司制。这并不符合我国实际需要。一方面，日本取消有限责任公司制有其特殊因由。所谓"现代语化"使日本《有限公司法》与《公司法》不能并存，这是语言上的冲突，并非公司类型上的矛盾。[5] 而日本制定《公司法》主要是基于大规模公司对法律规则需求的考量，即遵循美国

---

〔1〕 参见[德]托马斯·莱塞尔、吕迪格·法伊尔：《德国资合公司法》，高旭军等译，上海人民出版社2019年版，第7页。

〔2〕 即通过立法确立了设立公司的准则主义原则。参见[德]托马斯·莱塞尔、吕迪格·法伊尔：《德国资合公司法》，高旭军等译，上海人民出版社2019年版，第7页。

〔3〕 相关史料的记载佐证了这一相得益彰的过程。"德意志统一之后，资本主义的发达益发加快。在1870年德国在若干基本工业的生产方面远不及英国。到19世纪末年德国的工业在生铁的产量上已经超过英国。"参见[苏联]迦耳金等著、苏联科学院历史研究所编辑：《现代世界史(1870～1918)》，朱君实译，海燕书店1950年版，第31页。

〔4〕 参见周游：《企业组织形式变迁的理性逻辑》，载《政法论坛》2014年第1期。

〔5〕 按照神田秀树的说法，这次立法改革主要基于"现代语化"和"现代化"，即是在进行"现代语化"的修改中，有限公司法和公司法不能并存，结果就不得不对规则的内容进行调整，再加之《商法》的频繁修改也主要面向大规模公司，于是对中小公司相关规范的整理，特别是股份公司形态和有限公司形态的整合也受到了重视。参见[日]神田秀树：《公司法的理念》，朱大明译，法律出版社2013年版，第16～19页。

普通公司法之立法模式。[1] 与此同时,还要对特殊的公司(一般为小公司)进行规则构建,尤其是合同公司的创设,即为效仿美国 LLC 的做法,这是日本公司法全面美国化的体现。[2] 不少选择股份有限公司形式的中小企业在对有限责任需求的同时又渴望保持公司封闭性,因此,迫使股份有限公司当中的股份转让受限,股份公司在几经修改后已经和有限责任公司制度没有实质性差异。[3] 这也是要废除有限责任公司形式的一个重大理由:较好的替代机制业已存在。另一方面,若我国取消有限责任公司形式,则并不存在充分而全面的替代机制。我国《公司法》仅规定了两类公司形式,这原本在大陆法系国家中就不多见。尽管《合伙企业法》力求扩张合伙形式的适用,并确立了有限合伙、特殊的普通合伙等,但合伙企业毕竟不是法人,不能很好地满足诸多投资者对有限责任的制度需求,因此也不能恰如其分地作为取消有限责任公司形式的一种替代机制。故此,取消有限责任公司形式,必将使我国公司法制不得不进行根本性变革,要么重新构建股份有限公司制度,在其内部进行公司类型的细化,要么引入其他企业形式作为体系上的补充。但不管是哪一种变革举措,都将带来巨大的立法成本,也会因为脱离我国社会经济现实而徒增不必要的紊乱。此外,完全以公开程度的划分来替代现有分类,其实是混淆了不同分类标准,也忽视了按照不同标准进行分类的意义所在。体现有限责任公司与股份有限公司差异性的重点之一的确在于公司的封闭性,这也是未来改革的主要方向。[4] 然而,直接以公众公司与闭锁公司的分类作为制度改革的替代,显然不妥。

---

〔1〕 自第二次世界大战以后,日本公司法走的是从大陆法向英美法转变之路径。See Katharina Pistor, Yoram Keinan, Jan Kleinheisterkamp & Mark D. West, *The Evolution of Corporate Law:A Cross-Country Comparison*, 23 University of Pennsylvania Journal of International Economic Law 791,848 - 849(2002).

〔2〕 前田庸认为,这是日本版的 LLC,其意义在于排除双重征税,这和美国 LLC 是一样的。前田庸『会社法入門』(有斐閣,2009 年)11 ~ 12 頁参照。

〔3〕 前田庸『会社法入門』(有斐閣,2009 年)13 頁参照。

〔4〕 正如王保树指出,公司法改革的取向是整合封闭公司资源,重塑有限责任公司形态,涵盖所有封闭公司,并使股份有限公司仅具有公开公司特点,不再涵盖发起设立的公司。参见王保树:《公司法律形态结构改革的走向》,载《中国法学》2012 年第 1 期。

之所以会有取消有限责任公司形式的建言，还有一个重要原因在于我国所确立的两类法定形式之间的差异性不显著，若干制度在两类公司之间还存在错位情形。蔡元庆对此曾作深入研究，认为有限责任公司规范很多都能在股份有限公司中适用，例如，股东（大）会、董事会、监事会的职权，董事、监事的任期等规定；股份有限公司规范也有在有限责任公司适用的情形，例如，关于发起人的责任等。[1] 两类公司的内部治理实际上存在巨大差异，尤其是有限责任公司无法更好地保留自身之人合性与封闭性，从而不可避免地被股份有限公司所同化，引致该形式有被取消的风险。

因此，从我国企业类型之现有框架来看，关键问题似乎不是增加公司法定类型的选择，更不是贸然取消当前的公司分类，而是明晰有限责任公司与股份有限公司的区别及各自的存在价值。甘培忠等曾在2005年《公司法》修订前提出，应当将有限责任公司与股份有限公司分别独立立法，形成一种更彻底的分立的公司法体系，其主要理由有二：第一，两类公司的历史起源与发展脉络存在明显差别；第二，两类公司的立法范式不一，难以求同存异。[2] 改革开放之初，我国即曾有是否应当分别颁布《有限责任公司条例》与《股份有限公司条例》的探索。1992年，当时的国家经济体制改革委员会还颁布了《有限责任公司规范意见》与《股份有限公司规范意见》，这两份规范意见远远不只是有关国有企业改革的政策性指导，而是范围广泛的法律，一部事实上的公司法。[3] 随后，1993年《公司法》将两类公司统一立法，在当时亦具有一定的现实合理性。即便如此，我们仍然要明晰，立法初衷是要区分两类公司类型，以体现不同公司形式的社会效用，彰显公司法制的巨大功能。同时，部分

---

〔1〕 参见蔡元庆：《对我国公司分类模式的思考——从法律适用的视角》，载王保树主编：《商事法论集》第21卷，法律出版社2012年版，第44～52页。

〔2〕 参见甘培忠、曹丽丽：《我国公司法体系的重构——有限责任公司法和股份有限公司法的分立》，载《环球法律评论》2004年冬季号。

〔3〕 参见方流芳：《试解薛福成和柯比的中国公司之迷——解读1946年和1993年公司法的国企情结》，载梁治平主编：《法治在中国：制度、话语与实践》，中国政法大学出版社2002年版，第295页。

经济特区运用其特区立法权,也曾尝试对两类公司分别颁布条例,例如,1993 年颁布的《深圳经济特区有限责任公司条例》与《深圳经济特区股份有限公司条例》。

归结起来,两类公司可在立法体例、治理结构、决策方式等维度进行革新。第一,在立法体例层面,宜将股份有限公司作为标准公司,有限责任公司的相关规定置于其后作为补充。在我国,公众公司皆为股份有限公司,针对其公共性可能带来的负面影响,在股份有限公司部分就不得不设置必要的强行规定。至于有限责任公司,在充分尊重人合性的前提下,若干机制可以参照适用股份有限公司的相关规定。第二,在治理结构层面,有限责任公司之规则设置应体现更大的弹性,例如,有限责任公司的机构设置可由投资者选择,〔1〕在监事往往形同虚设的情势下,将监事乃至监事会的设置与否改由公司自行决定也未尝不是一种符合行为理性的制度选择。同时,未来修法有必要简化有限责任公司的相关规定,并可允许有限责任公司自由配置机构间的职权。换言之,股东会完全可以授权董事会行使剩余控制权,股份有限公司在一定范围内也可参照适用相关规则。第三,在决策方式层面,有限责任公司规则有必要更关注协议以及人头多数决的功能,以资本多数决为基础构建的决议制度可能在特定场合反而不能满足公司治理的需求。而这两方面在股份有限公司场合不存在广阔适用空间。〔2〕

此外,仍需商榷的一个问题是,倘若公司未按法律规定依法成立,其存续是否有效。这相当于当事人在采用公司组织形式的同时排除了公司法的适用,故而产生了究竟是公司先于法律存在,还是法律先于公司存在的争论。〔3〕 从整体来看,大陆法系往往只保护依法成立的公司,而

---

〔1〕 可资借鉴的是 1992 年国家经济体制改革委员会颁布的《有限责任公司规范意见》,其第 22 条规定,公司可设立股东会,也可不设立股东会。

〔2〕 对此之深入研究,参见周游:《公司法上的两权分离之反思》,载《中国法学》2017 年第 4 期。

〔3〕 参见邓峰:《作为社团的法人:重构公司理论的一个框架》,载《中外法学》2004 年第 6 期。

英美法系则对此持有更为宽容的态度。[1] 尤其值得留意的是美国公司法与税法结合的对号入座规则或称打勾规则（check the box rule），该规则用以判断一个企业是否属于标准公司（pure corporation），即企业进行纳税申报时在社团性、营利性、存续性、统一管理、有限责任及利益自由转让等六个标准上打勾，满足四个以上的即属于标准公司。[2] 这是一项从被动走向主动的制度变迁，其意义与当前我国实行的企业信息主动公开制度相当：官方无须再根据企业主动申请的变更登记进行被动监管，而可通过随机抽查的预防策略来提升企业诚信；而在当下，企业征信体系的构建能借助大数据等科技条件更进一步确保策略的有效性。

4. 国企改革的组织形式选择问题

国企改革是我国企业公司法改革不可回避的问题，故在这部分的最后，还有必要思考国企改革的组织形式选择问题。现代企业制度本质上就是要对国有企业进行公司化改造，那么，是不是所有国企都要公司化？都只能公司化？

应该意识到，从一开始制定《公司法》对所有制问题的纠结，到之后绝大多数国企都开始公司化改革，这种制度变迁与现实回应也就往往会引致诸多值得思考的问题。党的十五大报告中早已明确指出："……对国有大中型企业实行规范的公司制改革，使企业成为适应市场的法人实体和竞争主体。"由此，国家并非要求所有国企都进行公司化改造。事关国有公司运营的立法务必把握两大关键点：一是基于少数特殊国有公司（也往往是国有大中型企业）在一定程度上所具有的自然垄断和公共性特征，立法要更加注重在该类国有公司的发展战略、管理模式、股权转让价格、产品垄断定价、企业社会责任等方面增加必要的强行规定。二是基于国企改革的全局性，不仅改造全民所有制企业法律制度的特殊国有

---

〔1〕 例如，根据我国香港特别行政区《公司条例》第 2 条的规定，公司指：（a）根据本条例组成及注册的公司；（b）原有公司。

〔2〕 这一规则在美国的确立自 1935 年起也经历了漫长的过程。See Steven A. Dean, *Attractive Complexity: Tax Deregulation, the Check-the-Box Election, and the Future of Tax Simplification*, 34 Hofstra Law Review 405（2005）.

公司立法要得到充分重视,而通用的公司法律制度也要适时修订。

就中小型国有企业的改革而言,公司制并非其唯一选择。国家有必要促进特别企业法的构建,包括有限合伙企业、合作社乃至股份合作制企业等一系列组织形式都可纳入考量范畴,并进一步推动这些领域的法律改革。例如,有限合伙企业形式在当前混合所有制改革当中具有较大适用空间,国有资本可投资有限合伙企业成为有限合伙人,非国有资本则可成为普通合伙人并可深度参与企业运营管理。〔1〕还有对于合作社形式,李建伟认为,将合作社立法纳入整个企业立法体系构建当中,并加快其发展与完善的步伐,具有十分重大的理论和现实意义。〔2〕我国相当一部分的国有企业都与农村发展、农业生产、农民增收密切相关,表现出全民所有制或者是集体所有制之性质。据此,充分利用既有的合作社模式优势,并优化合作社的相关法律机制,让其成为国有企业改制的一种路径选择也未尝不可。我国仅颁布了《农民专业合作社法》,更具一般意义的合作社立法仍然欠缺。另外,股份合作制企业同样能在中国找到适合自身存在与发展的有利土壤。作为一种"介于经典的合作经济和现代的股份经济之间的独特的经济组织形式",〔3〕股份合作制企业更是吸取了股份公司与合作社两者的天然优势,成为中小型国有企业改制的又一路径选择。尤其是自20世纪90年代以来,国家部委制定了若干鼓励发展股份合作制企业的规范性文件,〔4〕对该类企业的发展起到一定的促进作用。但这些规范性文件之效力层级较低,且公布这些文件的多数部门已不存在或已变更,这对股份合作制企业形式的推广也带来较大的负面影响。然而,合作社与股份合作制企业都在很大程度上与中国国

---

〔1〕 我国《合伙企业法》第3条规定,国有独资公司、国有企业、上市公司以及公益性的事业单位、社会团体不得成为普通合伙人。因此,国有企业虽不能作为普通合伙人,但可依法成为有限合伙企业当中的有限合伙人。

〔2〕 参见李建伟:《中国企业立法体系改革:历史、反思与重构》,法律出版社2012年版,第316~319页。

〔3〕 胡建生:《略论股份合作制的性质和发展》,载《法学家》1995年第3期。

〔4〕 例如,参见原国家经济体制改革委员会《关于发展城市股份合作制企业的指导意见》(1997年);原煤炭工业部《关于煤炭行业发展股份合作制企业的若干意见》(1997年)。

有企业的特殊性质相契合,完善两者的法律制度,将对国有企业(尤其是中小型国有企业)的改革大有裨益。

(二)投资者创办企业的形式选择

以上提及之打勾规则已经显示出投资者选择的重要价值。当然,在我国法律框架下,这种选择仍不具备充分的可操作性,也与我们的大陆法系传统有别。当前我国投资者在创办企业时主要是面临选择何种企业组织形式的问题,若是要选择公司形式,面临的是选择有限责任公司还是股份有限公司的问题。通常,影响投资人选择企业法律形式的因素主要集中在以下方面:(1)准备经营事业的性质和规模;(2)参加经营事业的人员的数量、功能分配、责任心和其他素质,以及相互之间的信任关系状况;(3)利润分配和亏损负担的结构;(4)资本和信用的需求程度;(5)风险的大小;(6)投资利益转让的方便程度等。如果法律对某种行业规定了最低资本要求,甚或对投资者的身份有限制性标准规定,投资者的选择能力事实上会被压缩。具体而言,投资者选择企业组织形式需要综合考虑诸项要素,根据自身情况和愿望选择最适当的形式进行投资。

1. 税收

投资者选择企业组织形式首先考虑的因素很可能就是税收。公司作为法人,故其为所得税的纳税义务人。公司完税后,股东依法分得的股息和红利,为股东个人所得,要缴纳个人所得税。由此可见,这一过程要计征两次所得税,即公司所得税和个人所得税。就这一点而言,有限责任公司与股份有限公司是一样的。非法人企业,例如,个人独资企业与合伙企业,则与公司不同,因其不享有独立人格,企业并不需要缴纳企业所得税。对于合伙人以及个人独资企业投资人来说,他们按合伙合同分得利润以及从企业单独取得收入时,只需缴纳个人所得税,而进行商业运作的企业则不作为纳税主体承担纳税义务。可见,合伙企业和个人独资企业的利润在分配至投资人手中时,只缴纳一次所得税,即个人所得税。不过在税收上,公司也可能存在若干税收优惠的措施,而个人负税中抵扣的部分给纳税人带来的利益并不是很大。

当然,我国在《合伙企业法》与《个人独资企业法》制定后曾对合伙企业和个人独资企业征收企业所得税,但这的确不妥当。直到2000年,国务院《关于个人独资企业和合伙企业征收所得税问题的通知》(国发〔2000〕16号)明确规定:为公平税负,支持和鼓励个人投资兴办企业,促进国民经济持续、快速、健康发展,国务院决定,自2000年1月1日起,对个人独资企业和合伙企业停止征收企业所得税,其投资者的生产经营所得,比照个体工商户的生产、经营所得征收个人所得税。具体税收政策和征税办法由国家财税主管部门另行制定。如此,合伙企业与个人独资企业就不像公司那样需要双重征税。

2. 设立门槛

设立企业通常会发生一系列的费用,费用大小不一,这成为投资者选择企业组织形式时需要考虑的另一项重要因素。按照通常情况来看,设立公司的费用理应比设立合伙企业、个人独资企业的费用高,但由于公司资本制度改革业已废除法定注册资本最低限额,取消货币出资额的最低比例,并改实缴制为认缴制,废除强制验资制度,同时对公司登记事项以及营业执照记载内容进行相应修订,[1]这使公司设立费用大大降低。当然,从设立费用的总体来看,公司设立的费用仍要比非公司企业的要高。

至于设立条件,设立公司也要比设立其他企业烦琐。章程作为公司宪章,是设立公司必须提交的文件。无论公司如何简化其内部程式,章程仍然不可或缺。而从章程的内容来看,它要比合伙协议的内容复杂得多,相对而言,个人独资企业的设立程序较为简易。这些当然也是投资者需要考虑的方面。

---

〔1〕 有关公司资本制度改革的研究,较具代表性的可参见施天涛:《公司资本制度改革:解读与辨析》,载《清华法学》2014年第5期;甘培忠:《论公司资本制度颠覆性改革的环境与逻辑缺陷及制度补救》,载《科技与法律》2014年第3期;刘燕:《公司法资本制度改革的逻辑与路径——基于商业实践视角的观察》,载《法学研究》2014年第5期。

3. 资本和信用的需求

就普遍情况来看，如果设立人有足够的资本，并愿意以个人信用为企业信用的基础，而且预计企业规模不会有很大的扩展，采用独资方式较为适宜；如果设立人有一定的资本，但尚不足，又不想使未来的事业规模太大，或者扩大规模受客观条件的限制，采用合伙企业或有限责任公司的形式更为适宜；如果设立人所需资金额巨大，而且希望所经营的事业规模宏大，采股份有限公司较为适宜。投资人资金不足时，可以联合其他投资者共同设立企业，也可以先设立有限责任公司，待时机成熟后变更为股份有限公司。

4. 治理模式

一般来讲，投资者对企业的控制权与企业创办的资金来源渠道为负相关关系，企业的资金来源渠道越少，出资人对企业的控制权就越大。因此，投资者如若想直接、最大限度地控制企业，可选用个人独资企业或者一人公司的形式。个人独资企业的内部治理较为简易，通常都没有形成所谓的治理结构，投资人对企业的控制也最为彻底。而一人公司毕竟是公司，虽然只有一个股东，但也需要按照《公司法》的规定进行内部治理，例如，一人公司也需要制定章程，需要置备股东的决定，需要编制财务会计报告并审计等。在合伙企业和普通公司场合，各投资者需要协商处事、共同合作，对企业实施控制和管理。当然，公司的程式性要求要高于合伙企业，即便是有限公司亦如此。这就使公司治理模式要比合伙企业体现出更明显的制度需求。而一旦选择股份有限公司形式，甚至要向社会公开发行股份，那么公司所需要满足的治理模式要求就会更高，如我国上市公司必须设置独立董事等。[1]

5. 人合性程度

依企业信用基础为标准，企业可分为人合企业、资合企业以及人资两合企业三类。个人独资企业、一人公司因为只有一个投资人，通常不

---

〔1〕 参见中国证券监督管理委员会《关于在上市公司建立独立董事制度的指导意见》（证监发〔2001〕102号）。

存在人合性的问题。合伙企业、普通的有限责任公司以及股份有限公司在人合性程度上存在较大差异。一般认为,普通合伙企业是人合性最高的企业形式,故而我国《合伙企业法》也在多处明确了需要合伙人一致同意的决定事项。[1] 至于有限合伙企业、公司则皆为人资两合企业,有限合伙企业的人合性通常要比公司的显著,而有限责任公司的人合性又要比股份有限公司的显著。对于人合性有特殊需求的投资者在选择企业组织形式时可能会对此进行更深入的考虑。当然,人合性与资合性并非泾渭分明。

此外,人合性还主要体现在投资者的权利转让是否受限的问题。个人独资企业转让自身权利一般是自由的,但如果是整体转让,就等于出售企业,而如果是转让一部分权利,就可能形成新的企业,如普通合伙企业等。普通合伙人的权利一般来讲也是可以转让的,但要经其他合伙人一致同意。合伙人的权利主要分为以下几种:第一种是基于出资形成的与其他合伙人对合伙财产的共有权。合伙人在合伙存续期间不得要求分割合伙财产,除非全体合伙人均表示同意,且要避开合伙事业的繁忙季节,于特定的时间提前提出。第二种是合伙人对合伙事业的管理权,不得转让。第三种是合伙人从合伙事业中分得的利益,是合伙人的个人财产,可由合伙人任意转让处理给第三人。有限责任公司的股东转让其股权,应依公司法及公司章程之规定办理,一般规定是需要经其他股东的过半数同意。股份有限公司的股东可自由转让其股份,但须依公司法及公司章程的规定办理。其中,上市的股份有限公司,股东转让股份时可由证券公司代理在股票交易所转让,同时还应符合相关证券法律制度的规定。

---

〔1〕 例如,我国《合伙企业法》第31条规定:“除合伙协议另有约定外,合伙企业的下列事项应当经全体合伙人一致同意:(一)改变合伙企业的名称;(二)改变合伙企业的经营范围、主要经营场所的地点;(三)处分合伙企业的不动产;(四)转让或者处分合伙企业的知识产权和其他财产权利;(五)以合伙企业名义为他人提供担保;(六)聘任合伙人以外的人担任合伙企业的经营管理人员。”

6. 利润分配与亏损的承担

在个人独资企业情况下，投资人无须和其他人分享利润，其代价是投资人个人(或者家庭财产)承担企业的亏损。在合伙企业场合，利润和亏损由合伙人通过协商在合伙协议中约定；未约定的，临时协商决定；协商不成功的，按照各合伙人向合伙企业的实缴出资比例确定；无法确定出资比例的，利润和亏损由每个合伙人按相等的数额分享和承担。在有限责任公司和股份有限公司条件下，公司的利润一般是按股东的类型及持股比例进行的，但是法律允许有限公司全体股东约定不按照实缴的出资比例分红，股份有限公司章程也可规定另外的分配方式，这主要是考虑股份有限公司可能发行优先股的情形。对于公司的亏损，股东个人不承担投资额以外的责任，虽然亏损的事实会影响和减少他们的股息、红利以及出售股票的价格。只有在有证据证明股东滥用了公司法人独立地位和股东有限责任时，可通过公司法人人格否认制度要求股东承担公司债务的连带责任。

7. 投资者的责任形式

对企业所负债务，不同企业形式下的投资人所负债务责任界限不同，主要分为无限责任、无限连带责任和有限责任三种。在个人独资企业场合，投资人对债权人的债权请求负无限责任，其清偿债务的范围不以投资人投入企业的财产为限。在普通合伙企业场合，合伙人对债权人的债权请求承担无限连带责任。从无限责任来看，每个合伙人和个人独资企业投资人是一样的，不同之处在于合伙人对企业债务不仅负无限责任，且要负连带责任，每一位合伙人可能会对企业的全部债务首先予以清偿，尔后由其向其他合伙人追偿。可见，在普通合伙企业场合，每个合伙人在理论上虽然对合伙企业的债权人承担的责任要小，但连带责任的规定有可能使其承担合伙企业不能清偿的全部债务的责任，而向其他合伙人的追偿能否实现并不确定。在有限合伙企业场合，有限合伙人承担的责任如同有限公司的股东那样，而普通合伙人则承担无限连带责任。在公司场合，无论是有限责任公司还是股份有限公司，股东仅以其认缴的出资额或认购的股份为限对公司承担责任。可以说,有限责任是现代公司最重要的特征。[1]

8. 存续性

个人独资企业的存续期限一般以投资人的生命为限。如果投资人去世,另有人继承其事业,则应视为一个新的企业。合伙企业从技术意义或法律原理上说,可以因一个合伙人的死亡、破产、退出、丧失行为能力等原因而终结。但事实上,剩余的合伙人可以通过多种协调方式使合伙企业保留下来。公司的存续期限一般在公司章程中订明,而如果公司章程不订明存续期限,则视为永久存在,不因股东的变化而受影响。

上述八项选择因素是相互关联的,投资人在选择企业组织形式时,需依据投资的目的、动机、条件,对各项因素进行综合分析,以选择最适宜的形式。

(三)企业组织形式的未来:形式虚化与个性化选择

从独资到合伙、从合伙到公司,这种线性的发展有其看似合理而又欠缺缜密之处:公司为何最终在当代成为最主要的企业组织形式?我们一直认为公司要比合伙、独资更具有科学性、现代性。但关键在于,对于投资者来说,公司形式实际上有一定的缺陷。一是公司法存在诸多基于交易安全的考虑而限制资本流动的规则,例如,大陆法系传统资本三原则,似乎都与公司发端时对于资本流动增速之欲望相背离。二是公司形式(尤其是公众公司)存在高额的代理成本,在防范此种成本有可能高于外部交易成本之风险时,又会产生更多的监管成本。三是对于公司实行的双重征税制也可能要比采取合伙制等其他组织形式产生更多的运营成本。尽管公司存在这些缺陷,它在当代仍然成为风靡全球的组织形式。原因何在?第一,必须承认,公司形式的确有其充分的优越性,它适应了包括社会化大生产、多渠道融资在内的一系列经济发展需求。强大

---

〔1〕 参见[美]斯蒂芬·M.班布里奇、M.托德·亨德森:《有限责任:法律与经济分析》,李诗鸿译,上海人民出版社2019年版,第27页。

的适应性意味着能对经济、政治、文化的变动具有足够忍耐与磨合能力。[1] 而在全球化趋势的带动下,缺乏适应性的组织形式也必然缺乏成为主流形式的前提。第二,人类进入现代社会以后,因为经济危机等根源导致国家干预获取了极具正当性的理由,利伯斯坦就极端地认为:"公司集中管理的方式过分严苛,事实上可能在许多企业中都不太适用……公司形式的主导地位不能说明它就适应了企业的成长……它可能只是一种政治家和公司管理者寻租的手段。"[2] 这种看法有待商榷,但可以肯定的是,现代公司的发展乃至整个现代企业组织形式的嬗变,都不可能是单纯的私人创新。这种态势,不管在英美法系还是大陆法系都显而易见。

而国家与公司的关系并非如此简单。根据汉斯曼等人的观点,当公司获得实体保护(entity shielding)时,就对法律产生了巨大需求。[3] 对该问题的阐释还可以更进一步:当企业组织形式越是更多地彰显人为添加的因素时,它就越是脱离人们自然选择的一般规律,也就越需要被刻意地给予保护,而倘若这种人为添加的因素源于国家,那么保护的举措也主要源于法律。因此,当公司成为一个实体时,它的生存与发展也就不可避免地与国家的态度紧密相连。总之,相较而言,公司组织形式存在资本锁定、代理成本、双重征税、治理程式等所谓的"劣势",[4] 但与此同时,公司形式的优势也是不言而喻的,股东有限责任、资本扩张能力、信用层级乃至全球化、标准化的需求,都使公司形式成为域内外最盛行

---

〔1〕 例如,有研究表明,在美国,LLC 形式由于能获得恒久的实体保护而在一般企业中要比有限责任合伙(Limited Liability Partnership,LLP)以及有限责任有限合伙(Limited Liability Limited Partnership,LLLP)更受欢迎。尽管 LLC 与严格意义上的公司有别,但它仍具备公司的人格特征,是公司的变形,因而仍可作为此种适应性的一个注脚。See Alan R. Bromberg & Larry E. Ribstein, *Bromberg and Ribstein on Limited Liability Partnerships, the Revised Uniform Partnership Act, and the Uniform Limited Partnership Act*(2001), Aspen Publishers, 2005, p. 24.

〔2〕 See Larry E. Ribstein, *Why Corporations*?, 1 Berkeley Business Law Journal 190, 196, 208 (2004).

〔3〕 See Henry Hansmann, Reinier Kraakman & Richard Squire, *Law and the Rise of the Firm*, 119 Harvard Law Review 1340 – 1343(2006).

〔4〕 See Larry E. Ribstein, *Why Corporations*?, 1 Berkeley Business Law Journal 183(2004).

的企业组织形式。而公司法的任务,是在兼顾其他既存企业组织形式之基础上,提升有限责任公司与股份有限公司的辨识度,以便更好地迎合投资者的选择需求。新近研究认为,当公司治理结构最优化时,能使投资者的控制成本以及管理者的代理成本都最小化。[1] 这的确是公司制的一项优势。

企业组织形式不断进化,当它进入全球化的时代,就有可能形成新的激变。萨缪尔森质问,现代企业的发展究竟是有限责任在合伙形式中拓展还是合同自由在公司形式中拓展?[2]笔者认为,这两种拓展之间并不矛盾,其恰好反映了企业组织形式变迁存在某些趋同的态势。因此,企业组织形式变迁至少在以下两个层面存在趋同:一是各种企业组织形式之间相互吸取有益的特性,从而淡化形式之间的界限;二是各国的企业组织形式因为全球化等因素也要主动或被动地吸取有益的特性,从而试图防止陷入我行我素的僵化模式当中。

制度趋同意味着制度之间的相互融合,也就在一定程度上软化了组织形式本身应有的稳固性,从而有可能走向虚化。但是,企业组织形式的虚化并不能反映国家干预的弱化,恰恰相反,国家正在运用其足够强大的能力,打破商人阶级本身创设的封闭的企业组织形式,使其走向开放,并与其他配套法律一同形成企业发展的制度网络。

这种干预当然不能被认为是一种历史发展的倒退。国家能力的发挥不必然导致行为的强制与自由的泯灭。企业组织形式的虚化,本质上说就是在确保组织内核的稳固性的基础上,充分拓展企业可能存在的形式,形式的多样化预示着法律对于形式本身的强制性弱化。与此同时,也正由于企业组织形式的多样化,投资者由此拥有了非常自由的个性化选择,能根据自身的各项能力,选取更适合其发展的组织形式。

---

〔1〕 See Zohar Goshen & Richard Squire, *Principal Costs: A New Theory for Corporate Law and Governance*, 117 Columbia Law Review 767(2017).

〔2〕 See Per Samuelsson, *On the Evolution of Corporate Forms*, 2005 University of Illinois Law Review 17(2005).

二、公司章程

章程作为公司宪章,其地位不言而喻。放松管制的思路更进一步强化了公司章程在处理纠纷时的作用。但问题在于,无论是商业实践还是法律实践,我们对于章程的重视程度,还远远不足。当立法过于简略,又过分单纯地强调公司自治时,恰恰不是公司法填补了章程,而是章程填补了公司法。如何在制度设计方面引导投资者更好地制定章程,是影响公司基本框架的另一重要面向。如何秉持公司法的选择功能理念对公司章程之相关规则予以反思及革新,尤为必要。而在此之前,有必要先对公司意思形成作一论述。

(一)公司意思形成

意定涵盖当事人之意思表示与公司之意思形成两大方面。顾敏康认为,我国2005年《公司法》对合同自由原则的有意识地引入,反映出国家对公司的干预正在逐步减弱;同时,在合同自由原则指引下,建议立法允许股东会将自身职权部分授予董事会行使。[1] 这一看法有一定道理,当然也明显受公司合同理论的重大影响。公司合同理论往往不注重公司之独立意志,这对仍处于努力挣脱“公司是股东之财产集合”之桎梏的公司法学研究而言可能会产生负面效应。更关键在于,协议与决议之区别是显而易见的,本书在不同部分对此有更深入探讨,此处关注的是,协议与决议两者促成了意思表示与意思形成的分野,而对意思形成之规则构建是选择性规则的重要内容。归结起来,公司法上的意思形成机制主要包括公司决议、较为特殊的“其他股东过半数同意”以及尤为重要的公司章程。

首先,公司决议是公司意思形成的主要体现,也对规则选择产生重要影响。至于如何看待决议的性质,学界历来多有争鸣。公司法所具备的公私融合特质表明公司内部治理机制存在众多私法理论难以解决的

---

〔1〕 参见顾敏康:《反思公司法的几个基石问题》,载《法学》2013年第5期。

问题。受到公法传统的影响,公司自治的核心是民主决议,这与契约自由强调之合意存在本质区别。[1] 同时,作出决议的是公司机关,其如同人之器官,并非法律主体,并无代表公司之权,由此使决议本身也有别于民法上所定义之法律行为。决议是公司意思形成的结果,这就像人在作出意思表示前,首先要进行审慎地利弊权衡乃至痛苦地纠结与挣扎,方能形成"意思"一样,传统私法并未将此作为调整重点。[2] 故而,传统私法更关注"心意已决"之后的行为,而公司治理之重点却恰恰是"心意已决"之前的方方面面。那么,以公司决议方式进行的制度选择或安排究竟存在哪些特质?一方面,受制于公司内部法律关系,决议主要是调整涉及公司内部主体权利义务的问题。各国公司立法在权衡股东会与董事会职权大小方面存在差异,但不管是股东会决议还是董事会决议,形成的都是公司意思,故其无法与公司外部之相对人直接发生法律关系,而只能在内部主体之间产生法律效果。[3] 例如,公司可通过股东会决议来决定是否采用双层股权结构,也可由董事会拟订方案、股东会审议来决定是否发行优先股等。这些安排都需要突破对以一股一权与资本

---

〔1〕 公司自治之思想根源更多受到公法理论的影响,这也逐渐受到我国学者的重视。英国东印度公司常被视为近代公司之起源,其被赋予广泛的行政机构色彩,管理层被称为"委员会"(committees),后演变为我们熟知的董事会。委员会之称谓本身即带有强烈的公法性质。See Franklin A. Gevurtz, *The Historical and Political Origins of the Corporate Board of Directors*, 33 Hofstra Law Review 89,115(2004). 另参见陈醇:《商法原理重述》,法律出版社 2010 年版,第 34 ~ 35、131 ~ 134 页。

〔2〕 陈醇更是认为,传统私法中的法律行为理论根本没有对意思形成作出调整,因其"意思"之根基是个人意思,而非团体意思,个人的意思形成是行为之动机,这不是私法需要过分在意的。参见陈醇:《意思形成与意思表示的区别:决议的独立性初探》,载《比较法研究》2008 年第 6 期。

〔3〕 这一点有助于我们理解公司对外担保的效力问题。根据我国《公司法》第 16 条的规定,公司向其他企业投资或者为他人提供担保,依照公司章程的规定,由董事会或者股东会、股东大会决议。至于公司章程对此作出何种选择,合同相对人对此又是否需要承担以及如何承担审查义务,历来是学界的一个争议焦点。本书认为,既然决议主要起到公司内部效力,那么作为合同相对人在通常情况下只需尽到形式审查义务即可。当然,若是涉及关联担保,那么相对人的审查义务也理应有所强化。新近相关研究,较具代表性的可参见施天涛:《〈公司法〉第 16 条的规范目的:如何解读、如何适用?》,载《现代法学》2019 年第 3 期;邹海林:《公司代表越权担保的制度逻辑解析——以公司法第 16 条第 1 款为中心》,载《法学研究》2019 年第 5 期;陈洁主编:《商法界论集第 3 卷:民法典背景下的公司法改革》,法律出版社 2019 年版,第 46 ~ 61 页。

多数决为核心的股东平等原则之传统理解。决议所形成的制度安排可能违背部分股东的意志，然而决议作为公司意思形成的结果，其合法性应当考量意思形成的过程是否符合公司法的程式性要求。另一方面，受限于决议的性质，决议必须围绕公司事务进行，其进行的规则选择一是不能违反公司章程，二是不能涉及与公司事务无关的事项，如股权转让方式的选择问题等，主要是股东之间以及股东与其他主体之间的权益配置问题，故而一般不应就特定股东的利益作出决议。例如，在股权共有情形下，股东会无法干涉其该股权之财产利益之分配。

其次，在公司治理机制下还有一种游离于决议之外的意思形成机制，谓之“其他股东过半数同意”。一般而言，非公开公司之其他股东同意权可分为过半数同意、2/3 以上同意及全体同意三种情形。我国《公司法》第 37 条同样规定有股东全体同意之情形，这的确与股东合意机制有所重合。不过，其他股东过半数同意之情形更值得反思，在实践中，有相关司法解释表明决议可作为过半数股东同意的证据，[1]然其两者在我国公司法律制度上存在本质差别。显而易见的是，其他股东过半数同意采取的是人头多数决原则，且一般仅规定须以书面形式作出表态，并不要求依照法定程序召开股东会。《公司法》第 71 条第 2 款有关有限责任公司股权外部转让之规定以及《公司法解释（三）》第 24 条第 3 款对实际出资人股东资格确认之处理，皆为其典例。此外，之所以将其视为公司意思形成而非当事人意思表示，是因为过半数同意体现的精神是少数服从多数，而非合意，这与股东协议有别，其维护的也是公司人合性而非股东个人利益。人合性特质引致股东过半数同意更多是对股权之人身利益作出回应，即判别究竟谁有资格亲自“行走”于公司并参与公司

---

〔1〕 例如，最高人民法院《关于适用〈中华人民共和国民法典〉婚姻家庭编的解释（一）》第 73 条第 2 款规定，用于证明前款规定的股东同意的证据，可以是股东会议材料，也可以是当事人通过其他合法途径取得的股东的书面声明材料。此处“股东同意”指的是股东的配偶若要成为股东需经其他股东过半数同意且均放弃优先购买权。

管理决策;[1]而股权之财产利益究竟要如何处理,其他股东并无权干涉。由此可见,其他股东过半数同意作为决议机制之外的有益补充,对股权共有、股权赠与、隐名出资等当前立法规定不明且与选择性规则相关的问题之阐释及解决都可能发挥其效用。

最后,通过公司章程来实现制度选择更是选择型公司法最重要的呈现,而章程本身亦应归入公司意思形成而非当事人意思表示之列。当然,有关章程性质的争论一直存在,契约说在英美法系国家是通说。如根据英国2006年《公司法》第33条的规定,公司章程对公司及其成员具有相同的约束力,如同公司和每个成员之间存在遵守那些条款的契约一样。[2] 据此,章程是自治合约,即其可被理解为全体股东合意的结果。[3] 如此,章程就被视为公司与各股东之间的契约,也是股东与股东之间的契约。相反,自治法说在大陆法系国家获得比较普遍的支持。例如,弥永真生认为章程是公司的自治规则,由发起人制定,加入公司的股东以及公司机关等都受其约束。[4] 李哲松指出,章程对于已成为公司成员者无论其意思如何都具有约束力,这体现章程的法规性质。[5] 我国大多学者,如刘俊海、[6]范健、[7]施天涛、[8]赵旭东[9]等,也支持该学说。根据我国《公司法》第11条的规定,公司章程对公司、股东、董事、监事、高级管理人员具有约束力,可见我国依循大陆法系国家的通常做法。

---

〔1〕 例如,在个案中有章程规定,董事向董事以外的人转让其出资时,必须经全体股东过半数同意。参见李某某、殳某某、肖某、新世纪医疗投资管理有限公司、姜某某股权转让纠纷案,江苏省高级人民法院民事判决书,(2014)苏商外终字第0010号。

〔2〕 葛伟军认为,根据普通法判例,公司章程实际上创设了四个方面的法律关系:第一,公司章程在股东和股东之间创设了一个合同;第二,公司章程在股东和公司之间创设了一个合同;第三,公司章程没有在股东或公司与第三人之间创设合同;第四,依据公司章程而创设的合同。参见葛伟军译注:《英国2006年公司法》,法律出版社2017年版,第28~30页。

〔3〕 参见罗培新:《公司法的合同解释》,北京大学出版社2004年版,第140页。

〔4〕 弥永真生『リーガルマインド会社法』(有斐閣,2015年)276頁参照。

〔5〕 参见[韩]李哲松:《韩国公司法》,吴日焕译,中国政法大学出版社2000年版,第76页。

〔6〕 参见刘俊海:《公司法学》,北京大学出版社2008年版,第68页。

〔7〕 参见范健、王建文:《公司法》,法律出版社2006年版,第204页。

〔8〕 参见施天涛:《公司法论》,法律出版社2018年版,第125页。

〔9〕 参见赵旭东主编:《商法学》,高等教育出版社2015年版,第97页。

因此,将章程视为公司意思形成的重要一维,亦与现行法相契合。是以,章程对于规则的选择更强调对公司利益的重视,判断其合法性不以违背股东自由意志为依据,而视乎这种选择本身是否符合正义。继而,章程作为公司自治规范,若是单纯为了调整股东利益的选择事项,不应以章程为载体,而由股东协议等进行安排,故其要回应的主要问题依然是公司治理。例如,根据《公司法》的规定,有限责任公司章程可规定表决权比例与出资比例相分离,股份有限公司章程可规定分红与持股比例相分离,即分红与表决可按不同比例进行。当然,章程意在提纲挈领,无法面面俱到,其往往是通过决议对特定规则予以选择,继而及时修改章程,并内化为公司治理的常态工具。[1] 故而,前述有关决议之探讨,亦大致能用以解释章程在规则选择中的作用,而章程作为公司宪章,包括决议在内的所有机制都应遵守其确立的基本规则。下面针对公司章程与选择性规则构建之间的关联展开详细论述。

(二)章程两分法是否适合我国实际

英美法系国家(主要是美国)的公司章程往往是由两个文件组成的:一是章程大纲(或称备忘录),二是章程细则。在美国,前者被称为"certificate of incorporation",后者被称为"bylaws"。[2] 两者区分了公司内外部法律关系及事务,且前者是只记载公司基本信息的原则性文件,后者主要处理公司内部问题。这与大陆法系国家之章程一元化做法有别。朱慈蕴认为,公司章程两分法对进一步融合公司自治与他治有非常重要的意义。[3] 章程两分法的作用的确值得注意,而我国一直采取的都是一元化做法,那么采取两分法是否能更加有利于选择性规则之构建呢?或者说,哪一种章程设置规则更加符合我国实际?在此,本书试从以下三个方面予以探讨:

---

〔1〕 例如,参见中国农业银行股份有限公司董事会于2014年8月14日发布的《关于优先股发行方案及公司章程修订获中国银监会核准的公告》(临2014-022号)。

〔2〕 See Delaware General Corporation Law § 102,109.

〔3〕 参见朱慈蕴:《公司章程两分法论——公司章程自治与他治理念的融合》,载《当代法学》2006年第5期。

第一,从全球公司法规则革新来看,不少原本秉持两分法模式的地区也渐次采取一元化模式。例如,英国在2006年《公司法》以前的确严格采取了章程两分法的策略,但2006年之后,该法第7条对公司备忘录进行了限缩规定,并将其排除在公司宪章以外,而仅作为设立公司所需要提交的一份文件。[1] 可以说,英国法目前的规定已经不是两分法模式。[2] 与之类似地,2014年我国香港特别行政区《公司条例》同样摒弃了章程两分法模式,转为只要求公司提交章程细则之做法。[3] 这促使我们反思两分法可能存在的问题。一是章程的存在意义。既然章程是公司宪章,那它就应该主要针对公司内部事务进行规则设置,至于为何要在公司登记机关留存一份相关文件,实则并非为了公司登记机关更加便利地干预公司治理,而只是基于交易安全等考虑需要对公司的基本信息有所了解,故其更多是起到登记对抗甚至只是备案效果。既然如此,其实不必然要将章程一分为二,公司设立时完全可以只是提供一份记载公司基本信息的文件。二是章程的效力问题。章程分为两个部分后,经常会出现记载不一致之情形,倘若在效力方面坚持章程大纲高于章程细则,那可能既不利于提升公司治理的效率,也更可能成为公权力干预公司内部事务的路径。

第二,即便是在坚持章程一元化的情形下,事实上也存在两份章程。根据前一点分析,公司登记机关留存的章程并没有绝对的公信力。换言之,公司章程经过法定程序被修改后即便没有及时办理公司变更登记,也不影响修改本身的效力。根据我国《市场主体登记管理条例》的规定,公司章程修改未涉及登记事项的,公司仅需要以修改后的公司章程

---

〔1〕 可见备忘录的重要性日益淡化。参见[挪威]马德斯·安登斯、[英]弗兰克·伍尔德里奇:《欧洲比较公司法》,汪丽丽、汪晨、胡曦彦译,法律出版社2014年版,第47页。

〔2〕 参见葛伟军译注:《英国2006年公司法》,法律出版社2017年版,第9~10、17~18页。

〔3〕 参见《香港法例》第622章《公司条例》第75条以下。

向登记机关办理备案。[1] 故而在实践中,公司章程就存在两份文件:一份是在公司登记机关备案的章程,另一份是在公司内部实际发生效力的章程。如前所述,公司发起人为了更快速地设立公司,可能直接在公司登记机关提供的章程模板上简单填写基本信息就提交,然而这样一份章程必然无法适应公司运营的实际需求,那么在公司成立后,章程被频繁修改就是再正常不过的事。所以从这个角度来看,为了与公司法选择功能相契合,一元化做法可能要比两分法更为合理。

第三,中国公司在章程以外,通常也会制定具体的内部细则。尤其是当章程大多按照公司登记机关所提供的范本予以制定时,后续对章程进行修改是一个解决思路,但也可以通过制定内部细则对公司事务予以细化,否则公司可能都难以开展正常运营。不过,通过章程以外的文件所确立的规则能否产生组织法上的法律效果,值得思索。这正是涉及章程记载事项的问题。对此,英美法系因为受到公司合同理论的影响,主要围绕默认规则展开;与之相应,大陆法系的章程记载事项一般可分为绝对必要记载事项、相对必要记载事项及任意记载事项三类。

(三)我国公司章程记载事项规定的主要问题

首先需要指明的是,两类公司之间的章程内容理应有所区别,这在我国《公司法》中也略有体现,尽管这一体现并不是非常明显。相比有限公司,股份公司的章程记载明确规定了公司设立方式、公司利润分配方法、公司的解散事由与清算办法、公司的通知和公告办法等事项;至于章程的性质、地位、内容及适用等方面,两类公司都几乎一样。德国的做法值得注意:为了突出有限责任公司与股份有限公司的区别,前者的组织性文件被称为"Gesellschaftsvertrag"(公司合同),这和无限公司、两合公司的规定类似,充分彰显这些公司的人合性色彩;后者的组织性文件

---

〔1〕 既然是备案,故其是否具有对抗效力都是存在疑问的。与之可对比的是我国《公司法》第32条第3款的规定,公司应当将股东的姓名或者名称向公司登记机关登记;登记事项发生变更的,应当办理变更登记。未经登记或者变更登记的,不得对抗第三人。但此处规定的是登记事项本身,而不是章程。

被称为“Satzung”,即公司章程。[1]

由于两类公司的区分度不足,章程记载事项的类型化程度也受到影响。综合以上两个法条来看,我国《公司法》相关规定的主要问题在于:第一,必要记载事项与任意记载事项统合于单个法条当中,使股东(大)会认为需要规定的事项也属于章程应当载明之内容,这是否合乎逻辑值得推敲。第二,相对必要记载事项零散地分布于若干条文当中,也并未明示记载事项的效力如何。[2] 下文拟对此予以详细分析。

(四)绝对必要记载事项的规则改进

绝对必要记载事项的缺失将导致章程无效,公司也可能因此无法成立。尽管我国《公司法》有关章程记载事项的规定皆使用了“应当”二字,但不能将其理解为所列事项皆是绝对必要记载事项,否则缺少其中之一都可能影响章程效力。[3] 以第 25 条为例,公司机构议事规则、法定代表人等就不应作为绝对必要记载的事项。至于股东的出资方式、出资额和出资时间是否必须记载于公司章程,值得进一步探讨。在此可以考察域外相关国家公司法的规定。例如,日本《公司法》第 27 条规定,股份公司章程必须记载或记录下列事项:目的,商号,总公司所在地,设立时出资财产的价额或者是最低额,发起人的姓名或者名称及其住所。又如,德国《有限责任公司法》第 3 条规定,有限责任公司的章程必须包含以下内容:公司名称和住所,经营范围,基本资本数额,股东认购的营业份额的数量和面值。相应地,德国《股份法》第 23 条对股份公司章程的绝对必要记载事项也作出了明确规定,相比有限责任公司的规定要略微复杂。德日两国的规定大体上差不多,主要差别就在于股东出资方面的

---

〔1〕 在德国有限责任公司场合,尽管法律使用公司合同之称谓,但基于团体法上的考虑也可将其称为章程。当然,从公司合同的全部内容来看,它不必然具有章程的特性。参见[德]格茨·怀克、克里斯蒂娜·温德比西勒:《德国公司法》,殷盛译,法律出版社 2010 年版,第 297、401 页。

〔2〕 早在 1993 年《公司法》颁布之后王欣新等对于没有关于相对必要记载事项的规定存有疑虑,并提示制定章程时对法律中仅作有原则规定的内容不应遗漏。参见王欣新、朱大旗:《中华人民共和国公司法释义》,中国国际广播出版社 1994 年版,第 22 页。

〔3〕 不少学者对此早有类似评介。参见段逸超:《公司章程效力探析》,载《河北法学》2004 年第 2 期。

记载。我国近年来持续进行公司资本制度改革,表面上看是为公司“松绑”,实则是要突破以资本为中心的债权人保护规则体系。既然如此,股东的出资事宜是否必须记载于章程,值得商榷。一是在注册资本认缴制之背景下,公司法对于普通公司已经不再对最低注册资本额作出要求,也不再限定缴纳期限,那么股东出资多少、何时出资、如何出资,都不必然通过强制性记载予以明确。二是即便认为股东出资仍然具有较强的信息价值,那也不必然需要记载涉及出资事宜的方方面面,折中的革新策略可以是将股东出资事宜作为绝对必要记载事项,但与此同时,具体记载的内容则由公司根据实际需求而定。

无论如何,绝对必要记载事项内容往往不宜过多。但可以斟酌增加的一项规则是,负有制定章程并确保章程符合绝对必要记载事项规则要求之义务的主体,公司法理应设置相应的法律责任。

总之,减少绝对必要记载事项成为一种主流做法;与此同时,公司法对诸多具体细节将不作列举,而交由公司章程自行规定,这在一定程度上也是妥当的策略,但止步于此还远远不够。

(五)相对必要记载事项作为选择性规则设置的重心

1. 相对必要记载事项之识别

相对必要记载事项是必须记载于章程方能发生效力的事项。[1] 相对必要记载事项的规则设置将更大程度地彰显公司法的“选择”功能。但何为相对必要记载事项,学界也存在不同的解读。例如,有学者曾认为,我国公司法并不存在章程相对必要记载事项的规定。[2] 这可能只是关注涉及章程记载事项的专门条款,而未能省察公司法其他规定中存在相关条款的可能性。此外,范健曾认为:“股东大会认为需要规定的其他事项”属于相对必要记载事项。[3] 这一观点值得商榷之处在于,股东

---

〔1〕 神田秀樹『会社法』(弘文堂,2015 年)45 頁参照。

〔2〕 参见毛亚敏:《公司法比较研究》,中国法制出版社 2001 年版,第 77 ~ 84 页。

〔3〕 参见范健:《股份有限公司章程记载事项——〈公司法〉第 79 条析评》,载《南京大学法律评论》1997 年第 2 期。需要说明的是,该文讨论的第 79 条是 1993 年《公司法》的条文。

大会认为需要规定的事项,也完全可以通过其他文件予以确认,《公司法》如此表达并没有限制这些事项只能记载于章程,故认定其为任意记载事项的规定似乎更为妥当。当然,从本质上来看,相对必要记载事项仍属于授权性规范,当其符合投资者和公司的需要和期望时,就可能被公司章程选择适用。[1]

该类事项的记载与否不会影响章程的效力,然其生效只能经章程载明,而不能通过其他途径。由此观之,我国《公司法》中的相对必要记载事项尽管没有统一列示,但的确存在。例如,前述提及的“另有规定”条款,即属此例。这些条款尽管并非强行规范,但若要排除《公司法》默认规则的适用,就必须通过章程记载的方式进行。[2] 但需要注意的是,我国《公司法》及其司法解释的部分法条偶见“公司章程另有规定或者全体股东另有约定的除外”之规定,例如,《公司法》第 41 条有关会议通知的条款,以及《公司法解释(四)》第 8 条有关不正当目的认定的条款、第 16 条有关继承场合不适用优先购买权的条款、第 20 条有关反悔权的条款等。那么,对于诸如此类的条款,由于没有明确特殊的制度安排必须由章程予以规定,就不属于相对必要记载事项的范畴。

日本《公司法》第 28 条规定了相对必要记载事项的几个方面:非货币财产出资人的姓名或名称,该财产及其价额、对出资人分配的设立时发行股份数量;约定股份公司成立后受让的财产、其价额及转让人的姓名或名称;发起人因股份公司成立而取得的报酬及其他特别利益,以及该发起人的姓名或者名称;股份公司承担的设立费用等。这些事项也被称作“变态设立事项”,或是“危险的约定”,因其可能由于发起人滥用权限而最终导致公司利害关系人利益受损。[3] 故而,这些内容若仅是通

---

〔1〕 参见郭富青:《公司创制章程条款研究》,载《比较法研究》2015 年第 2 期;[加]布莱恩·R. 柴芬斯:《公司法:理论、结构和运作》,林华伟、魏旻译,法律出版社 2001 年版,第 234 页。

〔2〕 参见朱利:《股东协议与公司章程“任意性条款”的关系初探》,载《政法学刊》2017 年第 4 期;沈四宝、沈健:《公司章程在新〈公司法〉中的重要地位与作用》,载《法律适用》2006 年第 3 期。

〔3〕 近藤光男『最新株式会社法』(中央経済社,2014 年)31 頁参照。

过章程以外的协议或其他安排进行约定,则不能产生法律效果。在此基础上,日本《公司法》还进一步规定:公司章程可以明确其他不在章程中规定便不生效的事项。由此,公司可根据自身实际需要,斟酌确定哪些事项必须以章程为载体。

2. 相对必要记载事项的体系化构建

明确章程相对必要记载事项的内容,能促使当事人在公司法律关系情境下根据公司自身需求并依照程式进行制度安排。因为这些事项只能通过章程产生效力,那么就可能在很大程度上降低当事人通过协议或其他私下交易进行利益安排的概率,这对于减少冲突及处理纠纷都大有裨益。归结起来,以下几个维度的规则设置至少应列入相对必要记载事项之范畴:

第一,特别股。公司若要发行特别股,应当在章程当中明确规定,而不能仅通过协议进行相关的权益安排。特别股虽然可能是面对部分股东的权益安排,但的确涉及公司治理和公司利益的问题,应当由章程就相关事宜予以明确。故而,当事人之间当然可以通过协议等方式就股权利益进行特殊的安排,但这些安排尽管可能在当事人之间产生约束力,却难以获得组织法上的效果;否则,无异于通过协议即可发行特别股。〔1〕 即特别股的发行必须经过公司意思形成程序。

第二,差异化表决权安排。这一点与前一点有一定关联,当然,差异化表决权安排不仅存在于特别股的场合。而无论是有限责任公司还是股份有限公司,若是要改变表决权的行使规则,基于公司治理的稳定性、程式性考虑,都应当通过章程进行相应的规则设置。由此,我们也需要对表决权拘束协议、一致行动协议等机制如何影响公司治理进行反思。若是没有合理区隔决议与协议的界限,任由当事人之间通过协议来进行权益配置,就很有可能出现协议替代治理之现象。〔2〕 此外,即便章程中

---

〔1〕 类似做法在中国公司治理实践中非常常见,如前文提及的华电公司案。

〔2〕 参见陈群峰:《认真对待公司法:基于股东间协议的司法实践的考察》,载《中外法学》2013 年第 4 期;周游:《公司法语境下决议与协议之界分》,载《政法论坛》2019 年第 5 期。

明确公司采用差异化表决权安排的规则,也需列示相关规则适用的前提或情形,以减少争议发生。[1]

第三,股权转让限制。股权转让虽主要为股东权益的变动,但对其加以限制则体现了股东利益与公司利益的衡平问题,即为了维护公司人合性,可能要对股东权利行使设置一定的限制。因此,既然涉及了公司层面的问题,就需要通过章程记载对其加以明确。[2] 实践中常见做法是通过股东之间订立的协议限制各股东的股权转让行为。[3] 这实际上并不符合我国《公司法》第71条的规定。当然,该条虽然明确了章程对于股权转让限制条款设置的重要意义,但仍存在不少问题,需要进一步细化相关规定,扩化和明确当事人的规则选择空间。

第四,公司治理结构设置。这一点不言而喻:公司内部应当设置何种机关,必须经由公司意思形成程序继而规定在章程中。通过协议或者其他的安排都无法实现这一目的,否则就可能成为控股股东或实际控制人架空公司机关的手段,徒增损害公司利益的风险。目前我国《公司法》有关公司治理结构设置规则多为强行规范,留给当事人选择的空间狭小。这也可能会弱化公司治理对公司存续与发展的关键作用。[4]

第五,公司惩罚权。一旦要扩充公司参与者的规则选择权,就可能意味着各主体的权益都在不同程度上有所扩张。若要遏制相关主体对公司利益的侵蚀,就不得不建立公司内外部问责机制。公司外部问责其实主要指的是公司法律责任体系的完善;至于内部问责,则主要是省察

---

〔1〕 参见王某某与芜湖市福海国际家具有限责任公司公司决议撤销纠纷案,安徽省芜湖市镜湖区人民法院民事判决书,(2019)皖0202民初4801号。

〔2〕 参见甘培忠、欧阳泽蔓:《股份有限公司章程限制股份转让法律问题分析》,载《法律适用》2015年第2期。

〔3〕 参见李某与北京东方造梦者文化传播有限公司股东资格确认纠纷案,北京市朝阳区人民法院民事判决书,(2019)京0105民初79434号。

〔4〕 尽管当前规则可选择空间狭小,但仍有值得注意的实践操作。例如,根据《公司法》的规定,只有国有独资公司的非职工董事采取委派方式,其他公司的非职工董事应由股东(大)会选举产生。但实践中,众多公司的董事都由股东委派,而后经股东(大)会表决确认。因此,《公司法》可吸纳选举和委派乃至其他董事遴选方式供当事人选择,并规定于章程中。参见谭某与山西通豫煤层气输配有限公司公司决议效力确认纠纷案,山西省晋城市中级人民法院民事判决书,(2020)晋05民终1143号。

公司惩罚权的问题。通常而言,公司的董事、监事、高级管理人员都需要承担公司法上的信义义务,这是法定义务,不需要当事人之间另行约定。而股东的主要义务就是出资。但这一认知显然不足以应对多元化的商业发展和公司实践。一旦公司参与者深入参与公司治理的各个方面,那么无论是从风控还是合规的视角,都需要建立一套健全的内部惩罚机制,以约束相关主体的行为。公司对董事、监事、高级管理人员设置额外的义务殆无疑义,但公司对股东是否享有惩罚权,仍存争议。[1] 而无论如何,公司法应当明确,公司惩罚权的设置必须作为章程的相对必要记载事项,才能实现公司与相关主体之间的利益平衡。

当然,以上几点并非相对必要记载事项的全部内容。公司法在确定哪些事项应纳为相对必要记载事项时,主要考虑的应当是,特定事项虽不需要在公司设立时就予以明确,然其可能对于公司内部正常运营或外部交易安全产生重大影响的,就需要置于相对必要记载事项之列。此外,前列诸事项也不仅仅局限于章程条款设置的问题,本书后续章节将会就相关议题予以更进一步分析。

(六)任意记载事项规则的因应革新

我国《公司法》第25条、第81条之兜底条款——股东(大)会会议认为需要规定的其他事项,虽两条条文开头出现了“应当”字样,但兜底条款仍属于任意记载事项的范畴。任意记载事项实则也存在两种制度表达:一是完全不作列举;二是进行指引性提示。在公司法完全不作列举的场合,公司根据自身需求自行规定其他事项,这非常考验当事人的实践经验与专业能力。公司法可以对章程中涉及关键领域的任意事项进行指引性提示,指引性提示的内容不必然通过章程产生效力,协议或其他行为可以达到相同效果,由此与相对必要记载事项有所区别。例如,美国特拉华州《普通公司法》规定,章程大纲可以规定股东优先认购

---

〔1〕 参见南京安盛财务顾问有限公司诉祝某股东会决议罚款纠纷案,载《最高人民法院公报》2012年第10期。

权、高于法定的表决比例、表决股东责任等条款。[1] 当然,倘若法律仅仅规定了章程可以规定的内容,却未指明能否通过其他途径进行类似安排,就可能模糊了任意记载事项与相对必要记载事项两者间的界限,将给司法实践带来麻烦,也是未来修法时务必注意之处。[2]

但无论如何,对于章程"可以规定"的内容给予适当指引,理应是公司法的一项任务,这也是我国公司法未充分重视的方面。现行法几乎没有"可以规定"的规定(累积投票制等实属特例),法律也因此未能充分体现其对商业实践的指引功能。

故而,有关章程记载事项的制度设置,比较妥当的策略可能是,限缩绝对必要记载事项、明确并扩充相对必要记载事项、提示任意记载事项。

---

〔1〕 这些条款可以根据章程大纲以外的可确定之事实(facts)予以规定,只要事实对条款产生效力的形式在章程大纲中予以明确即可。See Delaware General Corporation Law § 102(b)(3),(b)(4),(b)(6),(d).

〔2〕 例如,日本《公司法》第29条规定,除绝对必要记载事项以及明确列举的相对必要记载事项以外,股份公司章程可以依法记载或记录不在章程中规定即不生效的事项,以及其他不违反公司法规定的事项。这就明确区分了相对必要记载事项与任意记载事项两者。

第四章　股权利益多元化的理论反思与法律应对

受股权结构、公司成长阶段乃至经济发展态势等多方面因素的影响，股权利益的保护问题是当前中国公司法要处理的最重要的问题之一。[1] 选择型公司法也需要全面回应股权利益享有与行使方式多元化的趋势。本章将对其中涉及的理论与实践问题予以详细解析。

一、反思股权性质之争：股权利益保护的前置命题

（一）问题缘起：为何需要反思传统争论

公司法的制度变迁与经济社会的发展程度紧密相连，较频繁的规则改动容易导致研究者低估了持续研究公司法基础理论的价值。但只要稍稍回望公司法制史，就不难发现，有诸多看似简单的问题仍有待进一步的反思。股权性质是公司法上的传统命题。周友苏明确指出，对股权性质纯学理的讨论可能成为一个公司法上的“伪命题”。[2] 实际上，可能使股权性质之争成为“伪命题”的重要原因并非争论本身的固有缺陷，而在于探讨问题的动机、视角及方法论。倘若争论是为了划分学科研究边界或形成空洞的权利体系，那的确无法体现争论的价值；但若是

---

〔1〕 从北大法宝收录的与公司有关的纠纷来看，数量最多的三类分别是：股权转让纠纷、股东资格确认纠纷、股东知情权纠纷。参见北大法宝，https://www.pkulaw.com/case/。

〔2〕 参见周友苏：《新公司法论》，法律出版社2006年版，第232页。

对股权性质的误解业已成为公司法进化的桎梏,而公司制度实践又进一步凸显桎梏的负面影响,那么重新辨析股权性质便成为当代公司法研究不可忽视的课题。

一方面,就我国实践而言,层出不穷的商业模式、日渐复杂的交易结构及与时俱进的制度回应都引起了股权的样态与内涵之巨大变化。近年来,相关司法解释对隐名出资纠纷的处理、国务院开展的优先股试点都体现了法律制度对股权利益的调整。其中,优先股制度是“不同股不同权”的重要尝试,但这仅是股权结构趋于多元化、层次化的开端,双层股权结构等机制愈加彰显“同股不同权”的潜在功能,民营企业“合伙人”制度等新创举更进一步对传统认识下的一股一权规则提出挑战。

另一方面,就理论构建而言,股权性质之争关切到公司法基础理论的形成与发展,基于本国公司实践的素材而进行的理论研究将可能成为该领域的中国贡献。根据克拉克在 20 世纪 80 年代的总结,股东地位的变迁主线是从企业家开始,依次演变为所有者、资本提供者再到受益人的过程。这一过程还分化出职业经理人、资产管理人及储蓄规划人等角色。[1] 与之相关的公司法理论基础略显滞后,“所有权与控制权分离”(两权分离)理论或许只能完美解释克拉克所言之第三阶段出现以前的历程,随后在此基础上的理论发展着实有限。[2]

多数大陆法系国家和地区都曾爆发股权性质之争。例如,在日本,社员权论与社员权否认论的对立早已有之。此争论始于 20 世纪四五十年代,以大隅健一郎、铃木竹雄为代表的社员权论者认为,股权内含自益权与共益权两部分,共益权在本质上也是为了实现自益权价值;田中耕太郎、松田二郎等学者坚持社员权否认论,认为共益权不是基于社员身份,而是基于机关资格而享有的权利,共益权的行使须以实现公司自体

---

〔1〕 See Robert C. Clark, *The Four Stages of Capitalism: Reflections on Investment Management Treatises*, 94 Harvard Law Review 561(1981).

〔2〕 有学者曾指出,在“所有权与控制权分离”理论提出后 30 年间,美国公司法理论毫无建树。See Bayless Manning, *The Shareholders' Appraisal Remedy: An Essay for Frank Coker*, 72 Yale Law Journal 223(1962).

利益为目的，故而股权在本质上只有自益权甚至只是债权。[1] 在我国，争论曾主要围绕着股权究竟是债权、物权，抑或是社员权进行。改革开放初期，有关股权性质之思考集中于国有资产、国有股与公司法人财产权之冲突及磨合问题上。松田二郎认为，股东因为所有权与经营权的分离而成为公司的债权人，[2] 这是债权说的表现形式。[3] 持物权说的李友根认为，全民企业与国家所有权之关系是实物所有权与价值所有权的关系，[4] 这是通过解构所有权而作出的阐释，然其观念需突破学者对一物一权原则之信守。故郭同意指出，这是把国有资产由实物形态变为货币形态，是资产持有形式的变化，谈不上国有资产流失。[5] 无论是债权说还是物权说，实际上都以股权是一种纯粹的财产性权利作为理论前提，这就有可能忽视了股权中更重要的人身利益。当然，此种探讨也符合当时社会经济发展的现实需要，倘若不能在意识形态方面取得理论上的突破，改革甚至都无法向前推进。继而，受社员权论的影响，股权是社员权的观点渐次成为我国公司法学界的主流，这也是对将股权单纯视作财产性权利的一种修正。然而，无论是对于财产权还是社员权，过往研究因为语言上的差异而存在诸多值得斟酌的问题，对此之反思有助于重新认识股权性质的真正意义及其对我国公司法进化的根本影响。

（二）所有权（财产权）vs 社员权：语言误区、法系差异及其消解

改革开放以来，股权长期被认为是物权或是财产权之范畴。法律术语的移植往往引起术语本身含义的变化，这主要是因为被移植的术语还将被置于本国原有的体系当中。在研究股权时，美国法上的"ownership"一词便顺理成章地受到中国学者的关注。该词在表面上并

---

〔1〕 新津和典「19世紀ドイツにおける社員権論の生成と展開：社員権の歴史性と現代的意義」法と政治59巻1号(2008年)185頁以下；出口正義『株主権法理の展開』(文眞堂，1991年)7頁以下参照。

〔2〕 松田二郎在否认社员权当中之共益权时亦提出了股权债权论，但其根基与我国之债权说有别。松田二郎『株式会社の基礎理論』(岩波書店，1942年)1頁以下参照。

〔3〕 参见郭锋：《股份制企业所有权问题的探讨》，载《中国法学》1988年第3期。

〔4〕 参见李友根编著：《企业法教程》，南京大学出版社1994年版，第20页。

〔5〕 参见郭同意：《论股份合作制改制中的股权设置》，载《甘肃社会科学》1999年第3期。

不会造成多大困扰,我们通常将其译为“所有权”。然而,在大陆法系的制度框架下,所有权属于物权范畴。按照此种逻辑,股东对公司享有所有权(ownership),所以股东是公司之所有者(owner);股东是公司所有者之表征体现为股权,基于所有权属于物权范畴,那么股权也是物权或至少是准物权。由此观之,将两大法系当中存在重大差别的术语和制度融为一炉可能是导致我国理论界与实务界对股权性质之理解迷雾重重的主要原因。

汉斯曼在其《企业所有权论》(*The Ownership of Enterprise*)一书中提及,企业存在生产者所有(投资者所有、雇员所有等)、顾客所有等类型。由此可见,此种“所有”与我们所理解之“所有”存在明显差异。根据该书的阐释,所谓所有权是对企业的控制权以及对企业利润或剩余价值的索取权。[1] 况且,这种控制权主要表现为对一系列合同权利的控制,往往是一种名义上的支配权,这与大陆法系的所有权强调占有、使用、收益、处分之绝对支配权完全不同。申言之,在理解“ownership”之内涵时,有必要注意以下两点:第一,这明显受到经济学研究的巨大影响,所有者在经济学范畴所指代的主体非常广泛,它不仅包括投资者,还有可能指代剩余控制权人乃至剩余求偿人或受益人。[2] 此种所有权的内涵与外延都与我国所坚持的大陆法系之所有权理念有别。第二,财产权或者产权之英美法含义亦不甚明确,以至于邓峰指出有时候讨论不清楚“property right”所对应的大陆法系概念。[3] 因此,将股权视为所有权或财产权的做法就非常值得商榷。界定股权的法律性质,不得不区分其在经济学和法学中的差异。实际上,对股权的理解出现经济学和法学的分野是理所当然的:经济学研究的意旨并非构建权利的存在基础与保护方式,而主要是基于效率的视角寻求资源配置最优化与经济收益最大

〔1〕 See Henry Hansmann, *The Ownership of Enterprise*, Harvard University Press, 1996, p. 11. 国内对该论著较具代表性的剖析,可参见缪因知:《汉斯曼的企业所有权理论》,载《中外法学》2009年第2期。

〔2〕 参见李清池:《商事组织的法律结构》,法律出版社2008年版,第53页。

〔3〕 参见邓峰:《普通公司法》,中国人民大学出版社2009年版,第361页。

化;以此为基调,不仅股权为何物并不重要,连同公司为何物也不重要——它可以被视为财产或契约的集合。[1]

美国学界对相关问题的看法也不尽一致。在诸多理论学派当中,较具代表性的当属以新制度经济学为核心的企业理论。该学派不同学者之观点尽管时有差异,但其理论假设与前提区别不大。归结起来,这些学者或是通过对比企业与市场两者的交易成本来研究企业这一组织形式在降低成本方面的巨大优势,[2]又或是通过合同理论、[3]产权理论[4]来研究公司内部结构。这一思想其对美国影响深远,公司法上所强调的分权从本质上来看也受到企业产权理论的重大影响。问题在于,这种过分关注公司财产而忽视公司人格的理论,必然导致将股权视作财产权的结果:股东是公司的"所有者",股权是股东占有公司这一客体的份额。诚然,这只是对公司与股东关系的一种事实解释,本质上并未对股权性质本身提出有价值的见解,也并未对股权保护方式提供有意义的启发。这主要是经济学家的视角,法学家在将其导入法学研究的过程中同样作出了诸多里程碑式的努力。所谓"资产分割"(asset partitioning)理论的提出正是其例。汉斯曼与克拉克曼两位学者在提出这一理论时指出,公司与股东的资产相互分离,公司因此享有独立人格,[5]并由此产生对公司的资本锁定以及对股东的有限责任,后者甚至可称为反向的资产分割。在此,我们清晰地看到有关公司本质的两种真正的争论:财产抑或是人格。[6] 同时,人们还看到一种理论上的进步:这是以确立公

---

[1] 当然,与法学家不同的是,经济学家对于两大学科研究重心的差异是明确的。例如,张维迎明确区分了企业所有权与财产所有权。参见张维迎:《理解公司:产权、激励与治理》,上海人民出版社2014年版,第164页。

[2] See Ronald Coase, *The Nature of the Firm*, 4 Economica 386(1937).

[3] See Michael Jensen & William Meckling, *Theory of the Firm: Managerial Behavior, Agency Costs, and Ownership Structure*, 3 Journal of Financial Economics 305(1976).

[4] See Oliver Hart & John Moore, *Property Rights and the Nature of the Firm*, 98 Journal of Political Economy 1119(1990).

[5] See Henry Hansmann & Reinier Kraakman, *The Essential Role of Organizational Law*, 110 Yale Law Journal 387(2000).

[6] 参见邓峰:《作为社团的法人:重构公司理论的一个框架》,载《中外法学》2004年第6期。

司人格为目的,将公司本质从单纯的财产集合之泥泞当中拯救了出来。不过还需意识到,即便是资产分割理论,仍旧没有完全逃离产权理论的阴影,它无法改变"股东是公司的所有者"这一源于经济学的传统看法。甚至可以认为,美国法并不存在与大陆法系同样的所有权概念。股东是公司的所有者,这在美国法上的确能找到相应的依据,然而,我们引入"ownership"一词时,却并不能将其简单转译为公司由股东所有,或者说股东是公司的所有权人。这种理解不仅在语义上存在偏差,其所形成的观念还将扭曲对股权性质的认识,也造成对股权内部结构的误解。因此,即便是在深受美国法影响的日本,学界也普遍意识到了这种从语言到法系的差别,故而认为不能直接继受美国法上有关股权的理解。[1]

前述对股权性质的非理性认识,主要问题在于掩盖了股权当中因股东资格而享有的非财产利益,并将原本纷繁多样的股权利益捆绑在一起。如此,即便承认股权是一种独立的权利,也可能仍停留在财产权的范畴予以探讨。[2] 有学者将股权与股东权予以区分,认为前者是股东对股份之所有权(物权、财产权),后者是社员权(非财产性权利)。[3] 这是一种极具创新性的提法,从这个角度来看,我国不少学者坚持社员权说的确具有长足的进步。江平等学者也早已鲜明指出股权不同于公益社团法人及合作社中的社员权,把股权归入社团法人的社员权也不妥当。[4] 社员权理论源自德国,其对日本公司法学界产生深刻影响,而我国的社员权说从译法、内涵皆源自日本,但中日两国之社员以及社员权在实质内容上存在差异。日语将公司称为"会社",社员的原意是公司成员。继而,"社员"一词有广义与狭义之分,广义上社员包括公司职工(日语中为"従業員")在内的所有成员,狭义的社员就是指公司的出资

---

〔1〕 上村達男『会社法改革——公開株式会社法の構想』(岩波書店,2002 年)16 頁参照。

〔2〕 参见钱明星:《论公司财产与公司财产所有权、股东股权》,载《中国人民大学学报》1998 年第 2 期。

〔3〕 参见张旭丽、张旭:《论股权与股东权》,载《太原大学学报》2004 年第 3 期。

〔4〕 参见孔祥俊等:《论股权》,载《中国法学》1994 年第 1 期。

者。[1] 后者在日本2005年颁布《公司法》后还可作出进一步细分，股份公司（日语中为“株式会社”）的出资者被称为股东（日语中为“株主”），[2]持份公司（日语中为“持分会社”）的出资者被称为社员（日语中为“社員”）。[3] 社员权论是在社员的狭义语境中展开的，社员与股东在此几乎是同义语，只不过社员之称谓更多是从公司整体去理解股权。故而，在日本法之语境中，“股权是社员权”的看法并非对股权进行归类，而是一种换位解释。在我国，根据《现代汉语词典》的解释，所谓社员是指某些以社命名的组织的成员，[4]因此社员本来并未将股东囊括在内。对此可能作出的合理解释是，公司作为社团法人，股东是社团成员。[5]

而更重要的是，日本社员权之争论焦点在于股东行使权利时如何处理股权利益与公司利益之间的关系，这与我国社员权说侧重以社员权来对抗财产权之策略明显有别。总之，语言维度的巨大鸿沟导致借鉴过程中所引发的不同理解将不可避免，日本在引入德国理论时已然与本意有所偏离，继而我国在适用时又受到汉语传统表达的影响，由此造成的制度差异不能绝对化地评判孰优孰劣，但学界仍需对差异本身保持清晰认识。日本社员权论争至少提醒我们，社员权说之正解可能是需要将股权置于公司法律关系整体当中进行利益调整，单纯强调财产利益或者人身利益都难以呈现股权性质之全貌。此外，不管是社员权论还是社员权否定论，股权都被置于自益权与共益权之传统框架当中予以探讨。尽管这种传统框架也存在缺陷，但自益权与共益权之区分的真正意义也有待澄

---

〔1〕 弥永真生『リーガルマインド会社法』（有斐閣，2015年）1頁参照。

〔2〕 上村达男指出，尽管股东在日本被称为“株主”，似乎带有浓重的“公司的主人”的意味，但其本义应为“股份保有者”或“股份权利人”。上村達男『会社法改革——公開株式会社法の構想』（岩波書店，2002年）45～46頁参照。

〔3〕 日本『会社法』三編二章参照。

〔4〕 当然，汉语词典的解释对于理解法律术语而言有一定局限性。参见中国社会科学院语言研究所词典编辑室编：《现代汉语词典》，商务印书馆2002年版，第1116页。

〔5〕 例如，漆多俊解释，社员权一般是指投资创办或加入某种社团法人，成为该法人团体的成员，基于成员资格而在该法人团体内部拥有的权利、义务的总称。值得一提的是，漆先生认为，社员权说不可取。参见漆多俊：《论股权》，载《现代法学》1993年第4期。

清。我国对此之传统理解有两点:其一,自益权是经济性的,而共益权是非经济性的;[1]其二,自益权是股东为维护自身利益而行使的权利,共益权是股东为维护包括自己利益在内的公司利益和全体股东利益而行使的权利,故而两者之界限并非泾渭分明。[2] 第一点内容的确有失偏颇,日本社员权论争双方都未否定共益权之经济性,分歧仅在于共益权的权利渊源究竟是社员身份还是机关资格,权利行使目的究竟是实现股东个人利益还是公司利益。第二点内容正是日本社员权论争之核心,但这一论争的目的绝非划清自益权与共益权之边界,重要的是,我们可以据此探索股权不同利益的实现方式。

还需注意,偏差理解的根源并不是美国法上对股权的认识存在本质错误,而在于两大法系对股权的传统见解可能秉持着截然不同的理念与立场。据阿里安娜考证,英美法上的"share"一词源于"cutting"(切割),蕴含浓重的财产意味,这很难在德国、意大利等大陆法系国家中找到完全对应的术语。大陆法系与之相似的术语源自拉丁语"*actio*",其在法律上强调诉求(claim)这一程序观念,因此,"share"在大陆法系语境中被视为一种诉求或是授权,股东据此向公司主张权利,并可能在公司结构中扮演某种积极的角色。[3] 该发现是大陆法系国家之股权抽离于物权、债权而成为独立权利的有力佐证。在我国,"share"通常被译为股份,《公司法》秉承其分割之内涵而仅在股份有限公司场合使用该术语,且相关规定中几乎未出现"股权"一词,这似乎成为两种公司类型的差异之一。[4] 然而,在有限责任公司场合与股份相对应的本是出资额,持有股份或出资额都可能成为享有股权的条件。倘若我们在使用股份或出资额之术语时逾越其应有边界,则极易沦为纯粹物权式的表达,也无

---

〔1〕 参见谢怀栻:《论民事权利体系》,载《法学研究》1996 年第 2 期。

〔2〕 参见刘俊海:《现代公司法》,法律出版社 2011 年版,第 187 ~ 188 页。

〔3〕 See Arianna Pretto-Sakmann, *Boundaries of Personal Property: Shares and Sub-Shares*, Hart Publishing, 2005, p. 64 – 65.

〔4〕 2018 年修正《公司法》第 142 条时使用了"股权激励"一词,属于股份有限公司部分的特例。

助于理性认识股权的性质及内部结构。

事实上,股权内含财产权及人身权内容已然是不争的事实,基于股东角色分化的影响,股东的需求已难以"同质化",[1]真正的争论应当是如何通过优化股权行使而尽可能地实现不同股东的差异性需求。由此,有关股权性质的探讨即从既往围绕权利间外部差异的争论转向以股权本身内部结构为轴心的思考。换言之,为了改变原本在主体间并无差别的且由股东单独享有权益的模式,必定需要通过一定方式重新安排同一股权当中不同权益的归属,这就涉及股权内部结构的问题。在此过程中,股权性质之争的重心才得以体现:股权的权益可否分离行使或享有?若可,又应当如何分离?

二、股权利益结构之剖析

(一)真正的争论:如何看待股权的内部结构

将股权简单地理解为财产权或者人身权都会带来理论与实践上的困难,其症结是忽视了股权的内部结构。这一结构还将随着公司发展而日益复杂。分析股权的内部结构旨在优化股权行使,满足不同股东的需求,继而涉及与之相关的要素能否分离、如何分离的问题。

以往研究尽管看到了股权内部结构的复杂性,但多数看法更像是基于自益权与共益权的理论对股权内容进行分类,且往往反对股权的权益分离。例如,在日本,传统观点都认为表决权不得单独从股权中分离出来。[2] 域外立法大多禁止表决权买卖的理由之一,是认为股东权是一种人格权,既属人格权自不能分割行使。但此种理由已经越来越站不住脚。表决权买卖的形式渐次多样化,而股东对股权权益所作出的特殊安

---

[1] 近年来,越来越多的学者都意识到股东"异质化"的趋势。参见冯果:《股东异质化视角下的双层股权结构》,载《政法论坛》2016 年第 4 期;汪青松、赵万一:《股份公司内部权力配置的结构性变革——以股东"同质化"假定到"异质化"现实的演进为视角》,载《现代法学》2011 年第 3 期。

[2] 吉本健一「議決権信託に関する若干の法的問題点」阪大法学総 95 号(1975 年)69 頁参照。

排层出不穷。此外,英国法的做法值得注意,其明确区分了公司成员(member)与股东(shareholder)两种身份。未经登记的股东只取得了一定的财产权利,没有表决权等人身权利;而一旦经过登记就变成成员,享有类似于中国公司法关于股东的完整权利。[1] 不过,这实际上是对不同主体的分类,不同类别的主体相应地享有不同的权利,还谈不上是对股权内部结构的解构。既往看法之所以反对股权利益分离,主要是考虑分离可能诱使机会主义行为产生。例如,以往经常讨论的表决权买卖可能带来的代理成本问题,[2] 还有新近备受关注的股权质押所涉及的表决权空心化隐忧。[3] 然而,投资者对股权利益所作出的特殊安排层出不穷,其中不乏值得肯定的商业模式,倘若仅因为其中可能存在的问题而一概否定商人实践,实属因噎废食之举,并不可取。

我国不少学者也以股权内部结构多样化为中心对股权性质予以反思。叶林指出,股东资格与股东权利并非总是合一的。[4] 汪青松在研究一股一权制度历史兴衰的基础上得出股份有限公司股东权利呈现分离的结论。[5] 蔡元庆提出"股权二分论"观点,即将股权分为人身权与财产权两大部分,并尝试将这一理论运用到解决有限责任公司股权转让的司法实践问题上。[6] 这些探索开创了股权性质研究乃至整个公司证券法研究的新局面。实际上,根据法哲学的一般原理,权利是法律对所要保护的法益进行确认的形式,权能是工具(手段),利益是结果(目

---

〔1〕 参见葛伟军译注:《英国2006年公司法》,法律出版社2017年版,第84页。

〔2〕 有学者指出,政治领域禁止表决权买卖的理由在公司表决权买卖问题上并非完全站得住脚,"一次性表决权买卖"的代理成本可通过一些前置程序缓解,不应禁止。参见夏戴乐:《上市公司表决权买卖之法律经济学分析——以代理成本问题为中心》,载徐明主编:《证券法苑》第6卷,法律出版社2012年版,第426页。

〔3〕 根据学者的研究,股权设质尽管资金融入方仍保有表决权,但股票质押式回购本质上是一种复合技术性与法律性的场内资金融通金融工具,只要固守其担保资金借贷的法律属性,并考虑作为场内金融交易的功能设置,完善各类救济措施,就能更好地厘清权责,促进业务健康发展。参见洪艳蓉:《股票质押式回购的法律性质与争议解决》,载《法学》2019年第11期。

〔4〕 参见叶林:《公司股东出资义务研究》,载《河南社会科学》2008年第4期。

〔5〕 参见汪青松:《论股份公司股东权利的分离——以"一股一票"原则的历史兴衰为背景》,载《清华法学》2014年第2期。

〔6〕 参见蔡元庆:《股权二分论下的有限责任公司股权转让》,载《北方法学》2014年第1期。

的）。我们所言之表决权、知情权、分红权等，都不是独立的权利，而是股权的权能。[1] 因此，关注股权的权能分离是透析股权内部结构的第一步。

1. 股权权能分离及其问题

早有学者提出了股权的权能分离理论，但限于文章篇幅，究竟何为权能分离，未在研究中予以详述。[2] 此外，有早期研究论及股权的四项内容（权能）：股东对股票的占有和支配权即所有权；股东在股东大会上的投票权即对公司进行制约的权利；股东取得股息红利的权利；在公司解散时分取公司剩余财产的权利。[3] 倘若将投票权视为一种使用权能，而将分配公司剩余财产消灭股权视为一种处分，这实际上是以所有权的四项权能来解释股权的权能，并未跳出物权解释论的范畴。权能是权利实现的途径，而途径往往多种多样，尤其是将股权置于网状结构的公司法律关系当中，权能的样态更是趋于多元化。

股权权能是股权之目的价值的实现方式，股权之既有权能以及未来可能衍生的新权能都无不与公司内部治理相联系。继而，股权权能分离也是受到股东角色分化的影响。有学者曾形象地指出，在日益庞杂的公司治理结构中，股东宛如沉睡者，散乱而缺乏组织性。[4] 董事会的强势导致多数股东逐渐脱离公司之控制中心，原有的"权利—利益"体系被打破，欲参与公司经营的股东不得不通过更多渠道来行使股权，以维护自己的权益。从这个角度来看，股东角色分化也并非完全出于自愿，不同股东之处境已然决定其所能运用的策略。同时，比博绍克认为，应当

---

〔1〕 "股权中的目的权利（财产性权利）与手段权利（公司事务参与权）只是对股权具体内容的形象说法，实质上这些权利均非指独立的权利，而属于股权的具体权能。"参见孔祥俊等：《论股权》，载《中国法学》1994年第1期。

〔2〕 研究认为，有限责任公司的人合性决定了股权的财产性权能可以与股东分离。参见崔艳峰：《论股权权能的分离——基于股东资格认定的视角》，载《西安财经学院学报》2013年第3期。

〔3〕 参见康德珣：《股权性质论辨》，载《政法论坛》1994年第1期。

〔4〕 See J. A. C. Hetherington, *When the Sleeper Wakes: Reflections on Corporate Governance and Shareholder Rights*, 8 Hofstra Law Review 183(1979).

增加股东权力之观点所强调的实际上也是试图进一步扩张股权的权能。[1]

在此基础上,争点主要是股权权能能否分离行使的问题。这在实务界争议较大,但学术界似乎并未给予足够关注。以分红权为例,实践中已出现以下类似案件:公司有 A、B 两个股东,两个股东与员工订立股权激励协议,约定符合业绩、资历等条件时,员工有权以低价购买或无偿获赠的方式取得 A 股东一定比例的分红权,并详细约定了公司利润分配方式。[2] 反对分离的观点主要是出于对公司利益保护的担忧。[3] 而实际上,法律无法杜绝当事人之间形成的特殊安排,全面禁止只会迫使这些安排因脱法而成为不必要的潜规则,法律不能体现其存在的价值。况且,股东权利在诸多场合都有可能被滥用而损害公司利益,这是有限责任原则不可避免的副作用,因此才有必要设置公司法人格否认制度。立法对权能的分离理应进行必要的规制,而非全盘否定。这是另外一个重要议题,在此不作深论。简言之,理性的股权权能分离至少应满足三大条件:一是不违背股东意志;二是不损害公司利益;三是不违反法律的强制性规定(包括不危及第三人合法权益)。

渐趋复杂的交易方式时常是将股权权能的各种样态加以混合,与之相关的法律规定也不得不因应革新。不仅如此,股权的内容、实现方式等都可能随着时代发展而有所改变,唯其不变的是,股权权能分离是为了更好地实现股权目的价值,公司法制不得不考虑这些权能分离实践所带来的影响。那么股权之目的价值究竟是什么?这正是指股权利益,亦

---

〔1〕 比博绍克认为,应在以下方面增加股东权力:一是有权决定"游戏规则"("rules-of-the-game" decisions),主要是指修改公司章程以及变更公司设立州;二是有权决定"终止游戏"("game-ending" decisions),主要包括并购、出售全部资产以及解散公司;三是有权决定通过分红来缩小公司规模("scaling-down" decisions)。See Lucian Arye Bebchuk, *The Case for Increasing Shareholder Power*, 118 Harvard Law Review 833(2005).

〔2〕 参见黄振辉、冉华才:《有限责任公司股权部分权能的转让》,载《中国律师》2009 年第 12 期。

〔3〕 例如,有研究认为,允许股东转让部分股权权能将牺牲公司的整体利益。参见汤媛媛:《股东转让部分股权权能问题研究》,载《税务与经济》2013 年第 5 期。

即股东通过享有股权而要满足的各种需求。

2. 股权利益分离的理论价值

权能分离是利益分离的关键。权利的行使需经由权能的作用,权能分离就像将权利通往利益的道路进行分流,因此,不同的权能作用将可能获得不同的利益;再加之一部分并非经由权利而获得之利益,构成法律关系内部的“权利—利益”体系。较之物权,股权之情形更为特殊,股权涉及的法律关系往往存在多方主体,并形成公司法律关系整体。因此,对股权的思考需始终置于公司法律关系当中,股权利益内容之多样性也就可想而知,也在很大程度上影响了我们对股权性质的理性认识。从空间层面来看,公司内外部法律关系呈现的是一种网状结构,这与民法强调人与人之间的线性关系有别。由于这种网状结构之复杂性,“权利—利益”体系也将愈加复杂,股权的权能分离也显得极为必要,但通过权能以外的方式产生的利益也需引起足够的注意。以下两个维度的分析将揭示有关股权利益分离的思考对股权性质研究乃至整个公司法学研究的意义。

一方面,权能保护须有明确的法律规定,利益保护则不需要。有研究物权法的学者指出,权能分离论难以满足时代发展对权利制度体系更新的需求。[1] 这用以解释股权的权能分离同样奏效。权能与权利相仿,必须经由法律之明确规定方可呈现其价值。其中依然充斥着法定主义的因子,在立法未明确股权权能可以分离行使前,相关案件因规则适用困难而面临巨大的法律风险。如此境况下的股权内部结构实际上仍被捆绑于一体,就这个角度而言,权能分离可能只是幻象,最终还是要看权利的归属。利益分离则可突破这种僵化的解释逻辑。在制度供给不足时,私法领域坚持的是“法无明文禁止即自由”之原则,此时司法救济的重点任务正是利益衡量。倘若当事人就股权的权益进行了特殊安排,而这种安排又未在法律当中明确规定,那么在不违反法律基本原则的前

〔1〕 参见李国强:《“权能分离论”的解构与他物权体系的再构成——一种解释论的视角》,载《法商研究》2010 年第 1 期。

提下可适用利益保护的方法。因此,利益分离是以瞬息万变的社会现实作为出发点,在相对保守的法律规则当中先行一步,从而更好地回应了实在法存在漏洞之客观现实,并据此积累有益因素以推进公司法制度创新。

另一方面,股权权能分离所能阐释的范畴仍过分狭窄,利益分离则可超越股权这一载体本身,而通过协议等其他形式加以确定。股权的权能是股东向公司主张权利的方式,故其仅能在公司"内部"法律关系当中显现效用,然而公司法律关系的特殊之处正是在于公司独立人格的存在所引起的内外部两层法律关系,只有利益理论才能对此加以统合。于公司内部而言,利益分离甚至跳出了自益权与共益权过分模糊的划分。例如,通过决议等方式在股东之间重新进行利益配置,而公开公司之公司治理机制更为繁杂,因此也与此关系更为密切。于公司外部而言,亦为权能理论无法触及的方面,股东与相对人也可通过协议等方式实现股权利益的部分让渡,而这种让渡可能与公司利益无关。坚持捆绑式的股权利益结构也往往是对外部法律关系的束缚,这在非公开公司场合尤为凸显。

股权利益分离意味着利益的分类本身可能有多种策略。例如,以时间长短为依据可分为一时利益与持续利益;以公司法律关系之内外分割为依据则可分为内部利益与外部利益。而人们最熟悉的可能是以利益内容为依据的分类——人身利益与财产利益。人身利益泛指经公司承认的股东资格能够为主体带来与人身不可分离的没有直接财产内容的利益,这种利益必须在公司内部法律关系当中实现,主要包括亲身经历与体验、自由意志、信息知悉、意见表达以及声誉等五个方面。财产利益为人们所熟知,主要包括股权价格收益及现金或其他形式的持续性收益两种类型。此外,与股权权能分离类似,根据当事人不同的利益需求及采取的不同分离策略,股权利益的分离将可能呈现截然不同的样态,由于利益的享有不必然要像权能那样必须以持股为前提,故而利益分离可能超出公司内部法律关系,且呈现更为复杂的样态。

如前所述,公司法的发展史昭示一种分离态势,而且此种态势仍将继续下去。当下正处于股东角色分化引起的股权利益分离时期,即不同股东有着不同的利益需求,须剖析股权的利益结构,进而探索不同利益的实现方式,这正是股权性质之争理应论及的主题。利益在本质上是一种对需求的满足感,虽存在一定的不确定性,但也正因此具备足够的开放性,使股权利益不是一个完全僵化的结构,它可以根据公司制度实践而适时填充新的内容,这对于公司法功能嬗变及相关制度革新具有理论上的指导意义。

(二)股权利益结构分析对公司法理念的影响

对股权性质的理解深刻影响公司法理念与原则的确立,而经由股权内部结构省察股权性质,探索的是股权对于投资者来说具有超越传统立法范式的多样化需求。在"ownership"的定位以及两权分离的影响下,股东利益最大化常被认为是现代公司的一项重要特征。在1919年"道奇诉福特汽车公司"一案中,法官即已对该原则作出经典描述,[1]其甚至被视为"公司目的",且此种看法少有受到挑战。[2] 此后近百年公司实践与司法判例的大量累积,即便受到公司社会责任等因素之冲击,股东利益最大化仍然是美国公司法的重要理念。[3] 受到两权分离理论的影响,公司治理存在这样一种貌似合理的假设:董事会乃至经理层是公司的权力中心,股东的意义被定格在出资(contribution)与收益(distribution)两大层面。公司法所赋予的股东权仅局限于将代理成本维持在合理范围内。然而,股东之差异化需求促使人们不得不坚持股权利益的可分离性,这使上述假设以及由此形成的股东利益最大化理念都

---

〔1〕 "A business corporation is organized and carried on primarily for the profit of the stockholders. The powers of the directors are to be employed for that end." See Dodge v. Ford Motor Co., 170 N. W. 668, 684 (Mich. 1919).

〔2〕 也有学者鲜明指出这实在是一项恶法(bad law),且在公司目的方面的先例指导作用非常弱。See Lynn Stout, *Why We Should Stop Teaching Dodge v. Ford*, In Jonathan R. Macey ed., The Iconic Cases in Corporate Law, Thomson/West, 2008, p. 1 – 4.

〔3〕 See William W. Bratton & Michael L. Wachter, *Shareholder Primacy's Corporatist Origins: Adolf Berle and The Modern Corporation*, 34 The Journal of Corporation Law 100 (2008).

值得商榷。立法有必要最大可能地满足不同股东之利益需求，即最优化的利益配置。

那么，何为最优化？最大化之理念是单一性、效率性的；而最优化则强调多元性、活力性。一方面，单一性与多元性的差别，在于利益本身存在不同的范畴。股东利益最大化根植于两权分离理论，股权利益突出表现为投资收益，单一性的利益模式是以强大的管理层及深厚的代理理论作为支撑的。[1] 就这个角度而言，利益在股权利益最大化之追求当中甚至是不需要形成“结构”的。相反，股权利益最优化强调股东在公司治理机制中的多元化需求。另一方面，效率性与活力性的对比，重在表明利益实现的动力、方式并不相同。单一性的目标同时也意味着在实现目标的过程中更加以效率为先，利益的最大化需要排除被视为同质化的股东当中涌现的“非主流”诉求，因而需要进一步强化管理层权威，这也容易导致内部监控失灵。而最优化所呈现的活力性，是指尊重异质化的股东合理的契约行为或其他机制安排。总之，股东利益最优化旨在实现从以往一个中心点的掌状结构发展为羽状结构的多元价值网络。

立法的理念与原则往往一脉相承。中外公司法历来都有强调股东平等的传统，倘若以形式平等或实质平等来区分，这些传统大多属于前者。例如，日本法律界通常认为，召开股东会时的坐席位置应由各股东自由选择，会议召集人和公司都无权指定，否则有违股东平等原则。[2] 而在股东利益最大化原则指导下股东所扮演的也是无差别的角色，同样具有强烈的形式平等意味。这样的股东平等实际上就是股份平等，是以客体而非主体作为衡量平等的标准的。黄铭杰指出，应当对股份平等原

---

〔1〕 即便如此，在经历安然事件之后，美国公司法学界也在不断反思董事会的角色与功能，也有突破公司内部治理而转向市场中介（所谓的看门人）之作用的研究。尽管这些思考并未突破股东利益最大化的藩篱，仅是对原有范式之修正。See Jeffrey N. Gordon, *What Enron Means for the Management and Control of the Modern Business Corporations: Some Initial Reflections*, 69 The University of Chicago Law Review 1233(2002); John C. Coffee, Jr., *What Caused Enron? A Capsule Social and Economic History of the 1990s*, 89 Cornell Law Review 269(2004).

〔2〕 末永敏和『コーポレート・ガバナンスと会社法——日本型経営システムの法的変革』（中央経済社，2000 年）131～133 頁参照。

则与股东平等原则加以区别，前者适用面仅局限在表决权行使等少数场合，扩大适用将带来负面影响。[1] 近现代中国各部公司法都不遗余力地强调形式上的股东平等。例如，1904 年《公司律》第 44 条规定："附股人不论职官大小，或署己名或以官阶署名，与无职之附股人，均只认为股东一律看待，其应得余利暨议决之权以及各项利益与他股东一体均沾，无稍立异。"这是中国历史上首次对股东平等原则予以明确规定，是形式平等规则的体现，主要起到宣示性作用。那么自 20 世纪 90 年代中后期以来强调的中小股东权益保护是否属于向实质平等的转变呢？问题似乎没有那么简单。我国证券市场法制发展起步较晚，保护中小股东权益成为深化企业改革过程中的重要任务。《公司法》的制定先于《证券法》，前者理所当然地不得不肩负起本不应由其肩负的使命，这亦为常理，但并不科学。《公司法》主要调整公司的组织和行为，股东权益保护规则应当置于公司法律关系框架下构建。片面强调中小股东权益倾斜性保护实际上仍然是以其收益权——无差别的财产利益为中心的制度构建，坚持的仍然是股份平等而非股东平等。这些保护举措置于《证券法》无可非议，但由《公司法》全盘纳入则有悖法理。

以股权利益分离为视角，对股东平等原则的理解可能更符合逻辑。一方面，单纯将财产法上的平等原则适用于此已然缺乏说服力。明确区分股份平等与股东平等是对片面追求以财产利益为中心的形式平等的挣脱。法律不能仅以出资为前提考虑行使股权之效力，更不应单纯追求股东在股利分配上的平等。另一方面，片面追求形式上的平等往往忽视了主体之自由意志在权利保护上的重要价值。立法只有充分保障当事人之意思表示与公司之意思形成，才能够在很大程度上确保股权价值的实现。基于此，日本《公司法》对股东平等原则之定义值得注意："股份

〔1〕 参见黄铭杰：《"股东"平等原则 vs. "股份"平等原则——初探股东平等原则复权之必要性及可行性》，载《月旦民商法杂志》2011 年总第 31 期。

公司必须按照持股的内容与数量对股东予以平等对待。"[1]在日本旧《商法》当中,优先股被视为股东平等原则的例外。[2] 如今,"持股的内容与数量"之表述大大拓展了该原则的射程,[3]使优先股及其他特别股、双层股权结构等制度构建能与之相契合。故而有学者指出,在这一原则定义下,完全无须将特别股制度理解为一种原则之例外。[4] 由此观之,股东平等原则并不主要回应股东与股东之间的关系处理,而恰恰是团体之正义、衡平理念在公司制度中的显现,[5]并彰显公司与股东之间多层次、多维度的权利义务体系。[6]

形式平等观念下对股份的重视,很容易将原本只是技术性规则的一股一权上升为一项似乎不可动摇的公司法原则。不过20世纪的美国已然经历了从坚守一股一权到有条件地发行优先股或无表决权普通股的过程。[7] 到了20世纪80年代,越来越多的美国公开公司试图进一步冲破一股一权规则,转而采用双层股权结构。[8] 当然,有为数不少的国家和地区仍在坚守。

近现代的中国实践充分说明了一点:我国公司从一开始就未采用一股一权规则,立法上只是起到宣示作用。明清合伙制是中国股份有限公

---

〔1〕「株式会社は、株主を、その有する株式の内容及び数に応じて、平等に取り扱わなければならない。」日本『会社法』109条1項参照。

〔2〕高岡義幸「種類株式から見た株式会社の設計思想:コーポレート・ガバナンス体制の変化」広島経済大学経済研究論集32巻1号(2009年)31頁;野村修也「株式の多様化とその制約原理」旬刊商事法務総1775号(2006年)30頁参照。

〔3〕村田敏一「会社法における株主平等原則(109条1項)の意義と解釈」立命館法学6号(2007年)1992~2040頁参照。

〔4〕松尾健一「種類株式と株主平等原則に関する一考察」同志社法学60巻7号(2009年)1234頁参照。

〔5〕長浜洋一『株主権の法理』(成文堂,1980年)38頁参照。

〔6〕根据森本滋的总结,公司与股东之间至少包括五种类型的法律关系:盈余分派或出资回收;以表决权为代表的经营参与权;股东代表诉讼;以查阅权为代表的附随性之权;公司负有对团体成员公平且妥当对待的义务。森本滋「会社法の下のおける株主平等原則」旬刊商事法務総1825号(2008年)7頁参照。

〔7〕See Stephen M. Bainbridge, *Corporation Law and Economics*, Foundation Press, 2002, p. 450 – 455.

〔8〕See Jeffrey N. Gordon, *Ties That Bond: Dual Common Stock and the Problem of Shareholder Choice*, 76 California Law Review 2(1988).

司制度因素的萌芽,其自发形成一种所谓“正利—余利”制,合伙人职能分化与合伙组织内部机能分化,以及由此衍生的利润分配方式与企业控制模式产生之影响甚巨。[1] 由此,合伙当中会逐渐分离出执行合伙业务以及单纯收取固定收益的两类合伙人。同时,合伙人往往为降低投资风险而根据当时借贷利率和利润率设置一部分固定的投资收益,待有盈余时再另行分取。洋务企业的股份制实践中出现的“官利”制度正以“正利—余利”制为蓝本。官利是一种商业利息,无论企业盈亏与否都必须分配给出资者,这是中国近代企业的一大特色。[2] 而在官利之外,企业还可能发放红利,这与当代公司的分红差异不大,但由于派发官利已造成企业巨大的财务压力,在官利以外还能分配红利的情形并不占多数。换言之,作为当代公司最重要的利润分配形式,红利分配在近代中国公司当中仅处于次要地位。这种利益配置迎合了近代企业采取官督商办或者官商合办模式的需求,由政府掌握企业控制权,因此对不能左右企业运营的认股人来说,股权利益调整更侧重于财产利益方面。由此延伸,自民国时期即已形成的以单位制为核心的国企治理、现代企业制度改革过程中的股权分置、当代国企的混合所有制改革等,其中不少举措均非依一股一权规则,呈现的都是角色分化的股东基于不同的需求而作出的特殊利益安排。尽管此中难免有不合理的成分,但这种分离态势已然不可逆转。法律不仅不能单纯强调一股一权或同股同权,还应当充分考虑不同股不同权乃至同股不同权等多种可能性及其存在的风险,并设置必要的风险防范机制。

(三)一股一权、同股同权规则之反思

本书已在不同语境下对一股一权、同股同权的问题予以分析。根据我国《公司法》的规定,股东出席股东大会会议,所持每一股份有一表决

---

〔1〕 参见刘秋根:《中国古代合伙制初探》,人民出版社2007年版,第388页。

〔2〕 诸多企业往往通过借入官款设立,继而再对外募股,每年要对所募股份的认股人派发官利,轮船招商局正是其例。参见交通部财务会计局、中国交通会计学会组织编写:《招商局会计史》,人民交通出版社1994年版,第104~105页。

权。股份的发行,实行公平、公正的原则,同种类的每一股份应当具有同等权利。同次发行的同种类股票,每股的发行条件和价格应当相同;任何单位或者个人所认购的股份,每股应当支付相同价额。这是一股一权、同股同权规则在我国的表达。一股一权之“权”指的是表决权,同股同权之“权”则是指向股东权利之整体。这实际上是股份平等之典型表述。股份是客体,无所谓平等与否,只有作为主体并享有股权的股东才有被赋予平等地位之迫切需求。如前所述,一股一权、同股同权并非中外公司法始终固守的规则。包括“正利—余利”制、官利制等,都不是作为例外制度存在的,而是当时商业实践的主流做法。

为了凸显这种制度实践的历史意义,在此不妨再举一例。近代中国企业早有发行“优先股”的实践,而且这种实践完全是源于本土需求,在权利内容及实现方式上都不同于域外优先股制度。例如,1906 年《商办浙省铁路有限公司暂定章程》中规定:“先集之六百万元为本公司资本之基础,故表别之为优先股,遇有红利,先提二十成之三作为特别报酬。”〔1〕另有公司招股公告称:“优先股每认十股加赠红股一股,一律给予官息。”〔2〕以当前公司法理论来看,这种“优先股”之特性主要有以下几点:一是优先认购,公司为迅速筹集创办资金,在招股时有意划定一部分股份吸引民众前来认股,认股人必须优先认购该部分股份,才可获得“优先股”股权;二是优先分红或获得赠股,此处所言之分红仅指红利,即在公司有盈余时,按照预先约定的比例获得报酬,这一点与当前优先股制度类似,但获得赠股则是一种特殊做法,在目前看来甚至有变相折价发行之嫌疑;三是其他权利与普通股无异,“优先股”股东不仅可以获得特别报酬,还与其他普通股股东一样能够分取官利。由此可见,这种所谓的“优先股”与当前制度大相径庭,为便于区分,将其称作“优先认购股”可能更为恰当。按照现代公司法原理,优先股的出现的确是为了

---

〔1〕 二十成之三即 15%。载《申报》1906 年 3 月 3 日(光绪三十二年二月初九日),第 3 版。

〔2〕 《安徽泾县煤矿、铜官山铜矿有限公司招股广告》,载《申报》1910 年 5 月 1 日(宣统二年三月二十二日),第 1 版。

满足公司集资的需求，然其优先性不是体现在认购的时间上，而仅在于以固定比例优先分红，同时往往以限制表决权为代价。[1] 这与优先认购股制度明显有别。况且，尽管优先认购股制度下认股人所享有的权利在表面上看貌似要比当前普通股的权利还要广，但实际上在官府控制企业之背景下，其强调的还是股权衍生的财产性利益，对于因为股东资格而在公司行使表决、质询等非财产性利益同样无过多涉及，这一点与官利制极为相似。[2] 可以说，股权利益享有与行使方式多样化在我国近代史上早有实践。

股东权利保护需同时关注利益的享有与行使。基于股东角色多样化的影响，在完善股东权利保护规则前需要对传统理念予以革新，其中最为迫切的是重述股东平等原则。借由以财产权为基础的股份平等规则对股东提供无差别保护之设想，与股东角色多样化而催生的股东对个性化需求及公司对多层次治理之期待产生极大冲突。在公司法的未来发展中，特别股设置不仅不是股东平等原则的例外，相反，这将是实现股东之间实质平等的重要策略。而“平等”也与“同等”有所区别，前者更强调对当事人基于自由意愿所作特殊利益安排的尊重，这就使优先股及其他特别股、双层股权结构等制度构建能与之相契合。

对于平等原则的理性解读，是打破一股一权、同股同权规则的重要理论准备。我国《公司法》第131条也留有规则突破的空间：国务院可以对公司发行本法规定以外的其他种类的股份，另行作出规定。当前我国科创板的试点就涉及相关规则的革新。2018年11月5日，习近平总书记在首届中国国际进口博览会开幕式上宣布设立科创板。2019年1月28日，中国证券监督管理委员会发布《关于在上海证券交易所设立科创板并试点注册制的实施意见》，并于同年3月1日发布《科创板首次公开

---

[1] See Austin P. Sullivan, *Preferred Stock as An Investment Security*, 28 The Georgetown Law Journal 232(1939).

[2] 参见周游：《近代中国公司法制之形塑及其诱因考论——以股权利益调整为线索》，载《法制与社会发展》2015年第6期。

发行股票注册管理办法(试行)》和《科创板上市公司持续监管办法(试行)》。上海证券交易所也发布了《上海证券交易所科创板股票上市规则》。根据相关规定,科创板公司可以选择设置差异化表决权,即发行具有特别表决权的类别股份,每一特别表决权股份拥有的表决权数量大于每一普通股份拥有的表决权数量,其他股东权利与普通股份相同。特别表决权股份一经转让,应当恢复至与普通股份同等的表决权。公司发行特别表决权股份的,应当在公司章程中规定特别表决权股份的持有人资格、特别表决权股份拥有的表决权数量与普通股份拥有的表决权数量的比例安排、持有人所持特别表决权股份能够参与表决的股东大会事项范围、特别表决权股份锁定安排及转让限制等事项。[1] 当然,发行人意图进行表决权差异安排的,有市值及财务指标等严格标准。[2] 《上海证券交易所科创板股票上市规则》第四章第五节对表决权差异安排作出了非常详细的规定,尤其是第4.5.10条规定的特别表决权行使的例外(回归一股一权规则)值得赞许。[3]

当然,科创板试点只是革新的第一步。要扩充与股权利益享有与行使方式相关的选择性规则,还需要对股权利益结构的具体内容及其分离样态予以深入剖析。

三、股权利益分离的基本意涵

股权利益分离是股东角色分化的必然结果。为了改变股权利益原本合为一体且由股东单独享有的模式,特定主体可通过一定方式重新安

---

〔1〕 参见《关于在上海证券交易所设立科创板并试点注册制的实施意见》(〔2019〕2号)。

〔2〕 根据《上海证券交易所科创板股票上市规则》(上证发〔2020〕101号)第2.1.4条的规定:发行人具有表决权差异安排的,市值及财务指标应当至少符合下列标准中的一项:(一)预计市值不低于人民币100亿元;(二)预计市值不低于人民币50亿元,且最近一年营业收入不低于人民币5亿元。

〔3〕 根据《上海证券交易所科创板股票上市规则》(上证发〔2020〕101号)第4.5.10条的规定:上市公司股东对下列事项行使表决权时,每一特别表决权股份享有的表决权数量应当与每一普通股份的表决权数量相同:(一)对公司章程作出修改;(二)改变特别表决权股份享有的表决权数量;(三)聘请或者解聘独立董事;(四)聘请或者解聘为上市公司定期报告出具审计意见的会计师事务所;(五)公司合并、分立、解散或者变更公司形式。

排同一股权当中不同利益的归属。选择型公司法对股权利益享有与行使方式的回应实际上就在于此。前述已对股权利益分离有所提及，此处再作进一步详述。如前所述，以利益内容为依据将股权利益区分为人身利益与财产利益可能是人们最熟悉的分类方式。本书以下部分也将从这两个维度详细剖析股权利益的内容，并以此为基础探索股权利益分离的不同样态，从而进一步明晰法律应对股权利益享有与行使方式多元化趋势的关键所在。

（一）股权的人身利益

有研究认为，股权具有财产权属性，其体现并不在于股东对公司的财产享有所有权，而在于对股权的处分能否影响公司权力结构的变化，故而股权结构是决定公司治理机制有效性的最重要因素。[1] 股权呈现财产权属性是不言而喻的，然其对公司权力结构、公司治理机制的影响所彰显的恰恰是其非财产权性质，体现的是股权的人身利益。股权的人身利益泛指经公司确认的股东资格能够为主体带来与人身不可分离的没有直接财产内容的利益，这种利益必须在公司内部法律关系中实现。在总结前人探索之基础上，本书将其归纳为股东的亲身经历与体验、信息知悉、自由意志、意见表达以及声誉等五个方面。

第一，亲身经历与体验。股东有权亲自处理与股权相关的事务，典型例子是亲自出席股东会。我国《公司法》亦略有提及股东出席股东会事宜，[2]但在有关股东出席股东会之人数或持股比例的最低限制上出现立法空白。[3] 这在域外公司法制当中较罕见，如日本就设置了相关

---

〔1〕 李国强：《股权在公司治理中的效用——从股权的财产权属性的视角观察》，载《吉林大学社会科学学报》2009 年第 5 期。

〔2〕 例如，根据我国《公司法》第 103 条的规定，股东出席股东大会会议，所持每一股份有一表决权。另有若干法条提及了出席问题。参见《公司法》第 16 条、第 41 条、第 90 条、第 102 条、第 103 条、第 106 条、第 107 条、第 121 条、第 181 条。

〔3〕 《公司法》仅对以募集设立方式设立股份有限公司之创立大会提出了相关要求，即创立大会应有代表股份总数过半数的发起人、认股人出席，方可举行。参见我国《公司法》第 90 条。

机制。[1] 这种亲身经历在本质上呈现的是股东之行为自由。股东在行为过程中将可能获得精神愉悦和情感满足,是股权之于股东而言所产生的一种体验。这属于庞德所言之个体完整性(integrity of the physical person)当中的重要内容,但这长期未被视为个人利益而受到保护,除非其已经涉及社会利益中的和平与秩序才会被纳入法律保护的范围。[2] 其原因当然是受制于立法技术与法律自身的机能,但更关键的是局限于一种陈旧的理念,即利益的可救济性取决于其能否换算为金钱赔偿,而将利益简化为财产利益。

第二,信息知悉。股东有权了解公司的管理、运营及财务等各方面的真实情况,公司应当依照法律及章程规定按期、及时披露相关事项。继而,大股东因其对公司的重大影响力,也在特定情形下负有信息披露义务,[3] 由此成为其他股东的股权人身利益之组成部分。这在股权权能上的表现主要就是知情权,但知情权往往是股东在公司及大股东不履行信息披露义务时才主动行使的权能,其并不能涵盖信息知悉这一人身利益的全部内容。所以叶林认为,知情权之称谓并不准确,将其称作公司报告义务更为妥当。[4] 当然,信息知悉包括常态下的公司与大股东信息披露义务以及非常态下的股东对相关信息的查阅与质询,知情权与公司报告义务之称谓都有不周延之处。就股权人身利益层面而言,信息知悉的真实性与全面性在很大程度上影响股东行使表决权的质效,从而与意见表达紧密相连;[5] 而意见表达又往往以自由意志之彰显为前提。

第三,自由意志。股东有权依法实现其意志。例如,在不受威胁、压迫的前提下根据自身之具体需求达成协议、制定章程、参加股东会决议

---

〔1〕 日本《公司法》规定章程可以对出席之表决权数最低限制另作规定。日本『会社法』309条参照。

〔2〕 See Roscoe Pound, *Jurisprudence* (*Volume* Ⅲ), West Publishing Co., 1959, p. 35 – 36.

〔3〕 柴田和史「取締役および大株主の情報開示義務(1)」法曹時報 55 巻 1 号(2003 年)1 頁参照。

〔4〕 参见叶林:《公司法研究》,中国人民大学出版社 2008 年版,第 164 页。

〔5〕 森田章「株主の公正な議決権行使に必要な情報開示——株主宛年次報告書制度導入論」同志社法学 48 巻 5 号(1997 年)78 頁参照。

等。强调自由意志保护不仅仅是契约自治之体现，当组织法渐次成为私法当中的重要内容时，团体自治对此提出了更高要求。在以亲情为纽带的家族企业和以公权为依托的国有企业当中，保护自由意志的效用或许并不能完全得以彰显，但是随着普通公司数量的增长，维护人与人之间信任关系的自由与自治将变得非常重要。同时，只要未出现因公司自治失灵而引起股东之间不平等及利益失衡的境况，法律就应当对自由意志所体现出的个人利益给予肯定性评价。此外，作为一种人身利益，自由意志的实现在多数情况下不应受到持股比例的制约。例如，日本学界通常认为，召开股东会时之坐席位置应由各股东自由选择，会议召集人和公司都无权指定，否则有违股东平等原则。[1]

第四，意见表达。主体在自由意志基础上形成的思想与看法，可以通过正当渠道表达。意见表达可被视为股东在公司内部之言论自由。例如，在股东会会议召开前的提案，又或是在股东会会议进行时的表态等。我国《公司法》对股东提案权作出规定，[2]但没有涉及对股东在股东会会议上表态之保障。日本自1981年旧《商法》开始即明晰议题与议案之间的差异，议题是指股东提议股东会需要决议的目的事项（如提议选任董事），议案是指针对前者目的事项的具体表态（如提出选任甲为董事）。[3] 日本现行《公司法》第303～305条规定，股东可就股东大会目的事项（议题）在股东大会上提交议案，这与必须在股东会召开前于规定期限内提交议题请求有别。同时，股东还可请求将其提出的与议题相关的议案通知其他股东。法律对股东意见表达之保护，并非聚焦于其所表达内容的实质影响（并非思想与看法本身），而在于确保表达的过程不受无端阻碍，同时要求意见表达本身具备行为正当性，由此内化为公司程序法的一部分。

---

〔1〕 末永敏和『コーポレート・ガバナンスと会社法——日本型経営システムの法的変革』（中央経済社，2000年）131～133頁参照。

〔2〕 不过《公司法》对能够行使提案权之股东的持股比例为3%以上，要求较高。如日本的规定是1%。日本『会社法』303条参照。

〔3〕 内海淳一「日本における株主提案権の射程範囲」松山大学論集24巻1号（2012年）103～107頁；近藤光男『会社法の仕組み』（日本経済新聞出版社，2014年）110～112頁参照。

第五,声誉。公司如同一个小社会,股东在其中之声誉成为维系关系的重要因素。当然,这并不是以“熟人社会”的理念对公司法律关系进行解释,相反,“熟人社会”的关系构建往往依靠的是个人亲自接触与了解,而在现代公司制度结构中的“陌生人社会”更倾向于从传言中去认识他人,此时的个人声誉将外化为其形象表征,并将影响公司法律关系主体之间的信任程度。不可否认,股东声誉的初始状态主要与其出资比例有关,并决定其在公司当中之话语权乃至控制力的大小,但不能将此种个人利益单纯视为财产利益。股东声誉之特殊性主要是对其自由意志及意见表达之影响,故而成为股东在公司法律关系当中充分彰显个体完整性的重要因素。当然,这也间接波及股权之财产利益。例如,在非公开公司场合股权变动时的价格确定等都与股东个人声誉存在极大关联。

综上所述,股权各项人身利益都对公司治理产生影响,因此也成为在公司内部法律关系当中更受重视的部分。尤其是在非公开公司当中,基于较明显的人合性,公司对股权的人身利益也更为重视。还需注意,人身利益保护难以全部寄望于法律的强制。庞德认为,历史经验已然昭示,仅从保护物质利益的视角来对待法律保护的对象是极为错误的;倘若法律需要通过金钱来评估对人身利益保护的可能性,那么一定是因为法律在保护这一利益时出现内在困难,而非因为该利益本身就属于物质利益。[1] 法律上所面临的困难,却可能在其他场合迎刃而解。因此,股权人身利益保护策略的重心更可能是对公司治理及当事人意思自治之尊重的强化,即由公司法律关系主体来权衡自身之人身利益需求,而公司法的任务主要是划定行为边界。

(二)股权的财产利益

长期被视为财产权之股权,其财产利益亦为人们所熟知。其实,运用财产法相关理论与规则来处理股权的财产利益问题也无可厚非,但前提是已将其人身利益分离开来。而无论股权的财产利益究竟是与股权

---

〔1〕 See Roscoe Pound, *Jurisprudence*(*Volume* Ⅲ), West Publishing Co., 1959, p. 48.

的何种权能联系在一起，其最后表征都可归结为收益，并主要包括股权价格收益及现金或其他形式的持续性收益两种类型。

一是股权价格收益。股权变动往往涉及股权价格的确定。同时，非公开公司之股权变动的法律关系究竟涉及哪些主体，其行为效力要如何认定，学界对此仍存争议。但就股权价格而言至少可以肯定几点：首先，公司资产总额会影响股权价格的确定，然而股权变动不会导致公司资产变动。股东自实缴出资以后，公司资产变动就与出资无过多瓜葛。[1]之所以要在非公开公司当中设置股权变动的限制性规则，主要是对公司人合性的维护，但这并不意味着赋予了公司及其他股东干涉股权定价之权利，更不表明股权价格会对公司资产产生影响。其次，涉及股权价格之场合也并非只有股权变动。例如，在股权出质的情形下，倘若股东如期清偿债务，质权就不必然要实现，此时之股权价格完全体现出股权之财产利益，债权人（即质权人）看重的往往是股权价值究竟是否高于债权总额本身，而并非股东在公司当中可依股权主张何种权利。最后，当权利人依法获得股权价格收益时，股权之财产利益也往往实现了主体让渡，这在非公开公司场合也不例外，其特殊性仅仅反映在股权之人身利益能否同时得以重新确认的问题上。当然，股权价格收益的极端事例是行使剩余价值索取权之所得，此时亦不属于股权变动所得的财产利益，其根由源自股权消灭。是以，股权价格收益主要体现为股东在相对公司而言的外部法律关系当中的财产利益，且主要通过协议方式实现。

二是现金或其他形式的持续性收益。所谓持续性，是较之股权价格收益之一时性而言的，而现金收益则是人们最熟悉的股权利益。当然，持续性收益还存在其他形式。例如，以公司产品替代现金用作利润分配。利润分配还可采取配股、送股方式，但这些方式如同增资时行使优先购买权那样，股东并不单纯获得财产利益。继而，持续性收益按其不同来源还可表征为股息及红利两种形式，这尤其是在特别股设置当中彰

[1] 陈甦认为，实缴资本是使股份交易成为纯权利交易的前提，是资产利用方式多样性的基础。参见陈甦：《实缴资本的多重效用及其保障措施》，载《法学杂志》2014 年第 12 期。

显出重要意义。[1] “道奇诉福特汽车公司”一案不仅在美国确立了股东利益最大化原则,还显示出利润分配收益是股东在公司当中价值体现的重要维度。当然,这也隐含一个值得思考的问题:我们有必要理性辨析价值(value)、利益(interest)及利润(profit)之区别。[2] 在对待类似问题上,我国《公司法》第3条的用语为“资产收益”,值得反思。刘俊海指出,“资产收益”是经济学色彩较浓的概念,宜改采“分取股利”的法律术语。[3] 当然,较之“收益”而言,“分取股利”本身只是股权权能之一,且法学也并非完全不能借鉴经济学上的概念,“资产收益”称谓之弊病仍在于未能与公司法之理念相契合——将公司视为股东财产的集合,股东作为公司所有者享有资产收益权。这的确迎合了中小股东权益保护之理论需求,即通过对资产收益权的维护来实现分配正义,由此也成为上市公司强制分红的重要法理基础。在非公开公司场合,股利分配之司法介入更应审慎忖度其界限,这也渐次成为我国司法实践中的共识。[4] 同时,收益也不等同于分红,还有可能包括基于其他利益配置而获得的财产利益,如股东之间通过合同重新配置财产利益的归属。持续性收益充分体现出股东在公司内部法律关系当中的财产利益,因而往往不是个别股东与公司之间的合意。[5] 但可能基于合同或其他法律关系实现股

---

〔1〕 例如,《中国农业银行股份有限公司章程》(2018年)第40条规定,本行在有可分配税后利润的情况下,可以不向优先股股东分配股息。换言之,优先股股东之收益包括了必然取得之股息及可能取得之红利两部分。

〔2〕 判决用语是“the profit of the stockholders”。See Dodge v. Ford Motor Co., 170 N. W. 668,684(Mich. 1919).

〔3〕 刘俊海:《现代公司法》,法律出版社2011年版,第186页。

〔4〕 例如,有判决认为,公司盈余的使用属于公司股东会自治权利,股东会有权自行按照自己认为合适的方式处理公司发放红利的权利。参见唐某某诉汝城县兴鑫化工有限公司公司盈余分配权纠纷案,湖南省汝城县人民法院民事判决书,(2011)汝民初字第170号。

〔5〕 例如,有判决指出,股东与其所投资公司之间的投资收益之债的成立条件不同于普通平等民事主体之间的债权债务一经意思表示达成一致而成立。投资收益之债在公司有净利润可分的前提下,还应当经公司股东会审议批准或全体股东一致同意方能成立。如此方能避免损害其他股东及公司债权人的利益并保证公司的正常运转。故个别股东与公司单独达成投资收益分配协议不足以构成股东收取投资收益的条件。参见上海市宝山区房屋建筑材料总公司与上海浦东宝房混凝土公司公司盈余分配纠纷案,上海市第一中级人民法院民事判决书,(2009)沪一中民三(商)终字第718号。

东之间的股权财产利益分离。

由于角色分化及需求差异,不同股东在获得前述两类收益的偏好上也存在较大差异。日本学者较早提出了投机股东与投资股东之区分,[1]投机行为赚取的是股权价格波动之差价,因而投机股东关心的是市场环境与行情,而非公司内部治理;而在现代公司法理论框架下,在意持续性收益的股东理应更关注公司的运作经营,因为理性的股权收益应当与公司业绩存在勾稽关系,这也符合投资之应有范式。当然,这一分类并不适用于非公开公司,非公开公司当中存在的偏好差异更多源于自愿性的角色分化。流动性较弱的股权难以呈现价格波动,当事人通过协商确定其价格是常见策略,也不排除采取内部竞价方式的可能。[2]

(三)股权利益分离的样态

根据当事人不同的利益需求及采取的不同分离策略,股权利益的分离将可能呈现截然不同的样态,归结起来主要分为三类:第一,人身利益与财产利益的二元分离。这是分离最简单的样态,它既可能是基于法律的明确规定(如优先股制度),也可能是当事人主动作出的利益安排(如隐名出资)。但随着交易行为与组织治理的模式进化,单纯的二元分离不再是分离的主要样态;不同的人身利益与财产利益之间亦可进行多样化的搭配组合。第二,以表决权行使为中心的特殊利益安排。当事人可能通过减少自身或增加他人享有的财产利益的方式,以便获得公司更多的表决权,从而影响乃至控制公司的运营决策。例如,日本学界一直非常关注的表决权拘束协议问题,这可能是大股东用以进一步控制公司的手段,同样小股东也可能以此形成影响公司决策的重要力量。这对于公司治理优化和股东利益保护而言可能存在一定风险,但也充分彰显商人实践所凝练的经验与智慧。而包括表决权征集、买卖、借用、信托等在内

---

〔1〕 長浜洋一＝平出慶道編『会社法を学ぶ:制度と実態を結ぶ基本テーマの解説』(有斐閣,1975年)112頁参照。

〔2〕 例如,在外部受让人与其他拟收购股东之间形成一种内部拍卖市场,亦曾出现股东内部转让股权采取竞价方式之案例。参见刘康复:《论股东会决议与股东协议的区分——由一起股东会决议效力认定案件引发的思考》,载《法学杂志》2009年第9期。

的安排都体现出当事人以表决权行使为中心对股权利益作出的主动分离,也越来越受到我国法律界的关注。第三,以稳固收益为目的的利益分离。为了获得稳固收益,当事人可在一定程度上限制乃至放弃其人身利益,典例是立法对优先股股东行使表决权设定的限制。收益属于股权的财产利益,单纯以稳固收益为目的的利益分离一般不会对公司治理造成影响。例如,股权收益权信托仅在委托人(股东)和受托人之间形成财产法律关系。

当然,这种分类主要具有学理上的意义,实践中往往是多种分离样态并存或交叉。有学者在研究新型表决权买卖时指出,股东通过合同或其他安排使其表决权比例高于所应有的经济利益(economic interest),从而形成所谓的裸表决(empty voting);与之相反的情况是经济利益高于表决权比例,此时则形成所谓的隐所有权(hidden ownership)。[1] 这在金融衍生品交易当中有更突出的表现。[2]

四、股权变动中的选择性规则

股权利益享有与行使方式渐趋多样化,公司法理应回应这种社会现实,并提供足够的制度选择。一方面,这有利于实现公司之人合性与资合性的理性衡平。公司法律关系当中各主体之需求及利益衡量无法通过简单的公司分类来固化其解决策略。不难发现,当不同公司被还原至实然状态时,我们可以对股权利益本身作出指引性的粗略分类,但是主体之间究竟要如何在法律框架内配置这些利益则无法通过简单的类型化分析予以制度回应。其中所呈现的是复杂的公司之人合性与资合性特征,尤其是在闭锁公司语境下,与股权变动相关的纠纷解决都将不断

---

〔1〕 See Henry T. C. Hu & Bernard Black, *The New Vote Buying: Empty Voting and Hidden (Morphable) Ownership*, 79 Southern California Law Review 811(2006).

〔2〕 参见张艳:《认股期权新应用的法律规制——以市场化科创贷款的风险抵补为视角》,载洪艳蓉主编:《金融法苑》第 100 辑,中国金融出版社 2019 年版,第 152 ~ 165 页。See Xu Ke, *Research on the Separation of Shareholder Interests in Derivatives Area and Its Regulation in China*, 7 China Legal Science 110(2019)。

凸显这一复杂性。同时,在我国的公开公司场合,不管其治理是否应当甚至正在朝着所谓的董事会中心主义迈进,至少在将来很长的一段时间内,这一类公司的创始者或是大股东都将通过各种途径牢牢掌握公司控制权。也正是因为我国公司的这种特殊性,使即便是在一般的公开公司当中都在特定股东之间呈现显著的人合性。另一方面,这为处理与我国公司相关的特殊纠纷提供了一种分析争点与解决问题的新视角。诸如隐名出资、名股实债等都体现出我国商人的灵活与应变之能力。利益分离策略并非纯粹理性的凭空捏造,而是根植于我国商人实践的经验提炼。

股权变动的问题在两类公司当中都有不同程度地呈现,而涉及股权变动中的选择性规则的设置与适用时,则因其与人合性的关联度更高,故而在非公开公司当中表现更为突出。例如,人们熟知且已有若干法律规定的股权转让、股东资格继承。再如,缺乏具体规则的股权赠与等。当然,也不能排除这些问题出现于公开公司之可能。同时,有一些情形不必然引起股权变动,但变动一旦发生,则有可能涉及利益配置问题,至于如何配置,往往要看当事人在章程或其他安排中是否已然作出妥当的选择,如隐名出资等。公司法有必要细化与之相关的规则,指引当事人在章程中设置符合其自身需求及利益的条款。

(一)股权转让

非公开公司的股权转让聚焦了股权变动当中可能出现的所有难题,故而成为极其关键的一维。立法往往明确区分股权自愿转让(transfer)和非自愿转让(transmission)两种情形,[1]后一种情形尤以股权拍卖为典例。[2] 在此,我们主要关注股权自愿转让的情形。我国《公司法》第

---

〔1〕 See Dennis P. Coates, *Share Transfer and Transmission Restrictions in the Close Corporation*, 3 University of British Columbia Law Review 100(1969).

〔2〕 当然,在实践中,通过拍卖方式转让股权也可能是在自愿转让情形下所采取的策略,且多为公司全部股权整体转让。例如,参见江苏高成房地产开发有限公司与福中集团有限公司股权转让纠纷案,江苏省高级人民法院民事判决书,(2014)苏商再终字第0006号;广州市仙源房地产股份有限公司与广东中大中鑫投资策划有限公司、广州远兴房产有限公司、中国投资集团国际理财有限公司股权转让纠纷案,最高人民法院民事裁定书,(2009)民申字第1068号。

71 条的规定可以被总结为以下几点:第一,股权内部转让自由;第二,外部转让股权需经其他股东过半数同意,未过半数时不同意者需购买股权,不购买的,视为同意转让;第三,其他股东对经股东同意转让的股权,在同等条件下有优先购买权;第四,公司章程对股权转让可另有规定。这是典型的默认规则,《公司法》所提供的是股权转让的一般条款,当公司章程未予以另有规定时,《公司法》的规定当然适用。

即便是在现有规则下,当事人仍有巨大的选择空间。

1. 内部转让的特殊安排

《公司法》第 71 条之所以规定股东之间转让自由,似乎是考虑此种转让并无新股东加入,故而在形式上并未影响公司人合性。而实际上,我国当前这一默认规定也可能引发诸多问题。虽然无新股东加入,但内部转让毕竟引起了股权结构的变化,乃至影响公司控制权的行使问题。更关键的是,按照默认规定的表述,股东之间转让不仅自由,还不需要通知其他股东,如此"突袭"就可能埋下导致公司僵局的隐患。尤其是在科技创新公司场合,由于核心创始人对公司的成长往往具有不可替代的作用,要想保有其个人在公司当中的控制地位,防止其他发起人或者内部人(往往是资金的主要供给者)"篡权",就需要通过章程进行必要的规则设置。例如,公司章程可以规定:"股东之间可以相互转让其全部或者部分股权,但同等条件下,核心创始人享有优先购买权。"

2. 外部转让的进一步限制

需要明确的是,尽管公司章程可以对转让进行特殊限制,但不能直接规定股权不得对外转让。通常认为,股权转让权是股东的固有权利之一,为了维护公司人合性,可以对其设置必要的限制条件,但不能绝对地禁止转让。那么所谓的特殊限制又如何理解呢?比如,当前不少科技创新公司都在其章程中规定所谓的"锁定期"条款,如规定:"核心创始人持有的公司股权锁定期为 1 年,其他股东持有的公司股权锁定期为 6 个月。所有股东在锁定期内不得对外转让股权。"本书认为,这种一定时期内的禁止转让本质上只是对转让的限制,而并未完全禁止。同时,这样的规则选择也往往是考虑公司需要一个相对稳定的人员或资金架构,尤其是在公司初创阶段,对于公司成长可能至关重要。与此类似,章程还可以规定一定期限内对外转让的股权比例;对董事、监事、高级管理人员所持有股权的对外转让设置更严格的条件。该领域在我国股份有限公司场合已有明确的法律规定。[1] 除此之外,对于外部转让的受让对象也可设置相应的限制。例如,为了防止不正当竞争,公司章程可以规定:"股东不得向股东会所确定的公司竞争者转让股权。"

3. 通知程序的细化

应当明确,股东对外转让股权因为涉及公司人合性问题,故而在征求其他股东意见时,不宜过分关注其持股比例之多寡,这也是我国《公司法》第71条采用"其他股东过半数同意"这一人头多数决模式来确定股权能否对外转让的因由。既然如此,这样一种公司意思形成就不是通过公司股东会会议决议的方式实现,而是要求转让股东必须就转让股权之具体事宜向每一位股东单独征求意见。因此,这就涉及通知程序的问题。然而,究竟应当如何通知,法律没有明确。《公司法解释(四)》第17条规定,有限责任公司的股东向股东以外的人转让股权,应就其股权转让事项以书面或者其他能够确认收悉的合理方式通知其他股东征求同意。尽管该规定提及通知方式应当合理,可何为合理依然存有疑惑。对此,公司章程可以进一步细化。

首先,章程可对于通知内容予以明确规定。例如,公司章程可以规定:"股东应就其股权转让事项书面通知其他股东,通知内容应包括:出让方、受让方、转让股权比例、交割时间、转让价格、付款期限、付款方式

---

〔1〕 我国《公司法》第141条对于股份有限公司的股份转让限制设置有相似规定:发起人持有的本公司股份,自公司成立之日起1年内不得转让。公司公开发行股份前已发行的股份,自公司股票在证券交易所上市交易之日起1年内不得转让。公司董事、监事、高级管理人员应当向公司申报所持有的本公司的股份及其变动情况,在任职期间每年转让的股份不得超过其所持有本公司股份总数的25%;所持本公司股份自公司股票上市交易之日起1年内不得转让。上述人员离职后半年内,不得转让其所持有的本公司股份。公司章程可以对公司董事、监事、高级管理人员转让其所持有的本公司股份作出其他限制性规定。

以及其他特别附件条件等。”

其次,通知的途径也可以通过章程规定得以明确。例如,公司章程可以规定:“通知地址以股东预留在公司的股东名册上的地址为准,并通过中国邮政 EMS 或顺丰快递寄送。”当然,公司也可以根据实际情况,选择电话、电子邮件或微信等方式通知。

最后,通知的法律效果也存在规则选择的空间。一方面,对于快递方式的通知,可以在章程中规定视为送达的期限(如自寄送之日起 5 日)。另一方面,若收到通知的股东反对股权对外转让,那么按照我国《公司法》的规定,不同意转让的股东是需要购买股权的,然而法律没有明确此种情形下究竟要在多长期间内购买,故而也可能带来诸多麻烦。[1] 对此,公司章程可以规定:“其他股东自接到书面通知之日起满 30 日未答复的,视为同意转让。其他股东半数以上不同意转让的,不同意的股东应当在 30 日内购买该转让股权,期限内未购买该转让股权的,视为同意转让。”

4. 优先购买权规则的选择适用

重新思考其他股东的优先购买权问题也非常有必要。我国《公司法》第 71 条如此细致的规定或许并不能很好地实现立法目的。日本《公司法》的规定简略,旨在促进协议及章程能够在其中发挥更大的作用,以彰显私法自治。[2] 而在美国,究竟是否要赋予股东优先购买权还曾发生激烈的争论。[3] 之所以会出现诸如此类的制度考量,原因在于法律确保其他股东优先购买权的行使并非要干扰出让股东之财产收益,而主

---

〔1〕《公司法解释(四)》第 19 条规定,有限责任公司的股东主张优先购买转让股权的,应当在收到通知后,在公司章程规定的行使期间内提出购买请求。公司章程没有规定行使期间或者规定不明确的,以通知确定的期间为准,通知确定的期间短于 30 日或者未明确行使期间的,行使期间为 30 日。该规定仅仅指的是优先购买权行使的期间,而未包括股东不同意对外转让股权情形下购买股权的期间。

〔2〕在日本,持份公司之出资份额的转让规定较为简略,并强调章程在其中之作用。日本『会社法』585 条参照。

〔3〕在确立优先购买权乃至股东是否能限制股权转让的问题上,美国法律界在 20 世纪 80 年代曾有过不少争论。See, e. g., Ogden v. Culpepper, 474 So. 2d 1346 (La. App. 1985); Bruns v. Rennebohm Drug Stores, Inc., 442 N. W. 2d 591 (Wis. App. 1989).

要是为了限制人员流动。

若仅在章程中规定对外转让需经其他股东过半数同意,而未明确规定是否适用优先购买权规则之做法存在一定的制度风险,稳妥的做法应当是,倘若公司明确排除适用相关规则,应当在公司章程当中有所体现。如章程可以规定:“本公司股东对外转让股权应当经其他股东过半数同意,现行《公司法》第 71 条有关‘不同意即需购买、同意即享有优先购买权’之规定不适用于本公司。”

此外,与前述核心创始人在内部转让场合如何保有控制权类似,在面对优先购买权问题时,公司章程也可以规定:“经股东同意转让的股权,在同等条件下,核心创始人、其他股东依次序享有优先购买权。两个以上核心创始人或两个以上其他股东主张行使优先购买权的,协商确定各自的购买比例;协商不成的,按照转让时各自的出资比例行使优先购买权。”章程甚至可以直接将优先购买权的享有主体限定为发起人或者核心创始人等范畴内,以进一步巩固控制权。

5. 转让价格的确定方法

可以说,股权转让价格的确定方法由于关系当事人的切身利益,故而是最需要进行选择的方面。《公司法》及相关司法解释并未详细规定转让价格的确定问题,无论是在其他股东半数以上不同意转让之情形下,还是在股东同意转让而其他股东行使优先购买权时,皆是如此。目前《公司法解释(四)》第 18 条也只是表明“同等条件”的判断不能仅仅考虑转让价格,至于价格如何确定则仍未予以明确。[1] 近 20 年来,最高人民法院在多份司法解释之征求意见稿中试图对相关问题予以回应。早在 2003 年发布的《关于审理公司纠纷案件若干问题的规定(一)》(征求意见稿)有以下立场:其一,其他股东既可主张以协商的方式确定价

〔1〕 这在理论上也存在极大争议。尽管司法解释作出了相应指向,但“同等条件”仍然是一个模糊不清甚至丰富多彩的概念。较早之前的讨论,可参见邓峰:《普通公司法》,中国人民大学出版社 2009 年版,第 375 页;刘俊海:《现代公司法》,法律出版社 2011 年版,第 364 页。

格,也可主张通过评估的方式确定价格;[1]其二,当股权因为继承、被强制执行等非因股东本人意思发生变动,其他股东主张优先受让的,同样先采取协商的方式确定价格,在不能达成一致意见时,可以通过评估的方式确定。[2] 该意见稿同时也指明,股东与非股东订立股权转让合同,价格或者其他主要条件低于向其他股东告知的价格条件的,其他股东可以请求人民法院撤销该合同。[3] 这表明出让人与受让人所拟定的价格原则上是对其他股东产生效力的。继而,最高人民法院在2007年发布的《关于适用〈中华人民共和国公司法〉若干问题的规定(二)》(征求意见稿)又有如下规定:当出让方与受让方股东因转让价格不能协商一致时,先看公司章程是否有特殊规定,如无规定时出让方可请求以评估方式确定价格。[4] 这一规定对于章程的选择性规定予以必要的尊重,尚有可圈可点之处。而在2009年发布的《关于适用〈中华人民共和国公司法〉若干问题的规定(四)》(征求意见稿)中制度之价值取向有了实质性转变:对于不同意对外转让股权的股东购买该股权因价格问题与转让股东发生争议的,法院应委托中介机构以公司净资产为基础评估确定股权价格。[5] 由此可见,第三方评估渐次从当事人可自由选择之方式演变为强制性举措。这一规定的确遭到不少非议,故在最后出台的《公司法解释(四)》中删去了该条款。

数次司法解释征求意见稿都试图强调定价的公平性,但过分单一的定价方式能否适应不同投资者之需求,显然存有疑惑。从国有企业改制

---

〔1〕 参见最高人民法院《关于审理公司纠纷案件若干问题的规定(一)》(征求意见稿)(2003)第25条第2款、第26条第2款。

〔2〕 参见最高人民法院《关于审理公司纠纷案件若干问题的规定(一)》(征求意见稿)(2003)第34条。

〔3〕 参见最高人民法院《关于审理公司纠纷案件若干问题的规定(一)》(征求意见稿)(2003)第26条第1款。

〔4〕 参见最高人民法院《关于适用〈中华人民共和国公司法〉若干问题的规定(二)》(征求意见稿)(2007)第19条第2款。该征求意见稿之内容与之后颁布施行的司法解释相去甚远,后者主要规定了公司解散和清算事宜。

〔5〕 参见最高人民法院《关于适用〈中华人民共和国公司法〉若干问题的规定(四)》(征求意见稿)(2009)第28条。

开始，对于企业资产评估往往采取成本法，然后再根据股权比例确定股权价值。成本法的主要策略在于从资产的成本角度出发，将企业资产负债表上所有可确指的单项资产加和而成。这种方法也的确较容易操作，评估所需成本也较低。我国也的确在很长一段时间内以成本法为主要评估方法。[1] 而按照中国资产评估协会 2018 年版《资产评估执业准则——企业价值》的规定，执行企业价值评估业务，应当根据评估目的、评估对象、价值类型、资料收集等情况，分析收益法、市场法、成本法（资产基础法）三种基本方法的适用性，选择评估方法。而且，对于适合采用不同评估方法进行企业价值评估的，资产评估专业人员应当采用两种以上评估方法进行评估。由此可见，评估方法逐渐趋同且越来越综合。然而，还需注意的是，这里谈及的是企业价值，而非股权价值。后者应当与前者存在一定关联性，但并非绝对同一化。股权内含多元价值，其在特定场合之价值往往无法通过评估确定。股权转让价格的确定方法其实远远不只是评估，而由法院主动要求第三方评估的做法更不是一种常见的机制。在我国，这样的质疑应引起法院的重视。如此一来，选择强制评估以外的方法则可能更为必要和符合实际。

1952 年，奥尼尔即归纳出美国闭锁公司在股权转让价格方面的 9 种方法，[2] 其中较为典型的有：股东预先通过共同协议确定股权价格；按照市场价格或是以诚信买家的角度确定的最高价格；授权董事会或其他股东确定价格；第三方评估。第一，共同协议（mutual agreement）的方法非常能够体现股东的意愿，它要求股东在商定股权转让限制条款以维护闭锁公司人合性时，就要充分、谨慎地考虑有朝一日要解除这种人合关系时如何更为顺畅和便捷，因此，对于股权转让的价格就要提前确定。该方法的适用一般要注意的是股东之间应该要每隔固定期限即要修改

---

〔1〕 参见刘萍主编，中国资产评估协会编著：《〈企业价值评估指导意见（试行）〉讲解》，经济科学出版社 2005 年版，第 108 页。

〔2〕 See F. Hodge O'Neal, *Restrictions on Transfer of Stock in Closely Held Corporations: Planning and Drafting*, 65 Harvard Law Review 798 (1952).

既已确定的股价。第二,市场价格(market price)并不能适用于闭锁公司的股权转让,因为该类股权缺乏在市场上的流动性。不过通过确立诚信买家所能接受的最高价格(best-offer price),同样能替代市场价格确定。确定诚信买家所能接受的最高价格,也是股权价格确定的路径选择之一。该方法实际上是与股东的优先购买权相联系的,它允许拟转让股权的股东先行确定价格,其他股东则以此价格行使优先购买权,如不行使则拟转让股权的股东可以不低于已确定的价格将股权转让给股东以外第三人。第三,授权董事会或其他股东确定价格(empowering directors or other shareholders to set a price)的方法在 19 世纪末的美国即已确立。[1]不过这一方法在美国法中算不上是一种独立的方法,它可视为第三方评估方法的变种,因为董事会和其他股东得到授权后,仍要委托第三方评估,以求公正。但这一方法明显体现出美国公司治理的两大特点:一是董事会的权力较大,能参与决策股东的财产权问题;二是充分尊重公司内部人员之间的人合性以及个人的诚实信用。第四,第三方评估(appraisal)不是强制性的、唯一的股权价格确定方法。同时,若要适用第三方评估的方法,也要事先约定。至于约定的事项,可能具体到特定的几个评估机构以及如何在这些既定的机构中选择的办法,甚至还包括评估所选用的方法、程序。这些约定有助于在股东转让股权时更好地预测评估所需要的成本,以便更好地进行经济决策。美国对于评估方法的适用大多数是在公众公司场合,闭锁公司的股权转让并未频繁适用第三方评估的方法。这在特拉华州的案例中也有所反映。[2]

针对我国的改革,要解决股权转让价格确定的问题,仍然应当从公司章程入手。公司法应当引导股东在公司设立时就要充分考虑股权转让的事项,并具体到股权转让价格确定的方法选择,审慎地将其列入章程当中。当然,这不宜归类于章程相对必要记载事项之范畴,就相关事

---

〔1〕 See New England Trust Co. v. Abbott, 162 Mass. 148, 38 N. E. 432 (1894).

〔2〕 See, e. g., Bell v. Kirby Lumber Corp., 413 A. 2d 137 (Del. 1980); Weinberger v. UOP, Inc., 457 A. 2d 701 (Del. 1983).

宜股东也可通过协议或其他方式予以落实。[1]

以上主要是就我国《公司法》第71条"另有规定"的延伸思考。但这些内容若要在股权转让实践中真正发挥积极作用,归根结底仍需要公司法适时提供必要的选择性规则。

(二)股权赠与

按照股权转让广义上的分类,股权赠与相当于无偿转让。司法实践中,股权赠与也多发生于亲属之间。[2]《公司法》对此未作出明确规定,致使司法实践往往将其视为单纯的财产权纠纷,故而主要采用《民法典》(包括原《合同法》)有关赠与合同的规定进行处理。[3]

那么,是不是立法直接明确股权赠与适用股权转让相关规定足矣?问题似乎没有那么简单。股权赠与有别于有偿转让的其中一点在于赠与可依法撤销。《民法典》第658条规定,赠与人在赠与财产的权利转移之前可以撤销赠与。例如,在个案中,当事人就协议是否为赠与产生争议,倘若协议被确认为赠与,赠与人就有可能依法撤销赠与。[4] 关键在于,股权变动不同于动产交付或不动产登记之物权变动,如何确定权利是否转移值得商榷。倘若坚持捆绑式的股权利益结构,制度设计极易陷入财产法之调整策略,继而产生与股权转让所面临的类似问题。但与有偿转让不同的是,本应在受让人支付价金时即实现让渡的财产利益,在股权赠与场合因为无须支付对价,而财产利益又并无交付或登记之转移表征,因此,赠与合同成立时,股权的财产利益就已经发生转移,但此时财产利益所对应的收益还往往停留在预期利益层面。例如,在此期间公

---

〔1〕 对此之深入研究,参见周游:《公司自治视角下股权转让价格确定机制探析——以司法介入途径下第三方评估方法为轴线》,载赵旭东、宋晓明主编:《公司法评论》2012年第1辑,人民法院出版社2012年版,第14~24页。

〔2〕 参见陈某某与陈某债权人撤销权纠纷案,浙江省温州市中级人民法院民事判决书,(2015)浙温商终字第104号。

〔3〕 参见雷某某与武汉赫天光电股份有限公司、胡某某、刘某合同纠纷案,武汉市中级人民法院民事判决书,(2013)鄂武汉中民商终字第01503号。

〔4〕 参见杨某与刘某某股权转让纠纷案,河南省郑州市中级人民法院民事判决书,(2015)郑民再终字第71号。

司作出分红决议,而赠与人在获得分红后若未及时将其交付给受赠人,则赠与人存在依法撤销的空间。继而,倘若是附义务的股权赠与,那么在受赠人不履行义务时赠与人仍可根据《民法典》第 662 条行使法定撤销权。[1] 至于股权的人身利益,并不涉及撤销与否的问题,因其不符合《民法典》有关赠与物必须是财产的规定,且人身利益更多是与公司人合性有关,并非股权赠与合同所能约定的事项。

更重要的是,股权赠与的形式可能多种多样,除整体赠与以外,股权赠与还可能出现以下两种情形:其一,股权整体权利的部分赠与,如股东可将其 50% 的股权赠与他人。[2] 此时,股权的财产利益在受赠人表示同意时实现让渡,然其要获得人身利益仍需经由公司的意思形成。其二,股权利益的部分赠与,例如,股东可仅将其股权之收益作为赠与之标的物。[3] 此时,由于只涉及股权的财产利益,故而只需在赠与人与受赠人之间形成合意即可。但如果股东希望由他人享有其人身利益,例如,由他人参与经营决策,则仍需经过公司意思形成程序。况且,此时并不能称为人身利益之赠与,这不仅因为人身利益难以让渡,还因为此种所谓的让渡行使并非当事人的合意即可实现。

继而,其他股东在股权赠与情形下能否行使优先购买权,亦存有疑惑。实际上,倘若部分赠与不涉及股东资格变动,其他股东并无行使优先购买权的空间。当赠与涉及股东资格变动时,其他股东行使优先购买权应如何确定"同等条件",亦值得探讨,毕竟在赠与的情形下并无预先

---

〔1〕 值得注意的是,受赠人受领之赠与的财产价值低于其履行义务所为之给付时,受赠人是否需要继续履行义务是有争议的。在个案中,有判决就认为,即便合同约定股权属于无偿赠与,但是从当事人的具体约定与履行来看,所谓的受让人并非无偿获得股权,而是需要支付相应的对价,而如果赠与所附之负担与赠与价值相当甚至超出受赠物价值,则完全谈不上赠与,其实质为等价有偿的双务合同。参见深圳市华喆导航技术有限公司与深圳市慧视通科技股份有限公司股东资格确认纠纷案,深圳市中级人民法院民事判决书,(2013)深中法商终字第 247 号。

〔2〕 类似案件如参见杨某某、郑某某、杨某甲、杨某乙与云南康和工贸集团有限公司股东资格确认纠纷案,云南省高级人民法院民事判决书,(2014)云高民二终字第 263 号。

〔3〕 例如在个案中,有当事人在股权赠与协议中约定,一方当事人在公司工作满 3 年之前,享受该股份的分配权;在工作满 3 年之后,享有该股份的所有权。参见郭某某与姜某、沈阳倍盈科技有限公司、鞍山鑫普新材料有限公司股权转让、公司盈余分配纠纷案,沈阳市中级人民法院民事判决书,(2014)沈中民三终字第 01195 号。

确定的股权价格。鉴于此,司法实践理应首先尊重当事人的协商议价,亦可根据赠与人的意愿采取第三方评估之方式来确定价格。与有偿转让不同的是,因赠与人在符合法律规定之条件下可依法撤销赠与,只要赠与人不同意第三方评估,其他股东亦无权提出要求,法院也不能因为当事人之间存在争议而主动委托第三方评估。原则上,只要其他股东不同意以依法确定的价格购买股权,那受赠人将获得股权,并成为公司股东;如有股东同意购买,则其支付的股权价金将归属于受赠人,这既不妨碍赠与合同目的的实现,也不影响公司人合性。

由此观之,公司法有必要设置相应的选择性规则,指引当事人在公司章程设置符合其自身需求的相关条款。当然,章程不能完全禁止股东赠与股权,其原理与禁止股权转让类似。至于仅赠与股权之财产利益的情形,毕竟是股东自由处分的范畴,公司也无权多加干涉。但为了避免因股权赠与引起的内部矛盾或僵局,公司章程对于引起人员变动的赠与仍需要对以下内容予以回应:一方面,应明确是否类推适用章程中有关股权转让的规定,这就包含了是否适用优先购买权的问题;另一方面,为防止因所谓"同等条件"发生争议,宜确定在赠与情形下是否必须采取第三方评估的方式,又或者是其他预先确定的股权定价机制。

(三)隐名出资

在过去,隐名出资一度被认为是不合法的行为,即股东或发起人必须以自己的名义出资。然则,尽管隐名出资之目的大部分源于规避法律,但我们并不能否认"合法型隐名出资"之存在。[1]

为何公司法应当对隐名出资问题予以明确回应?一方面,因其关涉合同的效力和履行问题,如公司法没有具体的制度规范,极易导致协议替代治理之情况出现,继而以合同法的理念与规则来处理公司法的问题;另一方面,一旦公司法没有相关规则,那么隐名出资的性质认定就存

---

〔1〕 如有研究指出,在实践中,有一些隐名出资是由企业改制带来的"历史遗留问题",如职工持股会、法人股个人持有等。参见甘培忠、周淳:《隐名出资纠纷司法审裁若干问题探讨》,载《法律适用》2013年第5期。

在较大的解释空间,以至于用其他既有的法律关系对其加以解释,并类推适用相关规则,如采取代理理论或共有关系之解释方法,[1]又或是将其与信托、合伙类比,区分为信托型隐名出资、合伙型隐名出资等类型。[2] 隐名出资还可根据不同划分标准进行庞杂的类型化分析,如实际出资人是否过问名义股东之决策,公司及其他股东对隐名出资行为是否知情等。[3] 赵旭东等将其浓缩为合伙关系、信托关系与代理关系等几种构造,的确有其借鉴意义。[4] 同时需要注意的是,其一,合伙、信托、代理之间是截然不同的法律关系,隐名出资在不同场合要适用不同法律关系之规定,是否会形成判决之巨大差异性,实为不得不思考之问题;其二,既往分类往往聚焦于谁出资的问题上,[5]并更倾向于强调实际出资人的"间接参股"或者名义股东之"代持"。这依然渗透着物权法律制度的意味,据此可能对股权利益结构进行捆绑式处理,同时也将判定隐名出资合同的效力作为问题的核心,从而可能忽视了公司法律关系框架应该考量的各方利益配置。

---

〔1〕 参见赵旭东、顾东伟:《隐名出资的法律关系及其效力认定》,载《国家检察官学院学报》2011 年第 2 期。

〔2〕 参见张双根:《论隐名出资——对〈公司法解释(三)〉相关规定的批判与发展》,载《法学家》2014 年第 2 期。

〔3〕 在《公司法解释(三)》出台以前,已有诸多判决试图突破难题。例如,对于公司及其他股东究竟知情与否,有判决大胆适用在当时仅为司法解释征求意见稿之规定指出:"有限责任公司半数以上的其他股东明知实际出资人的出资,且公司已经认可其以股东身份行使权利的,如无违反法律强制性规定的情节,人民法院可以认定实际出资人对公司享有股权。"而对于不知情的条件下,也有法院认为:隐名出资是当事人之间发生的,公司并不知情,且未得到公司股东的一致确认,上诉人从未领取过公司分红亦未参加过公司的任何管理活动。名义股东收取上诉人款项的行为系其个人行为,与公司无关,上诉人不能以此认定其是公司的股东。以上两案分别参见深圳市远舟科技实业有限公司等与黄某某等股权确认纠纷案,上海市第二中级人民法院民事判决书,(2007)沪二中民三(商)终字第 435 号;江某等与灵璧县恒大制粉有限责任公司股权纠纷案,安徽省高级人民法院民事判决书,(2008)皖民二终字第 0143 号。

〔4〕 参见赵旭东、顾东伟:《隐名出资的法律关系及其效力认定》,载《国家检察官学院学报》2011 年第 2 期。

〔5〕 这在一些司法判决书之表述中能看出其深远影响。例如,有判决书指出,所谓隐名股东,又称隐名投资人,是指实际向有限责任公司出资或认购出资,但基于规避法律规定或其他原因,对其股东身份并未进行工商登记及公司内部记载,从而不具备股东资格形式特征的出资人。参见许某某与三杰家具公司、方某甲、周某某、方某乙股东资格确认纠纷案,安徽省安庆市中级人民法院民事判决书,(2014)宜民二终字第 00128 号。

应当说,无论是通过合同、物权还是信托、合伙等路径对隐名出资都可能具有一定的解释功能,但这些毕竟都属于类比方式,故可能不是当事人形成隐名出资关系之本意。试举一例:A 是实际出资人,B 本身既是公司股东,自己持有公司 20% 的股权,同时也因与 A 的隐名出资关系而另有 17% 的持股比例。故而公司章程及股东名册等皆记载 B 持有公司 37% 的股权。该公司其他股东对以上情况都非常了解。该公司另一位股东 C 与 B 发生借贷关系,B 以 20% 的股权为此设定质权,并依法办理了登记手续。后 A 发现该事实,向法院申请确认质权设立无效。那么,法院应当如何裁判?倘若以共有关系来解释,那么裁判思路可能是"(1)A、B 之间因为不具有家庭关系,故视为按份共有;(2)按份共有人虽然可随时请求分割,但此时并未分割股权,所以按照《民法典》第 301 条的规定,处分共有财产应当经占份额 2/3 以上的按份共有人同意,B 所占份额只有 20/37,即不足 2/3,故而以股权设定质权应当征求 A 的意见;(3)而此时 A 对设立质权行为明确表示反对,由此应认定 B 是无权处分人,同时 C 对此是知情的,故不能适用善意取得的相关规定。综上所述,该质权设立无效。"这一思路让人不解之处在于 A、B 之间根本不存在共有的合意,且依然是将股权利益结构视为不可分割的整体。

其实,在现行公司法规则下,隐名出资问题也并非无解:我国《公司法》第 32 条第 2 款规定,记载于股东名册的股东,可以依股东名册主张行使股东权利;同时,《公司法解释(三)》第 24 条第 1 款进一步表明,只有经过其他股东半数以上同意,实际出资人方可能成为股东。结合两条规定,不难得出实际出资人不是股东的结论。《公司法解释(三)》第 24 条对隐名出资的规定具有非常重要的意义,当然,遗留的问题也不少。比如,后续第 25 条引入的以善意取得制度来解决股权纠纷的做法是否妥当、名义股东处分股权的行为是有权处分还是无权处分等,相关问题与本书讨论主旨关系不大,此不赘述。[1] 这里主要思考以下两个问题:

---

〔1〕 对此之深入研究,可参见周游:《股权利益分离机制下隐名出资问题之再阐释》,载《北方法学》2015 年第 1 期。

第一,公司法是否需要对隐名出资关系的不同类型设置相应的选择性规则?根据隐名出资合同的约定,实际出资人对于名义股东在公司行使权利是否具有决定权,也可对隐名出资作进一步细分。当然,这一分类也仅会在名义股东不听从实际出资人指令时而引起违约责任的问题,而不能以此种约定来约束公司。尽管本书强调公司法规则的选择特质,但对于隐名出资多元化形态的问题,从内部来看是实际出资人与名义股东的合同约定内容,公司法不宜多加干涉。公司法在此更应主要关注如何确认股东资格以及如何维护公司人合性。实际上,无论是何种类型化分析,都难以囊括所有隐名出资之情形,而唯其不变的是当事人在此中作出了利益分离安排。只要公司法明确三点:(1)名义股东是真正的股东,其处分为有权处分;(2)隐名出资协议的效力及履行依照《民法典》有关合同法规则处理;(3)实际出资人不是股东,若要"显名"应当适用公司法规则——那么无论当事人所订立的隐名出资协议为何种法律关系,对纠纷处理也不会产生过多影响。

第二,《公司法解释(三)》第24条第3款能否类推适用股权转让中有关优先购买权的规定?该款规定,实际出资人未经公司其他股东半数以上同意,请求公司变更股东、签发出资证明书、记载于股东名册、记载于公司章程并办理公司登记机关登记的,人民法院不予支持。此处并未强调其他股东"不同意即应购买、同意即享有优先购买权"之规则。况且,"半数以上"的规定貌似反映出最高人民法院有意表明隐名出资与股权转让存在区别。从实践来看,不少隐名出资关系之于股权转让最大的差异可能在于实际出资人的权利与义务、责任通常处于失衡状态——高风险时隐匿于暗处,待风险过后或有利可图则力争"显名";而在显名之前,名义股东需要承担出资等义务的连带责任。隐名出资行为之所以在过往一直得不到法律认可,主要原因就在于这种行为本身在多数场合下都存在不诚信之因素。由此,将《公司法解释(三)》第24条第3款理解为不适用优先购买权的规定,实际上是一种对其他股东倾斜性保护的策略。从表面上看,优先购买权是其他股东的一种权利,实则是转让人、相对人及其他股东之间的利益平衡策略。该权利原则上要求其他股东需限期行使,否则视为同意相对人受让股权并成为股东。因此,按照司法解释的文义理解,对于实际出资人"显名"的请求,其他股东只需要表示同意与否即可,而没有限期购买的要求。当然,也不能排除实际出资人处于劣势的关系存在。此外,张双根认为,该条规定不能被理解为实际出资人只要经其他股东半数以上同意就可以"显名",而须名义股东与实际出资人之间达成股权转让合意,进而才能谈得上其他股东的同意问题。[1] 这一看法借鉴于股权转让规则,颇具意义。不过需要补充的是,隐名出资场合引发的股东资格确认之诉在本质上是试图将原本分离享有的利益归于一体,这与股权转让存在差别。同时,隐名出资场合无论是否发生股权变动,自始至终都涉及名义股东、实际出资人以及公司与其他股东三方法律关系,因此,公司法规则在这一整体法律关系当中理应注意利益平衡。当隐名出资行为本身有可能危及公司与其他股东利益时,否定名义股东之股东资格而使实际出资人"显名"亦趋于合理。

因此,《公司法解释(三)》第 24 条的规定还可进一步优化,以指引当事人在章程中决定是否需要设置有针对性的条款。尤其是对于实际出资人希望"显名"之情形,可将"显名"程序细化为若干选项。比如,是否适用包括优先购买权在内的股权转让规定等。

(四)股东资格继承

我国《公司法》第 75 条对有限责任公司的股权继承问题有明确规定,即除非公司章程另有规定,自然人股东死亡后其合法继承人可以继承股东资格。该规定对于家族企业可能颇具意义,但在其他公司当中则可能引发诸多问题。而且中国人习惯于在行事伊始之际图个好意头,故在公司章程不对与死亡有关的问题作出特殊安排亦不少见,这在前文"另有规定"之案例统计中也得以充分体现。然而,实践中往往会出现当事人意图临时"选出"《公司法》该规定的情形。例如,在个案中,公司

---

〔1〕 参见张双根:《论隐名出资——对〈公司法解释(三)〉相关规定的批判与发展》,载《法学家》2014 年第 2 期。

并未在章程中作出特殊的制度安排,但当继承开始时,公司希望作出股东会决议来阻止继承人成为股东,但法院认为公司决议不能违反《公司法》第75条的规定,故判决继承人可以继承股东资格。〔1〕 至于直接在公司章程中明确规定股东资格不得继承的公司,也大多有其特殊的历史背景,其中不少公司都是因为企业改制而存在职工持股现象,当职工辞职、退休、死亡时股权由公司回购或在股东间进行内部转让。〔2〕

继承人原则上可继承股东资格的规定遗留了若干值得反思的问题:

其一,股东资格继承的说法是否准确值得讨论。继承人原则上可直接继承股东资格的规定仍是对股权人身利益的核心问题欠缺充分考量的体现。按照我国《民法典》的规定,继承是针对遗产而言的,遗产是自然人之个人合法财产,并不应包括具有人身利益的股东资格,而股东资格主要涉及公司人合性问题。实际上,继承人并无当然取得股东资格之现实可能。即便是按照《公司法》第75条的规定,继承人充其量获得请求公司确认其股东资格并变更股东名册及公司章程、工商登记的权利,只有完成相关程序,才能真正取得股东资格。故而,股权人身利益并不存在继承的问题,其仍需经过公司意思形成程序方能实现变动。在日本,非公开的股份有限公司可在章程中规定,经股东大会决议,请求因继承而获得转让受限股份的继承人向公司出售其股份,而当公司依此合意方式不能实现回购股份时,公司还可依章程规定强制取得该股份,从而维护公司的人合性。〔3〕 与股权相关的继承问题必然涉及股权变动,为维护公司人合性,继承人能否取得股东资格应当经过公司及其他股东的认可。

---

〔1〕 参见北京市宣武炊事食品机械有限公司与徐某等股东资格确认纠纷案,北京市第二中级人民法院民事判决书,(2015)二中民(商)终字第04210号;类似的典型个案还可参见南京富坤商贸实业有限责任公司与刘某某与公司有关的纠纷案,江苏省高级人民法院民事裁定书,(2014)苏审三商申字第00320号。

〔2〕 参见王某某、申某某与青岛万兴商贸有限公司股东资格确认纠纷案,山东省青岛市中级人民法院民事判决书,(2014)青民二商终字第875号。

〔3〕 此外,在持份公司场合,继承人如何继承股东出资份额的规则完全交由公司章程进行安排,在日本法上并无当然获得股东资格之一般规定。日本『会社法』162、174~177、608条参照。

其二,被继承人有两位以上合法继承人之情形是常态,从而引发共同继承的问题,倘若所有继承人都成为公司股东,既会动摇公司的人合性,也可能导致公司股东人数超过法定上限而给公司存续与运营带来不必要的障碍。例如,在个案中,公司并未在章程中作出特殊的制度安排,但辩称继承人过多,不宜全部登记为股东,然而法院最终不得不按照《公司法》第 75 条规定进行判决。[1]

此外,股东资格继承与股权对外转让之间究竟存在何种关联,值得忖度。股东资格引起的股权变动有其特殊性,例如,在《公司法解释(四)》出台以前,就有判决认为:以转让、赠与、继承、公司合并等方式取得公司股份并成为公司股东的均属于股东资格的继受取得,继承作为股东资格继受取得的方式之一,与一般意义上的股权转让并不等同,故并不当然适用有限责任公司关于股东行使优先购买权之规定。[2] 应当说,《公司法解释(四)》原则上明确了继承与转让的区别,不过也对当事人的特殊安排留有空间。据此,股东资格继承情形下究竟能否适用优先购买权的规定,章程可予以明确。《公司法解释(四)》第 16 条规定的是一般情况,即在继承场合其他股东通常不能行使优先购买权,然而章程可另有规定。

由此观之,理性的制度设置可能是:除非公司章程另有规定,合法继承人只能依据《民法典》继承相应的财产份额,股东资格无法经由继承直接取得,而应当经过公司意思形成程序。这样一来,立法既保护了继承人之继承权,也无伤公司法之制度逻辑,从而较好地维护了公司之人合性。当然,股东宜根据自身需求,审慎斟酌公司章程相关规则的内容表达。例如,公司章程可以规定:“自然人股东死亡后,由股东会作出是否由其合法继承人继承股东资格的决议。股东会决议确定不能继承股东资格的,其合法继承人享有该自然人股东所持股权对应的财产利益。”

---

〔1〕 参见北京西湖港旅游开发有限责任公司与晋某某等请求变更公司登记纠纷案,北京市第二中级人民法院民事判决书,(2014)二中民(商)终字第 10554 号。

〔2〕 参见韩某某与南兴控股有限公司、吴某某、梁某某、徐某某股东资格确认纠纷案,上海市闸北区人民法院民事判决书,(2015)闸民二(商)初字第 574 号。

继而还可以规定:“股东会决议确定自然人的合法继承人可以继承股东资格,但如果合法继承人人数过多导致本公司股东人数不符合《公司法》规定,则由股东会决议选定其中一人或数人作为名义股东,代表所有合法继承人行使股东权利。若名义股东为数人时,由所有合法继承人协商确定各自的股权比例,并经股东会决议通过。”

进而,针对继承人是否为完全民事行为能力人的问题,公司章程也可设置相应的规则。例如,公司章程可以规定:“本公司自然人股东死亡后,其合法继承人若为完全民事行为能力人的,可以继承股东资格;若为限制民事行为能力人或无民事行为能力人的,不得继承股东资格。”〔1〕当然,还可能存在这样一种情形:虽然章程明确规定自然人股东的合法继承人不得继承股东资格,但是其他股东又不愿意购买该股权,那么对此应如何处理? 其一,章程对此可规定由公司先回购该股权,并在合理期限内予以处理;其二,章程也可规定在此种情形下,自然人股东的合法继承人仍然有权取得股东资格。〔2〕

选择型公司法可对以上提及的方面予以回应。此外,股东为法人或其他组织的,被注销时既可类推适用上述规则,也可在淡化人合性要求基础上设置更多元的选择性规则。

(五)股权变动究竟变动了什么

以上各种股权变动的情形都无一例外地涉及股权利益之二元分解:一方面,股东与公司以外的当事人可根据意定条件或法定事由实现股权

---

〔1〕 还有个案中章程规定:如继承人属于限制民事行为能力人或者无民事行为能力人,由其监护人代为行使股东权利、承担股东义务,并按该继承人认缴的出资,以该继承人的财产承担民事责任。如不愿意成为股东的,其股份由同一继承顺序的、愿意成为股东的其他继承人或公司股东收购,也可以转让给股东之外的其他人,收购或转让对照《公司法》关于股权转让的规定执行。参见吴某某、罗某甲、罗某乙与岳阳金博机床制造有限公司及原审第三人付某某等请求公司收购股权纠纷案,湖南省岳阳市中级人民法院民事判决书,(2017)湘06民终662号。

〔2〕 例如,在个案中,虽然公司章程明确规定了排除适用《公司法》第75条的一般规则,但最终无人购买已故股东的股权,故而法院认为,此种情形下应按《公司法》第75条的规定“自然人股东死亡后,其合法继承人可以继承股东资格”而支持当事人根据遗嘱继承股东资格。参见周某诉启东市建都房地产开发有限公司股东资格确认纠纷案,江苏省高级人民法院民事判决书,(2016)苏民初10号。

财产利益的让渡；另一方面，在非公开公司场合，公司意思形成将成为股权人身利益变动的必经程序，公开公司对持记名股票的股东(尤其是处于核心管理层的股东)同样需要以此维护人合性。继而，尽管当事人亦可能主动作出股权利益分离的安排(如隐名出资)，但股权变动将更多地呈现法理分离。法理分离主要是指股权利益可能因法律上的利益配置或利益衡量而呈现的分离，这与当事人主动选择的分离有别。

在捆绑式股权利益结构下，公司与相对人之间往往存在利益冲突关系，制度设置需要在公司及相对人之间作出利益衡量，因而股东的利益需求在此中并未受到充分重视。将物权之善意取得制度参照适用于股权纠纷，正是利益衡量之下的一种权宜之计。在这样的结构下，制度将法律正义过分寄托于司法过程当中，这使法院在整个法律运行过程中负担过重，对法官的能力与素质也是极大考验，从而可能引起司法裁判不一等诸多问题。问题之症结在于制度未能适时对当事人之利益进行理性配置，也未对当事人所作之利益配置予以必要的容忍乃至认可。总之，捆绑式股权利益结构从本质上来看仍对公司内外部法律关系存在较大的偏差理解(参见表4-1)。

表4-1　捆绑式股权利益结构的保护策略

捆绑保护导向	保护结果		利益衡量	利益配置
	公司利益	相对人利益		
公司利益	√	×	增加	×
相对人利益	×	√		

相比之下，股权利益分离机制下的保护策略更注重利益配置，以尽可能防止利益发生冲突，继而减少过分运用利益衡量可能带来的不确定性。利益优化配置往往在主体意思自治或者法律所设置的衡平机制当中进行，这不仅要明确利益的内容，厘定利益结构的基本框架与界限，还要识别处于不同法律关系当中的利益的实现方式，并通过法律原则及法的价值判断明确其合法性要件。由此，制度设置在保护公司人合性的同时并不会影响相对人利益的实现，反之亦然。同时，股东的利益也因为

经过二元分解而实现最优化(参见表4－2)。

表4－2　股权利益分离机制下的保护策略

分离保护导向	保护结果			利益衡量	利益配置
	公司利益	相对人利益	股东利益		
股权人身利益	√	不影响	√	减少	√
股权财产利益	不影响	√	√		

总之,股权利益分离机制的构建是对股东角色多元化的制度回应。在这一策略影响下,公司法可以进一步拓宽当事人享有和行使股权利益的制度空间,设置更为体系化的选择性规则。

五、股权利益分离视角下混改企业治理的规则选择

2015年8月,中共中央、国务院印发《关于深化国有企业改革的指导意见》,这对于国有企业改革的方向具有强大的指导意义,推进国有企业混合所有制改革也成为当前最重要的一项策略。随后,国务院也发布《关于国有企业发展混合所有制经济的意见》,明确了混合所有制改革的总体要求与方向。发展混合所有制经济之提法早已有之,过去主要关注如何坚持公有制地位,更多是针对意识形态方面的思考。混合所有制改革的意义远不在此。根据官方文件的相关内容,此番改革将超越围绕所有制、所有权而展开的传统机制构建,进一步优化现代企业经营权的行使,而控制权的掌握并不必然在股权结构当中彰显。尤其是在选择型公司法革新之背景下,混改企业的股权结构及内部治理等方面都有必要设置相应的选择性规则。

(一)重新理解混合所有制改革

从宏观层面来看,以下两点对于理解当前混改的意义尤为关键:

其一,强化党对国有企业的领导,并鼓励国有资本入股非国有企业。尤其是后者的影响不容小觑,混合所有制改革在宏观上不仅不会削弱国家对国有企业的控制,还将会对非国有企业的控制权带来影响。因此,

混合所有制不意味着国企将全面私有化。[1] 尽管国家在混合所有制下并不一定要对国企控股,国家对企业的控制与监管也不应与持股比例存在必然挂钩。同时,对关系国家安全、国民经济命脉的重要行业和关键领域,国家在企业发展中仍应处于主导地位。

其二,“混”的方式需要多元化,以真正实现“合”的目的。“分类推进”改革正是方式多元的表现,不同类别的国有企业需要有与之相适应的改革策略。同时,持股不是实施控制的唯一途径,官方文件中除入股之提法外,还提及战略合作、资源整合等。[2] 当然,在一股一权、同股同权等规则的限制下,有些举措无法在短期内得以贯彻实施,由此,包括《公司法》《证券法》在内的多部法律都需要因应修改,这也是顶层设计当中提出的要求。

由此可见,单纯聚焦于国家持股比例的大小已然不符合国企治理之需,深入探究各种股权利益的享有与实现方式显得极为必要。尤其是所有权与经营权分离之传统理论在解释国企治理方面本来就不能完全奏效,更何况国有独资公司在当下并非国企的主要形式,在国家仅持有企业部分股权的情形下,继续着重探讨传统的“两权分离”问题就显得意义不大。此外,引入非国有资本不仅是满足企业融资的需求,还要吸纳商人实践在投资经营决策方面积累的宝贵经验。[3] 改革开放以来,国家对民营企业发展的鼓励与保护的力度不断加大,我国商人对基本国情的熟知以及对机遇与风险的高度敏感决定其成为国民经济发展的重要力量,让其参与改革,无疑对优化国企治理产生了非常积极的效应。

---

〔1〕 蒋大兴指出,混合所有制改革必须合宪。参见蒋大兴:《合宪视角下混合所有制的法律途径》,载《法学》2015 年第 5 期。

〔2〕 缪因知也指出,国家可以对企业的外部行为和内部治理机构进行控制,而不再拘泥于以往的、已然失效的股权控制路径。参见缪因知:《从国企到公共企业的法律调整与所有制调整》,载《交大法学》2017 年第 3 期。

〔3〕 顾功耘指出,十八届三中全会之所以重申混合所有制,是因为国企改革尽管取得了巨大成就,但同时也遇到了前所未有的瓶颈,发展混合所有制是最好的药方,且应改变过去那种利用、控制和改造民资的一贯思路与做法。参见顾功耘:《论国资国企深化改革的政策目标与法治走向》,载《政治与法律》2014 年第 11 期。

总之,以混合所有制改革为基调的制度构建要关注的也不仅是引入多少以及如何引入非国有资本的问题,我们需要在衡量相关因素的基础上更多思考实现混合所有制的不同策略:一是要衡量国有股在企业当前的持股比例以及未来发展趋势;二是要斟酌与策略相关的具体法律制度能否与国企改革相匹配;三是要考虑不同国企的行业属性。然而,在我国当前法律制度框架下,股权利益分离可能遇到诸多理论与实践方面的问题,从宏观层面来看,整个企业公司法的理念与体系也亟待革新。

部分学者倾向于对其中某一种实现途径进行深入研究。例如,对于优先股制度,刘俊海指出,国家优先股制度设计有四大利好,归结起来是国有资产能保值增值、减少国有股权的代理成本、制衡其他股东滥用表决权、杜绝国有股东滥用控制权。[1] 郑志刚认为,优先股制度符合混合所有制改革的逻辑,使国有资本能够扮演没有表决权的“机构投资者”的积极股东角色。[2] 冯果等在研究双层股权结构时认为,在双层股权结构下,国家无须持有过多股权,即可通过表决权控制公司,也不必担心国有资本退出会导致国家控制力的削弱。[3] 赵学刚也早已提议可将股权信托制度运用到国有企业改革当中。[4] 蒋建湘认为,员工持股是国企混合所有制改革的重要形式,法律需明确规定国企员工持股主体的类型,确保员工持股具有一定的影响力,并通过一定方式对员工持股参与予以鼓励。[5]

实际上,所谓改革路径的选择,是对不同企业治理模式的价值判断。这里并不是完全否认持股比例对企业治理优化的重要意义。例如,有研

---

〔1〕 参见刘俊海:《全面推进国有企业公司治理体系和治理能力现代化的思考与建议》,载《法学论坛》2014 年第 2 期。

〔2〕 参见郑志刚:《国企公司治理与混合所有制改革的逻辑和路径》,载《证券市场导报》2015 年第 6 期。

〔3〕 参见冯果、杨梦:《国企二次改革与双层股权结构的运用》,载《法律科学(西北政法大学学报)》2014 年第 6 期。

〔4〕 参见赵学刚:《国有资本股权信托运营制度研究——以国有企业改革为视角》,载《行政与法(吉林省行政学院学报)》2005 年第 5 期。

〔5〕 参见蒋建湘:《国企混合所有制改革背景下员工持股制度的法律构建》,载《法商研究》2016 年第 6 期。

究表明，当非国有资本持股比例处于 30% ~40% 时，非国有性质股权提升绩效的作用最为显著。[1] 只不过，本书倾向认为，单纯强调股权的混合不应是混合所有制改革的时代价值，一个好的企业治理，需要同时顾及多维度的因素。

（二）混合所有制改革中股权架构选择的多元化分析

混合所有制的本质是股权行使方式以及利益享有的多元化，这需要跳出以所有制为中心的既有范式。混改质效的彰显关键看内部治理结构"制衡"的效果。[2] 股权架构不仅要聚焦于持股比例的多寡，还需要审视持股比例以外可能影响企业控制权的其他因素。根据股权之收益权、表决权等不同权益的实现形式，混合所有制改革存在诸多可供选择的路径，诸如优先股、差异化表决权安排、股权信托、黄金股、协议等制度都可能作为改革的选择性规则。

1. 优先股

严格来讲，类别股包含普通股和特别股，而优先股是其中一种特别股。国务院于 2013 年发布的《关于开展优先股试点的指导意见》及中国证券监督管理委员会于 2014 年发布的《优先股试点管理办法》标志着公开公司特别股制度在我国正式走向法制化道路。[3] 自此已有多家上市公司发布优先股发行的公告。[4] 学界对构建特别股制度的意义已有诸

---

〔1〕 参见马连福、王丽丽、张琦：《混合所有制的优序选择：市场的逻辑》，载《中国工业经济》2015 年第 7 期。

〔2〕 参见王悦：《混改：资本视角的观察与思考》，中信出版集团股份有限公司 2019 年版，第 261 页。

〔3〕 改革开放初期我国也曾有公司发行优先股，但由于没有明确的制度支持，这种做法也很快消失。参见张志坡：《论优先股的发行》，载《法律科学（西北政法大学学报）》2015 年第 2 期。此外，非公开公司（这里主要指有限公司）根据现行《公司法》的规定，也存在设置不同类别股的可能性。司法实践中，最高人民法院也同样支持了当事人有关不按出资比例持有股权的契约安排，并准确区分了公司内外部法律关系，这一做法值得肯定。参见深圳市启迪信息技术有限公司与郑州国华投资有限公司、开封市豫信企业管理咨询有限公司、珠海科美教育投资有限公司股权确认纠纷案，最高人民法院民事判决书，（2011）民提字第 6 号。

〔4〕 参见中国农业银行股份有限公司董事会于 2014 年 8 月 15 日发布的《关于优先股发行有关事宜的公告》（临 2014－023 号）。

多研究。[1] 总体而言,该制度在本质上仍是在一股一权原则下设置的特殊规则,以期实现“不同股不同权”之目的,并适应公开公司内部治理趋于多元化、层次化的格局。因此,特别股制度本应是公司自治范畴的问题,那么公司证券法在此中的地位应如何得以体现?

特别股严重关切到股东权利保护问题,指引性的制度供给实属必要。这归结起来至少包括以下内容:第一,明示特别股种类设置的标准,并尽可能丰富其形态,例如,规定公司可根据需要设置优先股、劣后股或其他限制股等;第二,提示不同种类的股东所享有权利的范围,尤其关注利润分配、类别表决权等方面;第三,明确不同种类的股份在发行事宜及公司信息披露义务等涉及程序性规定上可能存在的差异。即要发行何种股份是公司的权利,一旦发行特定种类的股份,就可能附带若干需要遵守的强行规范。日本《公司法》明确列举了股份公司可以选择发行的股份种类,例如,包括附取得请求权的股份、附取得条款的股份等,与此同时,一旦选择发行特定种类的股份,章程还必须同时规定《公司法》列举的相关事项。[2]

其中,应如何确定行使类别表决权之情形,是制度设置的关键问题。以优先股股东为例,由于其一般已获得相对稳定的收益,因此并无涉足公司经营之权;只有当公司行为损害或至少危及其优先权之享有与行使时,才有设置类别表决权之必要,否则将导致股权利益配置失衡,亦过分妨碍公司运营。[3] 相比之下,《优先股试点管理办法》第10条列举了优先股股东可行使类别表决权之情形,但却未明示这些情形应否满足损害

〔1〕 一般认为,特别股制度能够起到促进公司融资、防范敌意收购、优化公司治理等效用。例如,参见任尔昕:《关于我国设置公司种类股的思考》,载《中国法学》2010年第6期;朱慈蕴、沈朝晖:《类别股与中国公司法的演进》,载《中国社会科学》2013年第9期;高岡義幸「種類株式から見た株式会社の設計思想:コーポレート・ガバナンス体制の変化」広島経済大学経済研究論集32巻1号(2009年)35~36頁参照。

〔2〕 日本『会社法』108条参照。

〔3〕 实际上这也是域外立法之普遍规则。例如,日本《公司法》详细列举危及特别股股东的公司行为,倘若特别股发行时未在章程中作出除外规定,则须有特别股东大会之决议。日本『会社法』322条参照。

或至少危及优先权行使的要求,值得商榷。[1] 更值得注意的是,特别股制度设置理应为公司章程作出特殊安排留有足够空间,而非主要依托于法律规定。[2] 山下友信认为,特别股的种类及其内容呈现出柔软化趋势,公司立法不可能全面列示,公司章程在此中能够发挥更大作用。[3] 就目前机制来看,我国特别股制度仍以行政法规、部门规章为主要依据,公司章程能自主规定之事项毕竟有限,这的确是值得反思的策略选择。

优先股制度最重要的优势在于优先股股东可获得相对稳定的持续收益。倘若将国有股转为优先股,那么国家对企业日常经营管理将不多过问,唯独在优先股权利受到影响时,可依章程规定在需要类别股东大会作出决议之事项上享有类别表决权。不过从目前之情形来看,在国企中全面推行优先股制度似乎不切实际,因为国企改革的目标并不只是防止国有资产流失,还要反思如何加强国家对关系国家安全、国民经济命脉的重要行业和关键领域的控制。故而,优先股制度可以考虑运用于非关键行业领域的国企,这些国企也可更积极地引入非国有资本,并尽可能地让其成为企业管理层的核心力量。国家作为优先股股东,在此中更多扮演一种监督者的角色,除表决权受到限制以外,其他包括知情权、质询权等在内的股权权能之行使并未受到影响,因此即便国家在这类企业中"退居二线",也不会引起较大的治理风险。

2. 差异化表决权安排

如前文所述,我国当前已开始在科创板践行差异化表决权安排的制度。法律文本没有直接使用"双层股权结构"之称谓。相比之下,差异化表决权安排之外延更广,也为日后选择性规则的扩化留足空间。

---

〔1〕 相关评述可参见刘胜军:《类别表决权:类别股股东保护与公司行为自由的衡平——兼评〈优先股试点管理办法〉第10条》,载《法学评论》2015年第1期。

〔2〕 例如,日本《公司法》在特别股制度构建方面给公司章程留有极大的自由空间;美国大多数州(以特拉华州为典型)的《公司法》都默认股东可以通过协议等方式对股权利益加以调整,从而设置各式各样的类别股。日本『会社法』109、321条参照;See Lawrence A. Hamermesh, *The Policy Foundations of Delaware Corporate Law*, 106 Columbia Law Review 1749(2006)。

〔3〕 山下友信『商事法の研究』(有斐閣,2015年)27~28頁参照。

双层股权结构滥觞于美国,试图在不阻碍普通股股东行使表决权之前提下增进控制股东对公司决策的影响力,维持公司权力核心之稳态。相比特别股制度,双层股权结构在抵御敌意收购方面也更有成效。加藤贵仁认为,这种在应对敌意收购中产生的所谓违背一股一权原则的策略,是将股东平等原则置于公司利益框架下进行理解,在本质上完全符合公司法基础理论之要义。[1] 但该结构在一开始遭到纽约证券交易所的禁止,认为这与一股一权原则完全背离。[2] 如今,从全球主要证券交易所之实况来看,尽管对双层股权结构表示认可的公司越来越多,但真正采用该结构的公司数量相对较少。即便如此,双层股权结构乃至整个差异化表决权安排在当前我国商业实践中都有较大的制度需求。以股东为中心的公司治理模式影响深远。尤其是作为改革开放以来第一批走向世界的民营企业,创始人将更加在意其在公司发展中所起到的决定性作用。相应地,这些科技创新公司的创始人在中国境内也涉及如何保有控制权的问题。拓宽融资渠道又是公司进一步发展的一大前提,但大量发行普通股无疑会稀释创始人的控制权,尤其是机构投资者对全球公司治理的渗透,双层股权结构似乎成为创始人与机构投资者之间博弈的一种选择。[3] 尽管双层股权结构可能存在压迫普通股股东、加重监管

---

〔1〕 加藤貴仁「株主間の議決権配分:一株一議決権原則の機能と限界」商事法務(2007 年)444 ~450 頁参照。

〔2〕 See Joel Seligman, *Equal Protection in Shareholder Voting Rights: The One Common Share, One Vote Controversy*, 54 The George Washington Law Review 687, 699(1986).

〔3〕 诸多研究证明,在股东行动主义之背景下,机构投资者更倾向于投资未采用双层股权结构的公司,以发挥其在公司决策上的影响力。香港证券及期货事务监察委员会于 2015 年 6 月 25 日也曾发表声明,称证监会董事局一致决定不支持以不同投票权架构在香港联合交易所作主要上市的建议草案,这一决定同样受到机构投资者的影响。当然,机构投资者对公司发展来说也可能是一把"双刃剑",创始人可根据自身公司发展需要,权衡双层股权结构在其中可能起到的作用。参见《证监会就联交所有关不同投票权架构的建议草案发表声明》(2015 年 6 月 25 日); See Gabriela M. Engler Pinto, *Why They Persist? An Analysis of Dual Class Structures and the Unification Process in the U. S. and Brazil*, 10 DIREITO GV Law Review 23, 37(2014); See Grant M. Hayden & Matthew T. Bodie, *One Share, One Vote and the False Promise of Shareholder Homogeneity*, 30 Cardozo Law Review 445, 471(2008)。

部门负担等问题，[1]但这不应当成为妨碍制度创新的理由。

双层股权结构能使国家控制与国有资产之间的恒定关系得以改变，也能更大程度地鼓励非国有资本参股。该结构的运用能够改变诸多以资本为中心的陈旧理念，促使国企治理更加符合现代公司法基础理论之要义。关键行业领域之国企改革可考虑引入该结构，即便在持股比例上不占优势，也不会失去对企业的控制权。然而，运用双层股权结构需要斟酌的问题是，内部人控制本身就是当前国企改革中的一个难点，其中存在的问题也可能由于双层股权结构被滥用而愈加严重。此外，优先股制度在我国仍处于试验阶段，双层股权结构的机制构建未必能在短期内通过修改《公司法》或《证券法》的方式得以确立。是以，该结构可暂且以若干上市国企作为试点，由相关部门适时推出具体可行的法规规章，并结合上市规则共同规制国企在信息披露等方面的内容，亦为较为理性的策略选择，从而推动立法改革的进程。当然，双层股权结构只是差异化表决权安排的常规策略，规则构建还可适时引入更具层次化的选择性规则。

3. 股权信托

典型的股权信托主要有股权收益权信托[2]及表决权信托两种。

首先来看股权收益权信托。我国自2001年《信托法》颁布以来，已有多家公司推出股权收益权信托业务，并在不同类型的公司都可能有所开展。[3] 股权收益权信托就是股东将其名下股权中的收益权移转给受托人，受托人根据信托协议以自己的意思管理、处分收益权的行为。股

---

〔1〕 当然，所有机制都不可能没有潜在的风险，制度引入需同时考虑设置风险防范机制。有学者认为，引入双层股权结构需同时强化公司的信息披露义务，公开说明采用该结构的必要性，并建立类仲裁纠纷解决机制等。这些建议值得参考。参见陈若英：《论双层股权结构的公司实践及制度配套——兼论我国的监管应对》，载《证券市场导报》2014年第3期。

〔2〕 "收益权"与"受益权"的称谓在理论与实践中都有使用，两者并无本质差别，本书统一使用"收益权"一词。

〔3〕 例如，中泰信托有限责任公司曾推出《中路股份(600818)股权收益权投资集合资金信托计划》，载中泰信托网，http://www.zhongtaitrust.com/cn/fortune/products/fortune_content.jsp?id=32&type。

权收益权信托在金融业发展中渐次成为一种非常重要的投融资途径,其可以在不影响公司正常经营的前提下尽可能满足当事人对股权收益最优化之利益需求。这一操作的主要风险点在于如何将股权收益权信托与借贷相区别。尽管《信托法》的规定对信托财产是否发生所有权转移态度模糊,但从实践来看,倘若当事人之间不实现收益权之让渡,信托关系也难以建立,故而信托业务也通常按照信托制度的基本原理开展。同时,股权收益权信托大多是企业之间的投融资行为,长期以来,企业借贷仍是一个较为敏感的议题,其牵涉法律关系是否有效。而即便被确认为有效的借贷关系,也可能由于收益超出相关规定所确定的利息上限而难以获得全面保护。司法实践中,法院确定股权收益权信托效力的重要标准也在于收益权是否已经转让,一旦收益权仍由股东享有,那么这种所谓的信托关系就可能被认定为借贷关系。〔1〕

其次再来看表决权信托。表决权能否设定信托在大陆法系国家可能存在较大的理论冲突,其关键问题在于表决权信托的载体是什么。学界对此主要存在两种看法,有学者认为表决权信托当然以表决权为载体,〔2〕但亦有学者认为其载体是股权。〔3〕 两种观点的冲突在于如何确定信托关系中的信托财产。以表决权为载体的观点认为表决权本身就是财产权,而认为必须以股权整体作为信托财产的观点则是建立在作为一种人身权的表决权不能成为信托财产的基础上。后者观点源于 20 世纪上半叶股权不可分论,其认为没有获得利润分配权的受托人不可能真

〔1〕 例如,在个案中,当事人在《信托融资合同》中约定,委托人向受托人支付固定金额的溢价款、期限届满后支付固定金额的本金,违约时支付利息、复利的合同权利义务,但未实际转让股权收益权,法院最终将其认定为借贷关系。参见新华信托股份有限公司与宁波市强人置业发展有限公司、叶某甲、叶某乙金融借款合同纠纷案,重庆市高级人民法院民事判决书,(2014)渝高法民初字第 00045 号。

〔2〕 参见郇志茹:《表决权信托之理论正当性证明》,载《法学》2007 年第 10 期。

〔3〕 参见覃有土、陈雪萍:《表决权信托:控制权优化配置机制》,载《法商研究》2005 年第 4 期;赖源河、王志诚:《现代信托法论》,中国政法大学出版社 2002 年版,第 78 页。

正关注公司前程。[1] 在日本,表决权信托的合法性如今已无多大争议——虽然表决权具有人身属性而无法转让,但是股权的财产属性又使其具有极大的可操作性,故而学界一般认为表决权与股权整体不可分离,连同利润分配权等一同设置信托的行为才是有效的。[2] 应当注意,这一看法已不符合当代公司法理论之发展潮流。大陆法系国家在引入源于英美法系的信托制度时不得不重新思考其在整个法律体系中的地位以及与既存制度之间的磨合问题。然而,日本学界为避免信托制度与人身权制度发生冲突而索性不允许单纯的表决权信托,实属因噎废食之举。表决权不是独立的权利,而只是股权的一项权能,其所体现的股权人身利益更不能与民法中的人身权相提并论。更为理性的解释或许是,所谓表决权信托只是假借信托之名而成立的特殊法律关系,这一称谓早已约定俗成,便不宜修正,但这一过程要完成的不是所有权让渡,而是必要的登记程序甚至是股东资格的变更。因此,这一特殊法律关系的成立不仅需要委托人与受托人达成信托协议,还需要经过股东资格变动的相关程序。例如,是否需要征得公司同意、变更股东名册记载及公司登记机关登记等事项。

股权信托对优化国企治理的意义也不容忽视。如以表决权信托为例,一方面,在确保国有股收益稳定的前提下,国家可将股权表决权转由专业的信托公司或职业经理人行使,这对改善国企治理环境也不无裨益;另一方面,在引入非国有资本乃至外国资本时,参股人的表决权也可通过一定的方式转由国家行使,以确保国家对企业的控制权。股权信托在国企控制权争夺中已有效果显著的案例,早在2002年,青岛啤酒股份有限公司在引入外资的同时为了保持国有股控制权,双方约定外资方安海斯-布希公司超出20%的股权之表决权将通过表决权信托的方式授

---

〔1〕 See Maurice Finkelstein, *Voting Trust Agreements*, 24 Michigan Law Review 344, 345 (1926); Gary D. Berger, *The Voting Trust: California Erects A Barrier to A Rational Law of Corporate Control*, 18 Stanford Law Review 1210(1966).

〔2〕 吉本健一「議決権信託に関する若干の法的問題点」阪大法学総95号(1975年)69頁参照。

予青岛市人民政府国有资产监督管理委员会行使。[1] 如此一来,尽管从持股比例来看,外资方是第一大股东,但国家在企业中的控制权并未改变。与此同时,股权收益权信托也有可能实现国有股保值增值的目的。例如,限制流通的股权可在不引起股权变动的前提下据此满足融资需求。

4. 黄金股

黄金股制度也是一种确保国家控制权的策略选择。自 20 世纪 80 年代以来,该制度在欧盟诸多国家盛行,成为政府在私有化浪潮中维护国家利益及其独立性的重要手段。[2] 黄金股可被视为一种特权优先股,但与优先股制度存在本质差异,黄金股股东(一般就是国家)可能仅持有极少量股甚至是一股,并不享有财产利益,却可能行使足以影响公司决策的特殊权利。同时,这种权利并非在其利益受到影响时才能行使,也不属于类别表决权,而往往是对章程列明之事项享有一票否决权。这一制度构建对关键行业领域需要大量融资支持的国企之改革具有重要参考意义,也有利于积极应对敌意收购,尤其是抵御外资对关键行业领域的过分渗透。[3] 而国家影响企业的途径也可因此从资本控制、日常经营决策向引导、监管的思路转变。制度构建之重点主要有两点:一

---

〔1〕 由于受到外资方自身所涉之并购等因素的影响,青岛啤酒的股权结构与公司治理在这十几年来一直处于变动之中。但表决权信托的运用无疑起到非常重要的作用。参见郑国清:《青啤股权结构将调整》,载《市场报》2002 年 10 月 25 日,第 1 版;谢鹏:《青啤股权博弈》,载《南方周末》2009 年 5 月 21 日,第 1 版。

〔2〕 See Alice Pezard, *The Golden Share of Privatized Companies*, 21 Brooklyn Journal of International Law 85(1995).

〔3〕 由于担心日本经济崛起会有日本公司对美国企业大肆并购,美国于 1988 年通过《Exon-Florio 修正案》赋予总统对外国在美国进行企业并购是否影响国家安全之调查权,其功能与黄金股制度类似。当然,这也对中国公司在美国投资形成诸多障碍。例如,2012 年奥巴马总统对三一集团及其美国关联公司罗尔斯公司在收购四个美国风电项目时签发了总统禁令,该案直至 2015 年 11 月才达成和解,美国外国投资委员会已认定罗尔斯公司在美进行的风电项目收购交易不涉及国家安全问题。参见文兵:《"三一集团诉奥巴马案"全面和解 破局中企海外维权》,载中国新闻网,http://www.chinanews.com/cj/2015/11-05/7608287.shtml;小塚荘一郎「公益を理由とした株主の権利の制約:黄金株に関する欧州裁判所判決の教訓」上智法学論集 52 巻 1・2 号(2008 年)34~37 頁参照;See Cecilia M. Waldeck, *Proposals for Limiting Foreign Investment Risk under the Exon-Florio Amendment*, 42 Hasting Law Journal 1175(1991)。

是如何确定行使一票否决权的情形，通常需聚焦于企业经营范围、重大投资、并购等方面；二是考虑是否需要设置权利行使的期间，以防止国家对企业的过度干预。日本《公司法》在特别股制度中设置了一种所谓附否决权特别股，其功能与黄金股类似，但其适用情形及期间则由公司章程规定。[1] 值得注意的是，欧洲法院对各成员国涉及黄金股的法律纠纷大多持否定态度，这主要是受到欧盟力求维护资本自由流动的影响，国家在与公司发生法律关系时将被视为私法主体，不应享有特殊权利。[2] 况且，这种为了规制政府行为的策略也不能被简单理解为是对一股一权原则的坚持。[3] 更重要的是，国家参股所蕴含的公法意味客观存在，并不因私法主体之理论假设而被轻易改变。[4] 特殊权利也往往与特殊义务相对应，只要对政府信息公开、听证等程序性规定加以完善，就不会造成国家、公司及其他股东之利益失衡。[5]

此外，冯果等认为，黄金股制度可能导致政府控制权的行使走向两个极端：一是可能囿于监督成本而缺乏对企业进行管理的动力，从而怠于实施有效控制；二是可能表现得过于积极，致使滥用控制权的风险大增。[6] 该观点值得商榷。一方面，任何缺乏监督规则的制度都可能走向极端，这并不是黄金股制度的特殊之处。公司在设置黄金股制度时，

---

〔1〕 有学者认为，选定代表董事、股份及债券发行、重要资产受让等情形可作为否决权的对象。江頭憲治郎『株式会社法』(有斐閣，2015 年)163 ~ 164 頁；日本『会社法』108 条参照。

〔2〕 See Larry Catá Backer, *The Private Law of Public Law: Public Authorities as Shareholders, Golden Shares, Sovereign Wealth Funds, and the Public Law Element in Private Choice of Law*, 82 Tulane Law Review 1801 (2008).

〔3〕 See Gert-Jan Vossestein, *Volkswagen: the State of Affairs of Golden Shares, General Company Law and European Free Movement of Capital*, 5 European Company and Financial Law Review 115, 129 - 131 (2008).

〔4〕 小塚莊一郎「公益を理由とした株主の権利の制約：黄金株に関する欧州裁判所判決の教訓」上智法学論集 52 巻 1・2 号(2008 年)9 ~ 44 頁参照。

〔5〕 我国也早有运用黄金股制度进行国企改革的实践，国家转让大部分股权而享有重大事项否决权，以维护公共利益。例如，2007 年哈尔滨市中庆燃气有限公司股权转让案，参见赵彤刚、王光平：《中庆燃气股权挂牌 哈尔滨市国资委保留 1% 金股》，载新浪财经网，http://finance.sina.com.cn/chanjing/b/20070730/05353831144.shtml? from = wap。

〔6〕 参见冯果、杨梦：《国企二次改革与双层股权结构的运用》，载《法律科学(西北政法大学学报)》2014 年第 6 期。

投资各方应当进行充分有效的磋商,并通过协议或章程对相关内容予以明确。同时,将来立法也可列示可以行使一票否决的情形或者不能行使一票否决的情形,这同样是风险防范的有效举措。另一方面,国有资本究竟要撤出多少比例,是否存在全部撤出的可能,对这些问题的回应必须考虑国有企业本身所处的行业和领域,也要省察国有资本的层级,即要符合分类推进、分层推进的要求,不能一概而论。

5. 协议

由于改变股权行使的固有模式在当前法律环境下仍存在诸多障碍,在未破解这些障碍之前,通过订立协议的形式进行特殊利益安排是一种流行的投资策略。这在混合所有制企业中同样存在广阔的运用空间。兹就表决权拘束协议与一致行动制度对此予以介绍。

表决权拘束协议之称谓源于日本,一般是指"股东与其他股东约定,于一般的或特定的场合,就自己持有股份之表决权,为一定方向之行使所缔结之契约"。[1] 实践中,无论是在上市公司还是在非上市公司,投资者之间都可能存在不按出资比例行使表决权的利益安排。

有判决认为一致行动人协议就是表决权拘束协议,这一看法值得商榷。[2] 本书认为,两者不能混为一谈。一致行动制度多见于证券法,尤其是在上市公司的收购及相关股份权益变动活动中予以探讨才显现其意义。中国证券监督管理委员会在2006年修订《上市公司收购管理办法》(最后一次修订是在2020年)时增设了一致行动制度,其第83条第1款规定,一致行动是指投资者通过协议、其他安排,与其他投资者共同扩大其所能够支配的一个上市公司股份表决权数量的行为或者事实。同时,该条第2款以列举方式进一步明确,如无相反证据,存在关联关系的投资者将被视为一致行动人。因此,在特定情形下,即便当事人之间并未订立协议,又或是他们并不承认互为一致行动人,监管机构也可根据实际情况对其予以认定。从这一规定来看,一致行动制度的设置初衷

---

〔1〕 森田果「株主間契約(一)」法學協會雜誌118卷3号(2001年)402頁参照。

〔2〕 参见前文提及的"华电公司案"。

更多是迎合监管的需要,其主要应用于收购监管,防止收购人借助不同"马甲"来分散持股,掩盖收购意图或规避其他收购监管措施。[1] 进而,通过合并计算一致行动人所持有的股份,信息披露义务的主体也得以明确。[2] 可见,一致行动制度的设置,是为了防止股东滥用权利,其要义不在于关注协议本身的效力问题,而在于这种关系究竟会对市场产生何种负面效应。换言之,一致行动制度不是为了维护乃至扩张当事人的权益范围,恰恰相反,其本意在于划定当事人的权益边界。故而,实践中投资者之间主动订立的一致行动协议,其实准确的说法就是表决权拘束协议,但一致行动制度归根结底是一种监管策略,与表决权拘束协议有别。

表决权拘束协议的效力应如何认定,存在一定的争议,这也是混合所有制改革中选择该路径需要考量的因素。除美国对类似协议采取过分宽容的态度外,其他国家和地区在对待协议影响公司治理的问题上仍极为谨慎。否定表决权拘束协议效力的理由可能是认为这种协议对小股东不公平,也与公司法有关决议规定之原意相左,甚至与公序良俗原则相背离,这实属因噎废食之举。除非协议本身已明显具有负外部性;否则,运用公序良俗原则对协议效力予以评判似有不妥。进而,立足于公司法视角,倘若规则本身没有就协议效力问题作出明确规定,那么单纯为了维护公司治理的独立性而否定协议效力也似有逾越。

对此,英国的做法更值得注意:违背协议的救济可能仅限于赔偿,而不能要求强制执行;公司也不能承诺接受违背公司法事项的拘束。[3] 由此可见合同法与公司法应有区隔:其一,原则上承认协议的有效性;其二,违约责任承担方式的选择需考虑公司法的特性。即协议效力认定的主要依据是合同法,除非公司法对于特殊协议的效力认定已有明确规定。至于协议目的的实现途径,因为多有涉及公司治理的内容,则有必

〔1〕 参见刘燕、楼建波:《企业并购中的资管计划——以 SPV 为中心的法律分析框架》,载《清华法学》2016 年第 6 期。

〔2〕 参见谈萧:《一致行动人的比较法考察》,载《证券市场导报》2006 年第 6 期。

〔3〕 参见[英]保罗·戴维斯、莎拉·沃辛顿:《现代公司法原理》(上册),罗培新等译,法律出版社 2016 年版,第 77 页。

要省察公司法是否就协议条款的履行划定了边界。我国《民法典》第577条规定了继续履行、采取补救措施或赔偿损失等承担违约责任的多种方式,进而第580条是要求继续履行的除外规定。其中,表决权行使明显属于所谓的"债务的标的不适于强制履行"之情形。因此,表决权拘束协议一概被认定为无效的确不妥,但有效的协议并不意味其必定可强制执行。如此区隔,本质上体现的是两种相互独立的法律关系,既可防止协议"杀死"决议,也能遏制决议对当事人自由进行利益安排的不当干涉。故而,此种路径选择可能存在一定的制度风险,即只能产生合同法效果,而不能产生组织法效果。

当然,从总体来看,以协议方式调整股权利益的享有与行使依然存在较大的制度风险,理应审慎采用。

(三)分类推进改革的路径选择

根据国务院《关于国有企业发展混合所有制经济的意见》的规定,所谓分类推进,是指在混合所有制改革过程中,根据主业所处行业和领域的不同,对企业采取差异化的改革进路。国有企业功能界定与分类是新时期深化国有企业改革的重要内容,国务院国资委、财政部、国家发改委于2015年联合发布的《关于国有企业功能界定与分类的指导意见》对此有较详细的规定。此番改革主要包括以下三个维度:第一,稳妥推进主业处于充分竞争行业和领域的商业类国有企业混合所有制改革;第二,有效探索主业处于重要行业和关键领域的商业类国有企业混合所有制改革;第三,引导公益类国有企业规范开展混合所有制改革。相比之下,第一个维度是目前改革的重心,同时,学界对公益类国有企业如何改革仍存在较大争议。

1. 商业类国有企业的改革及其留意点

商业类国有企业根据所处行业和领域的不同,在进行混合所有制改革时的路径选择也会有所差异。

一方面,对于主业处于充分竞争行业和领域的商业类国有企业,应按照市场化、国际化要求进行改革,促使企业成为真正的市场主体。从股权结构来看,这类企业可考虑充分引入在同类行业和领域中具有较大影响力的内部治理优良的非国有企业作为战略投资者,这样既可增加企业资本以便进行扩大生产经营,也可吸取其优秀的运营管理经验,提升企业效率。此外,对于该类企业来说,国家并不必然需要通过控股来实现国有资产的保值增值。因此,只要确保国有股权能够获得合理收益,企业的控制权完全可以交由非国有资本行使,股权信托、优先股等机制也都可以在此领域得以充分运用,同时可以配之以黄金股制度,确保国有股权能在特定重大问题上享有一票否决权。

另一方面,对于主业处于关系国家安全、国民经济命脉的重要行业和关键领域及主要承担重大专项任务的商业类国有企业,在进行混合所有制改革时应当保持国有资本控股地位。首先,根据具体行业和领域的特殊性,可考虑将部分企业中的国有股权由国有独资或绝对控股转变为相对控股。当然,相对控股也不必然简单地通过一定持股比例来实现,协议等方式同样存在可行空间。其次,在不影响国有资本控股地位的前提下,对于特定基础设施、基础数据采集利用等领域,还可支持非国有企业参与特许经营与政府采购。最后,除去核电、军工等领域,绝大多数重要领域仍存在引入非国有资本的巨大空间。对于重要领域当中资金相对短缺的企业,可以采取定向增发的方式,新加入的非国有资本可作为优先股股东;又或者约定其股权须设置表决权信托,并由国有股股东代为行使其表决权,非国有股股东在此条件下享有公平的收益权。这一安排也符合股权利益分离的一般原理。当然,双层股权结构、黄金股等新机制由于淡化了投资比例与决策权重之间的必然联系,其实更符合这类企业的改革需求。但这些制度的推广必须首先得到充分的法律规则支撑,而这在目前仍难以实现。

2. 公益类国有企业的改革及其留意点

公益类国有企业需要着重彰显企业的公共性。基于日益膨胀的企业权力,企业公共性问题也渐次受到学界重视。其中,尤以公司对国家治理的影响最明显，以至于罗特科普夫称之为“权力公司”（Power Inc.）。[1] 企业的权力究竟源于何处？邓峰认为，公司资本社会化和组织层级化带来了整体社会生活的公共化。[2] 由此延伸，可推演出企业权力的两个来源：其一，在企业内部，由于科层关系的存在，企业的章程、基本管理制度、具体规章的效力涉及制定者以外的其他人员。与企业内部管理机构在决策时通常采用民主决议制不同，管理者与员工之间更多体现为控制与服从的关系，组织运作大大限缩了主体之间通过合同进行权利义务配置的空间。工会的确也彰显出相当程度的民主色彩，但正如薄大伟指出的，在消除了工人与所有者的对立后，工会更多是国家治理的一种手段，扮演的是为国家利益服务的角色。[3] 这更是超出了个人利益的范畴。其二，在企业外部，企业为了扩大生产经营或防止资金断链难免需要广泛吸纳社会资本，认股人以及各类债权人的权利实现深受企业行为的左右，再加上企业生产经营涉及安全卫生、环境保护等一系列问题，企业的外部性也由此凸显。一旦内部控制与外部影响累积到一定量级，权力也就出现了。企业既然不可避免地拥有权力，那么就不得不承担与之相应的责任。改革开放之初的国有企业改革之所以问题重重，其中一项重要原因就是在扩大企业自主性的同时没有建立必要的监控机制。[4] 总之，唯有在企业与国家之间找到权力配置的平衡点，才能真正形成国家、企业、社会、个人之间的良性机制。

彰显企业公共性的一项重要策略是构建公共企业。对此，学界存在

---

〔1〕 中文版翻译为“权力组织”。See David Rothkopf, *Power, Inc.: The Epic Rivalry Between Big Business and Government—and the Reckoning That Lies Ahead*, Farrar, Straus and Giroux, 2012. 参见［美］戴维·罗特科普夫：《权力组织：大公司与政府间历史悠久的博弈及前景思考》，梁卿译，商务印书馆2014年版。

〔2〕 参见邓峰：《普通公司法》，中国人民大学出版社2009年版，第15页。

〔3〕 See David Bray, *Social Space and Governance in Urban China: The Danwei System from Origins to Reform*, Stanford University Press, 2005, p. 101.

〔4〕 20世纪80年代的改革的确使企业本身有发展，但整个经济并没有太大改善，企业一定程度上的利润保留权使政府税收减少，赤字、通胀接踵而至，改革被迫中止。参见［英］罗纳德·哈里·科斯、王宁：《变革中国：市场经济的中国之路》，徐尧、李哲民译，中信出版社2013年版，第66～70页。

两种不同的看法：其一，将国有企业改造为公共企业；[1] 其二，企业公共性与所有制无关，而与是否提供公共产品有关。[2] 结合我国现实国情，后一种看法可能更合理。

将国有企业改造为公共企业的观点，可能需要斟酌以下几个方面：首先，国有企业的商事性质不可能也不应当被完全驱除。如今，我国的国有企业在参与全球商业竞争过程中具有不可替代的地位及意义。根据《财富》于2021年发布的最新世界500强排行榜，中国（不含澳门特别行政区、台湾地区）上榜企业135家，其中约80%的企业为央企或地方国企。[3] 可以说，国有企业的商事性质并不主要是公司制改革导致的，只要与国民经济发展命脉紧密相连，商事性质作为国有企业（至少是一部分国有企业）的一项重要特征就无法驱除，商业类国有企业至少在很长一段时期依然是我国保持经济稳定增长的核心引擎。其次，仅由国有企业呈现公共性并不符合社会发展的需求。由于我国社会中介力量不强，国家或代表国家的企业肩负了过多的使命，这极易导致国家利益与公共利益相混淆。同时，维护公共利益本身就不只是国家的责任。公共利益与社会发展紧密相连，也与每个公民息息相关，故而，个人以及非国有企业也同样有必要参与其中。再次，混合所有制改革本身也需要提升非国有资本参与公共产品之生产及分配的可能性。尤其是在水电气热、公共交通、公共设施等提供公共产品和服务的行业和领域，可以根据不同情形积极推进投资主体多元化。公益类国有企业与社会治理密不可分，其质效之确保也必须借助社会的强大动能。最后，公益类国有企业的发展也将对非国有的公益类企业的成长发挥良好的示范性作用。

从长远来看，制定一部公共企业法，以单独而有针对性地调整公共企业的组织和行为，势在必行。如今，公共企业的构建之首要问题是如

---

[1] 参见蒋大兴：《国企为何需要行政化的治理——一种被忽略的效率性解释》，载《现代法学》2014年第5期。

[2] 参见胡改蓉：《论公共企业的法律属性》，载《中国法学》2017年第3期。

[3] 参见《2021年〈财富〉世界500强排行榜》，载财富中文网，http://www.fortunechina.com/fortune500/c/2021-08/02/content_394571.htm。

何重新对法人进行分类,即单纯以营利性标准作为区分的做法应有所改变。按照传统理解,企业天然地以营利为目的,而显而易见的是,公共企业又不能归类为营利法人,这无疑存在分类上的矛盾。日本为突出类似企业的非营利性,一般将其称作"事業",如"公益事業"等。[1] 不过这一称谓与我们对于"事业"的一般理解有别,也难以和"事业单位"相区分,故不宜借鉴。对此,可能的改革进路至少有以下三种:其一,彻底改变对企业的理解,将公共企业置于非营利法人之下;其二,打破以营利性标准进行的区分,代之以公法人、私法人及特殊法人的分类;[2] 其三,扩充当前分类中特别法人的范畴。相比之下,第三种进路更为可取。第一种进路忽视了心理认同的因素,况且,立法不宜完全禁止公共企业营利。营利本身能够促进企业发展壮大,有利于企业更好地提供公共产品,只是公共企业不能以营利为目的,同时,所取得利润不得或不能主要作为对投资者的分配。第二种进路从立法成本的角度来看并不妥当,《民法典》所确立的法人分类不是立法的应急举措,而是经过长期争辩及论证的成果,贸然大改也有损法律权威。同时,公法人与私法人的分类也并未很好地解决公共企业的地位问题,公私兼具之特性决定了公共企业只能归于特殊法人之列。故而,在当前特别法人当中增加有关公共企业的规定,既不破坏现行分类,也不颠覆对企业的传统理解,还能凸显公共企业法作为企业法的特别法地位。

(四)分层推进改革的路径选择

根据国务院《关于国有企业发展混合所有制经济的意见》的规定,所谓分层推进是指在进行混合所有制改革的过程中,根据国有资本层级的不同,对企业采取差异化的改革进路。一方面,改革将分别针对子公司和集团公司两个层面推进改革,前者侧重于"引导",后者侧重于"探索";另一方面,不仅中央层面要进行改革,地方也要从实际出发推进改

---

[1] 小石川裕介「近代日本の公益事業規制——市町村ガス報償契約の法史学的考察」法制史研究 59 巻(2010 年)113 頁参照。

[2] 参见胡改蓉:《论公共企业的法律属性》,载《中国法学》2017 年第 3 期。

革。兹就前一个方面予以详细分析。

1. 子公司层面改革路径的多样化

由于子公司层面并未触及集团公司的核心控制权问题，改革往往可以先行一步，并尽可能地深入进行。因此，在路径选择方面，子公司层面的改革也理应更多样化，以迎合技术创新、管理创新、商业模式创新的需求。

子公司层面的改革可充分引入非国有资本，促使股权结构多元化。同时，积极开展员工持股计划，让广大员工成为“所有者”，也是子公司层面改革的妥善之举。而就目前的法律环境来看，子公司层面的改革还可采取优先股制度、股权信托等策略。在有限责任公司形式下公司还可依照《公司法》第42条的规定设置黄金股制度；至于在股份有限公司场合，该制度设置仍有较大障碍。

就当前实践来看，诸多国有企业改革也的确是从其子公司开始的。例如，东航物流子公司于2017年6月进行了混合所有制改革，引入4个外部投资者——联想、普洛斯、德邦、上海绿地，4家共计持有东航物流45%股份，同时，核心员工也持有公司10%股份。之后，东航集团也充分吸取子公司的经验，深入开展混合所有制改革。[1] 因此，子公司层面积累的改革经验，也可能对集团公司的改革带来积极影响。倘若集团公司无法在短期内实现混合所有制，那么先从其子公司进行试验，也是目前情势下较为稳妥之举。

2. 集团公司层面改革路径的审慎选择

联通混改之所以如此引人注目，是因为这是在改革之初就从集团公

〔1〕 2020年10月12日，东航集团在北京与财政部所属的中央金融企业中国人寿保险（集团）公司、上海市国资委所属的上海久事（集团）有限公司以及两家中央企业中国旅游集团有限公司和中国国新资产管理有限公司签订协议，引入新增资金310亿元，成为多元股东的央企集团。参见王潇雨、黄兴利：《东航集团混改落地 引资310亿拟逆市做大航空主业》，载华夏时报网2020年10月12日，https://www.chinatimes.net.cn/article/100806.html。

司层面进行的为数不多的尝试。[1] 如前所述，根据官方文件的定调，集团公司层面的改革重在探索。这也是符合现实情况的。其一，集团公司层面的控制权关系整个集团的生死存亡，倘若是重要行业和领域的企业，那更是与国家经济命脉紧密相连，这类企业在引入非国有资本时更需注意。其二，从目前来看，集团公司的市场化程度普遍不高，在进行混合所有制改革过程中宜缓不宜急；否则，匆忙引入所谓先进治理模式，效果可能适得其反。其三，集团公司目前行政化治理程度也往往较高，改革的首要任务可能不是迅速地引入非国有资本，而是要回应如何妥善处理政府与企业关系的问题，只有在妥善处理问题之后，谈及优化内部治理才有意义。但是，审慎改革不是不改革。就当前情形而言，集团公司层面的改革可留意以下两个方面：

一方面，股权结构多元化可首先从国有资本的多元化出发。一股独大，甚至是国有独资，都常常会引发严重的内部治理问题。通过引入其他国有资本，丰富集团公司的股权结构，相互制衡并相互吸取管理运营经验，也不失为优化国有企业治理的一项对策。尤其是，企业在引入其他国有资本时还可有意识地关注那些已经参与混合所有制改革的主体，充分借鉴其混改经验，为本企业日后的改革做好充分的准备。

另一方面，集团公司与战略投资者之间可深化资本渗透，实现一定程度上的相互持股。如前所述，官方文件同样鼓励国有资本向非国有资本渗透，这一点常被忽视。当然，相互持股不应是盲目渗透，否则也将带来治理难题。例如，以主银行制与相互持股为核心特征的日本公司就曾不得不认真回应股权结构多样化的问题。这种以银行为中心的公司控制模式实际上在20世纪90年代就开始有所改变，日本《银行法》还明确规定银行及其子公司取得及保有国内一般行业公司之表决权不得超过

---

〔1〕 参见《中国联通发布混改方案及复牌公告 混改方案亮点纷呈》，载国务院国有资产监督管理委员会网站2017年8月21日，http://www.sasac.gov.cn/n2588025/n2588119/c7765441/content.html。

5%，以降低银行对日本公司之影响。[1] 此外，日本《公司法》设置有股份交换与股份转移制度。前者是指股份公司使其他公司取得其已发行全部股份的行为；后者是指数个股份公司让新设公司取得其已发行全部股份的行为。[2] 这些制度在特定场合也可资借鉴。集团公司与战略投资者之间相互持股，不仅能促进治理经验方面的相互借鉴，还能在控制权方面实现一定程度的制衡，这也有助于确保国家享有集团公司的控制权。

当然，从将来法制发展的角度来看，差异化表决权安排也是可行的改革策略。集团公司往往存在宏量的股权结构，单纯依靠持股比例来行使控制权，无疑增加了国家对企业实施控制的成本，从长远来看也并不利于国有资本的保值增值。

最后，还需注意，分类推进与分层推进并不是完全区隔的两个改革进路。在路径选择方面，两者在特定场合下也有可能存在策略上的趋同。例如，充分竞争的商业类国有企业及子公司层面的改革都可侧重考虑收益的最大化，而关键领域的商业类国有企业、公益类国有企业及集团公司层面的改革由于牵涉公共利益或者国家核心利益，故而从总体上如何优化表决权的行使则成为重点关注的方面。归根结底，没有放之四海而皆准的改革策略，每一个企业都应当充分认识自身的特性，全盘考虑各种路径选择的可能性，并进行审慎的利弊分析，继而选取最有利于企业长远发展的混改之路。

---

〔1〕 日本『銀行法』16 条の3；野村敦子「再考、「株式持ち合い」の功罪」月刊金融ジャーナル55 巻 2 号(2014 年)18 頁参照。

〔2〕 参见[日]神田秀树：《日本公司法中的股份交换与股份转移制度》，朱大明译，载《清华法学》2015 年第 5 期。

第五章 公司治理结构设置的多重选项

股权利益多元化必然会引致不同的治理模式选择问题。实际上,两大法系主要国家都将保障股权利益作为公司立法的一项重要使命,这一般通过公司立法优化公司治理机制得以实现。[1] 传统观点通常认为,全球公司治理模式存在股东会中心主义和董事会中心主义的抗衡。[2] 前者主要是指股东会是公司权力机构,承担公司事务管理的最终决定权,其逻辑在于公司是股东投资的产物,那么对于公司事务的决策权就应当由股东享有;至于后者则主要是指公司一切权力应由董事会行使,或者在其授权下行使,又或者除法律和章程规定为股东会权限的事项外,其他由董事会决定业务执行。如此衍生所谓"剩余控制权"的问题:

---

〔1〕 全球经济学界与公司法学界一直存在究竟哪一法系中的股权利益更加受到保护的争论。例如,著名的 LLSV 组合[著名的 LLSV 组合:拉斐尔·拉波塔(Rafael La Porta)、弗洛伦西奥·洛佩兹·西拉内斯(Florencio Lopez - de - Silanes)、安德烈·施莱弗(Andrei Shleifer)、罗伯特·维什尼(Robert W. Vishny)]就曾经以股权分散程度为轴线论证英美法系因其股权分散程度更高而在保护股权利益方面要比大陆法系更显质效。See Rafael La Porta, Florencio Lopez-de-Silanes, Andrei Shleifer & Robert W. Vishny, *Law and Finance*, 106 Journal of Political Economy 1113 (1998). 这不可避免地受到包括英美法系在内诸多学者的质疑。例如,有学者认为,美国与欧陆的公司法之真正差异在于公司权力分配方面,无所谓孰优孰劣。See Sofie Cools, *The Real Difference in Corporate Law between the United States and Continental Europe: Distribution of Powers*, 30 Delaware Journal of Corporate Law 697(2005).

〔2〕 与之相关的介绍,可参见叶林:《公司利益相关者的法学分析》,载《河北学刊》2006 年第 4 期;马俊驹、聂德宗:《公司法人治理结构的当代发展——兼论我国公司法人治理结构的重构》,载《法学研究》2000 年第 2 期。

公司法或公司章程未明确列明的事项,究竟由股东会还是董事会作出决定? 如果回答是前者,则通常被认为是股东会中心主义;反之,则为董事会中心主义。邓峰认为,是否真的有所谓股东会中心主义之模式是存疑的;古今中外,有公司必有董事会。现代公司从一开始就是董事会中心主义的,并没有从股东会中心主义到董事会中心主义的过渡问题。[1] 学界也有诸多与之相反的观点。例如,钱玉林认为,董事会中心主义不是现代公司的发展趋势,股东大会是最高权力机关,公司的本质决定了股东大会中心主义的地位不会动摇。[2] 对于以上两种观点,需要辩证分析:前者似乎模糊了应然与实然的状态,也未充分考虑不同国家及不同时期公司发展的差异;后者则可能需要进一步明晰公司为谁的利益存在与由谁控制是两个维度的问题。归根结底,治理模式涉及的主要是职权配置问题。就全球各国各地实践来看,的确不存在放之四海而皆准的模式。[3]

我国公司治理模式常被认为采取了股东会中心主义。可以说,虽然我国《公司法》明确规定股东会为权力机构,但这并不意味着股东在作出公司决策时一定会遵照公司程式。从实践来看,股东把持公司治理是绝大多数公司的实态,因为大股东控制公司导致不开会径直作出决定的情形较多。即便是股权结构稍微分散的公司,也经常不按照法定程序直接作出决定,又或者就相关事项先行实施之后再补程序。换言之,《公司法》第 37 条第 2 款规定的所谓书面表决制度被滥用了。所以本书一再强调我国公司以协议替代治理的现象非常严重。将我国公司治理认为是股东会中心主义,这可能只是简单理解域外模式之后的粗糙嵌套。从

---

〔1〕 参见邓峰:《董事会制度的起源、演进与中国的学习》,载《中国社会科学》2011 年第 1 期;邓峰:《中国法上董事会的角色、职能及思想渊源:实证法的考察》,载《中国法学》2013 年第 3 期。

〔2〕 参见钱玉林:《股东大会中心主义与董事会中心主义——公司权力结构的变迁及其评价》,载《学术交流》2002 年第 1 期。

〔3〕 许可认为,究竟是股东会中心主义还是董事会中心主义,各国实际上并无一定之规,我国可以根据具体情势在股东会和董事会之间进行妥当的公司权力分配,这是股东会和董事会“同等主义”的意义所在。参见许可:《股东会与董事会分权制度研究》,载《中国法学》2017 年第 2 期。

实践中不难发现,以股东(而非股东会)为中心才是我国公司的常态——不经过股东会而直接通过协议甚至是根据股东(尤其是大股东及其背后的实际控制人)的意志就决定了公司事务,可谓“股东”中心主义或实际控制人中心主义。因此,在反思公司治理结构如何设置多样化的选择性规则之前,首先应当充分理解我国的两权分离。

一、反思两权分离:公司治理结构优化的前置命题

伯利和米恩斯之经典之作——《现代公司与私有财产》不仅反映了20世纪30年代前后美国公司的发展情况,还成为大半个世纪以来全球公司法之理论与实践的重要基础,两权分离学说由此滥觞、发展。鉴于两权分离之后股东因对公司失控而存在利益受损的风险,学界渐次形成了所谓代理成本理论,[1]并据此将股东至上及股东利益最大化视为公司法的准则(norm),继而构建管理者的信义义务。[2] 可以说,公司治理结构的优化似乎都是在解决两权分离而引致的代理成本问题。我国自改革开放后,对于美国的两权分离学说也开始有所了解。尤其是到了20世纪90年代,建立现代企业制度渐次成为我国经济体制改革的重要梁柱和支点,该制度有一项重要目的,就是实现企业所有权与经营权的分离,即通常所言之两权分离,这深刻影响了当代我国公司法制的构建。[3] 但两权分离究竟是什么,似乎并不十分明确。两权分离还可能指称所有权与控制权的分离。有趣的是,在我国法学研究中,在谈及两权分离时控制权与经营权往往被视为同义语。例如,有研究指出:“公司

---

〔1〕 不少美国企业公司法教材都将代理法(the law of agency)置于极其重要的位置并独立成章。See William T. Allen, Reinier Kraakman & Guhan Subramanian, *Commentaries and Cases on the Law of Business Organization*, Aspen Publishers, 2009, p. 15 – 40.

〔2〕 See William W. Bratton & Michael L. Wachter, *Shareholder Primacy's Corporatist Origins: Adolf Berle and the Modern Corporation*, 34 The Journal of Corporation Law 99(2008); Mark J. Roe, *The Shareholder Wealth Maximization Norm and Industrial Organization*, 149 University of Pennsylvania Law Review 2063(2001).

〔3〕 1993年《公司法》第1条即开宗明义地指出,立法的首要目的是适应建立现代企业制度的需要。

所有与公司经营分离原则，是法学界的通行用法。在经济学界，常称之为‘所有(权)与控制相分离’，这两者没有任何区别。”[1]两者在我国经济学领域也常交替使用。[2] 然而，《现代公司与私有财产》中早已表明控制权与经营权有别：“这种机能上的分离迫使我们重新识别‘控制权’，一方面它与所有权不同，另一方面它又与经营权有别。”[3]更需关注的是，我国的企业实践及制度沿革究竟为我国的两权分离增添了何种内涵。即我们在我国语境下谈论两权分离时，究竟在谈论什么？两权分离本是一个引起代理成本等困境而需要解决的“问题”，在我国实践中却成为一项力求促成的“目的”，此种“问题”与“目的”之间究竟有何种逻辑关联，值得斟酌。换言之，我们在使用“两权分离”一词时，可能是在使用一个与经典含义截然不同的概念，以及形成这一概念的观念也可能存在天壤之别。据此，控制权与经营权究竟有无区别，对这种区别的关注就我国公司治理结构优化而言又有何种意义，值得思索。

(一)控制权 vs 经营权

当今社会发展的速率和范式已然远远超出人类的原初设想。公司在此大背景下得以迅猛发展，股权也因此越来越受到关注，进而成为一种社会时尚与潮流。[4] 伯利与米恩斯在《现代公司与私有财产》中总结并详细分析了控制权的演变过程，并认为公司控制权的形态至少包括五种，经营者控制只是其中一种，而且属于极端形态(参见表5－1)。[5] 也只有在经营者控制的情形下，所有权与控制权完全分离，此时控制权与经营权也才可能实现无缝重叠，从而可以忽略两者存在的差异。

---

〔1〕 梁上上：《股东表决权：公司所有与公司控制的连接点》，载《中国法学》2005年第3期。

〔2〕 参见张维迎：《理解公司：产权、激励与治理》，上海人民出版社2014年版，第27、181页。

〔3〕 See Adolf A. Berle & Gardiner C. Means, *The Modern Corporation and Private Property*, The Macmillan Company, 1932, p. 69.

〔4〕 See Arianna Pretto-Sakmann, *Boundaries of Personal Property: Shares and Sub-Shares*, Hart Publishing, 2005, p. 3.

〔5〕 See Adolf A. Berle & Gardiner C. Means, *The Modern Corporation and Private Property*, The Macmillan Company, 1932, p. 70.

表 5 - 1 控制权形态与分离程度对照

控制权形态	所有权与控制权分离的程度
通过近乎全部所有权实施的控制	几乎不分离
多数所有权控制	就持有少量股票的股东而言几乎分离
通过法律手段实施的控制	就丧失实际控制权的股东而言几乎分离
少数所有权控制	基本分离
经营者控制	完全分离

注:以《现代公司与私有财产》一书相关内容为基础制表。

可经典著作的迷惑性在于,其后续探讨几乎都以经营者控制为中心,因其与美国公司实践完美契合。当然,欧美学者对经营权与控制权的混同问题其实也早有疑问:美国公司的创始人为何会放弃控制权?难道没有办法既分散所有权却又不必将控制权集中到职业经理人手中?妥当的解释可能是,反托拉斯、民粹主义、上流社会的慈善趋向、继承税、投资银行业的复杂性以及股市投资者的潜在规模等都使通过集中股权来保有控制权的努力终归是徒劳,凡是集中,终被打散。[1] 这的确是一个备受争议的话题,然其影响却毋庸置疑,经历漫长岁月的流传与解读,学界已将控制权与经营权不分情形地视为同义语。其中的缘由还可进一步分解为以下两点:一是尽管各国公司类型五花八门,但越来越多的公司立法都趋向以具有公共性特质的一类公司作为普通公司,这类公司由于规模较大,利益相关者较多,内部治理之程式(formality)特征也较为明显,的确更符合经营者控制的理想模型,对于公司法的制度需求也更为强烈。二是在所有权与控制权未得以完全分离的各类情形下,由于股东对公司未失控或未完全失控,故而利害关系主体之间仍有通过合同等自治途径实现权益优化配置的空间,这就并不必然需要诉诸程式化的治理规则。这也与伯利与米恩斯所强调的以下观点相契合:私人的或封

〔1〕 See Marco Becht & J. Bradford DeLong, *Why Has There Been So Little Block Holding in America?* In Randall K. Morck ed., A History of Corporate Governance around the World: Family Business Groups to Professional Managers, University of Chicago Press, 2005, p. 619, 651.

闭性公司时代只有公司而没有公司制度,只有在所有权与控制权产生实质性分离的准公共公司当中才有制度可言。[1]

然而,制度供给与制度需求相辅相成,有关封闭性公司没有形成制度的论证对于全球公司治理及公司立法而言是否具有普适性呢?答案是否定性的。其一,经营者控制影响下的两权分离学说构建与美国公司高度分散的股权结构以及强大的外部市场之间存在高度的逻辑关联。对此,美国的特殊性至今都没有发生本质改变。其二,推及公司类型方面,美国公司法学界对于两权分离的适用范围其实也非常清楚:并非所有公司都强调这种分离,倘若这种分离是现代公司标准治理结构,那么就会因股东和管理者身份的高度重合而使其不适合用以解释封闭性公司的问题。[2] 况且,各国立法尽管都有以封闭性与公共性的标准来区别不同公司的趋势,然而,封闭性公司在诸多国家不但生成了"制度",而且这样的制度还影响深远,其对于经济发展的重要性绝不亚于公共公司。[3] 例如,德国在 1892 年创设了有限责任公司(GmbH),这种人造物正是制度供给的体现。[4] 同样地,中国有限责任公司制度也对不同时期的经济发展起到积极作用。民国时期 1946 年修改《公司法》,创设有限公司,并试图以此强化经济统制,发展国营事业和走计划经济的道路。[5] 1949 年中华人民共和国成立时,约 70% 的中国工业由政府控

---

〔1〕 See Adolf A. Berle & Gardiner C. Means, *The Modern Corporation and Private Property*, The Macmillan Company, 1932, p. 4.

〔2〕 See Jesse H. Choper, John C. Coffee & Ronald J. Gilson, *Cases and Materials on Corporations*, Aspen Publishers, 2008, p. 722.

〔3〕 尤需注意,《现代公司与私有财产》所言之制度是"system"层面的,而非以道格拉斯·诺思为代表的新制度经济学派强调的"institution"。相比之下,"institution"更多是指机构的或组织的制度,尤其是强调受习俗影响而形成的制度;而"system"更多是指体系或系统方面的制度。从"system"的用语来看,经典著作对于公司制度的定义更具局限性:全球视角下,封闭性公司所形成的制度不仅是"system"层面的,还更多体现"institution"的意味。

〔4〕 参见[德]托马斯·莱塞尔、吕迪格·法伊尔:《德国资合公司法》,高旭军等译,上海人民出版社 2019 年版,第 34 页。

〔5〕 参见方流芳:《试解薛福成和柯比的中国公司之迷——解读 1946 年和 1993 年公司法的国企情结》,载梁治平主编:《法治在中国:制度、话语与实践》,中国政法大学出版社 2002 年版,第 285 ~ 286 页。

制,并且超过一半的政府企业采取了有限公司形式,而股份有限公司只占少数。[1] 1993年《公司法》中的有限责任公司规则同样是回应改革需求的制度供给。封闭性公司的制度生成需要公司法有所回应,从而在很大程度上改变了公司法的框架与体例,由此也进一步明晰两权分离对公司法的意义及其解释边界。

对于控制权行使的问题,传统看法还存在这样一种固有成见:分散的股权结构要比集中的股权结构更有利于降低风险。[2] 有学者曾试图以分散风险的视角解构股权,认为这种传统看法在资本市场不断完善之进程中将受到质疑。在不断完善的资本市场中,即便是在较集中的股权结构场合,股东同样可通过各种投资工具来分散风险,并在供给侧(supply side)解构股权时通过解构投资工具而与需求侧(demand side)相适应。[3] 换个角度来看,股权结构的分散程度并无所谓应然状态,其往往是与特定区域之历史文化背景及长期商业实践紧密相连的,是一种客观现象,即实然状态。制度构建不是要刻意改变这种状态;相反,充分理解其背后之根由才有可能构建适合本土的规则。

由此可见,所有权与控制权分离的不同程度以及由此呈现各式各样的控制权形态,都有可能对于公司法的构建产生影响。两权分离之称谓在不同语境下也就可能存在截然不同的理解,而我们常说的伯利与米恩斯的两权分离学说,其实早已被简化为经营者控制语境下的两权分离,继而失去明晰控制权与经营权之间区别的必要性。

(二)经营者控制下的两权分离:问题还是目的

传统的两权分离学说实际上都是在经营者控制语境下展开的。该

---

〔1〕 See William C. Kirby, *China Unincorporated: Company Law and Business Enterprise in Twentieth-Century China*, 54 The Journal of Asian Studies 43, 56(1995).

〔2〕 其中尤以LLSV的研究为代表。E. g., see Rafael La Porta, Florencio Lopez-de-Silanes, Andrei Shleifer & Robert W. Vishny, *Law and Finance*, 106 Journal of Political Economy 1113(1998); Rafael La Porta, Florencio Lopez-de-Silanes, Andrei Shleifer & Robert W. Vishny, *Investor Protection and Corporate Valuation*, 57 Journal of Finance 1147(2002).

〔3〕 See Ronald J. Gilson & Charles K. Whitehead, *Deconstructing Equity: Public Ownership, Agency Costs, and Complete Capital Markets*, 108 Columbia Law Review 231(2008).

语境下的两权分离渐次成为公司法的一项重要假设，那么，这种假设究竟是立法需要解决的“问题”，抑或是立法应当实现的“目的”？

应该说，当人们渐次关注公司愈加明显的公共性而引起的利益冲突时，两权分离必然被当作一个严峻的问题来看待，这也是《现代公司与私有财产》写作的动因。经营者控制是社会化大生产达到一定阶段时催生的一种经济现象，在19世纪末20世纪初，越来越多的美国公司存在类似情形。公共公司的经营规模扩大化、业务内容复杂化迫使其成员行为进一步分工、内部治理则进一步分权，这种衡平在第二次世界大战后得以全面普及。[1] 两权分离学说正是在此基础上得以构建，并以此为中心探索公司治理结构、股东利益保护、经营者责任等问题，由此也顺理成章地将两权分离视为公司立法的一项假设。

但须警醒，假设虽可能成为立法的基础，但基于经济现象的多元化，立法往往不局限于一项基础，而基础与目的之间的差异也易被忽视。以公共性为前提，多数国家和地区在谈及两权分离时都以公共公司（或股份有限公司）为背景。[2] 相应地，两权分离也成为公共公司立法的一项极为关键的基础。然而，股权结构分散不是公司呈现公共性的唯一根源。公共性体现的是公司对社会的重大影响，大型国有企业、诸多发展壮大的家族企业都可能在不同程度上体现这样的特性，这些企业的运作往往呈现的是所有权与控制权的紧密结合，而非分离。[3] 当然，学界通常认为，法律力图促成公司的两权分离往往是基于代理成本与两权合一

[1] 大河内曉男『経営史講義』(東京大学出版会，2001年)157～170頁参照。

[2] 这主要是指英美法系的国家和地区，但也包含大陆法系中受美国法影响较深的国家和地区。例如，日本以股份有限公司为背景谈论两权分离的问题。神田秀樹『会社法』(弘文堂，2015年)27頁参照。

[3] 国有企业的公共性自不待言，而大型家族企业的例子也极为常见。日本公司是以主银行为内核的相互持股机制，公众股东同样无法左右公司治理，作为家族企业的三井集团和丰田集团都是典例。See Randall K. Morck & Masao Nakamura, *A Frog in a Well Knows Nothing of the Ocean: A History of Governance Ownership in Japan*. In Randall K. Morck ed., A History of Corporate Governance around the World: Family Business Groups to Professional Managers, University of Chicago Press, 2005, p. 367－368.

之间进行的利益博弈。[1] 换言之,两权合一情形下可能会导致更多的成本,利益存在失衡的情形也的确不少见。例如,青木昌彦在研究东欧剧变及苏联解体对公司治理结构之影响时提出的内部人控制(insider control)理论,指出在国企民营化过程中,经营者在法律和事实上都掌握了公司的实质控制权。[2] 但内部人控制不意味着公司治理必然出现问题,关键在于考究其中是否存在不当利益输送,以及是否严重妨碍股东行使知情权、质询权等,从而导致信息不对称。同时,即便内部人控制在国有企业或者公共公司当中可能会成为一个问题,也不代表封闭性公司将同样深受其害。[3] 总之,两权分离学说源于对经营者控制权之强化的思考,是对"问题"的一种回应。这一回应渐次成为公共公司制度构建的前提性假设,在公共公司发展愈加繁盛的情形下,难免有一种两权分离就是公司法的立法目的的错觉。然而,问题或许能成为立法的假设并被确定为立法的基础,但基础不等同于目的。两权分离不应是公司法力求引导公司治理优化的结果,恰恰相反,它是法律对经济现象的一种确认,这种确认也不仅局限于经营者控制,还要考虑其他的控制权形态。

(三)股东角色分化对两权分离学说的冲击

早在20世纪60年代,由于机构投资者对资本市场的影响力不断攀升,已有学者对两权分离学说的解释力提出强烈质疑。[4] 在此之后的理论拓展究竟对两权分离学说之解释边界产生了何种影响,值得关注。相比对经典著作及其背景可能存在的误解,更大的问题在于公司实践对两权分离学说本身早已带来冲击。前述公司法上的分离理论部分已对股东角色分化略作介绍,此处将予以进一步分析。

两权分离学说还有一个核心观点:"恰恰是所有权与控制权的分离

---

〔1〕 See Mark J. Roe, *A Political Theory of American Corporate Finance*, 91 Columbia Law Review 10(1991).

〔2〕 青木昌彦『経済システムの進化と多元性』(東洋経済新報社,1995年)159~160頁参照。

〔3〕 参见甘培忠:《公司控制权的正当行使》,法律出版社2006年版,第30页。

〔4〕 See Bayless Manning, *The Shareholders' Appraisal Remedy: An Essay for Frank Coker*, 72 Yale Law Journal 223(1962).

才使得财产的巨额聚集成为可能。"[1]这的确是省察当时美国公司发展的合理推论,但情势并非一成不变。股权的样态与内涵不断变化,其变化速率甚至超过了社会变迁本身,更不用说传统的思维模式与基础理论将因此遭遇何等巨大的挑战。根据克拉克在20世纪80年代的总结,股东地位的变迁主线可归纳为企业家、所有者、资本提供者、受益人四个阶段。股东在不同阶段都将出现全新的社会分工,包括分化出职业经理人、资产管理人、储蓄规划人等角色。[2] 显而易见,企业家的身份是第一阶段,控制权没有与所有权分离。第二阶段是企业家在19世纪末20世纪初分解为所有者与职业经理人,这正是两权分离学说形成的大背景,也是该学说能够提供合理解释的阶段。第三阶段在20世纪60年代崭露头角,所有者又进一步被分解为资本提供者与资产管理人。此处有两点值得留意:其一,尽管还存在所有权与控制权的分离,但这种分离不是公司内部治理的细化,而是双方通过契约等形式就资本提供者所提供的资本先行予以利益分离,再由资产管理人进行投资,并依约向资本提供者支付回报。其二,资产管理人的发展使其所掌握的资金规模也日益庞大,原本分散的股东及资本又以一种崭新的方式重新集合起来,其在向公司进行投资而成为股东后,对于公司治理的影响也往往举足轻重,有关机构投资者的研究也由此展开。[3] 资产管理人要如何投资,投资公司是否以掌握控制权为目的,立法对此又要如何面对等,都需要具体问题具体分析,不能一概而论,当然也就无法单纯通过两权分离学说进行理论回应。第四阶段是前一阶段的升级版,资本提供者进一步分解为纯粹的受益者以及储蓄规划人。此时,受益者对于自己部分资金的使用甚至没有决定权,往往包括公积金、养老金计划,继而涉及这些集合资金

〔1〕 See Adolf A. Berle & Gardiner C. Means, *The Modern Corporation and Private Property*, The Macmillan Company, 1932, p. 5.

〔2〕 See Robert C. Clark, *The Four Stages of Capitalism: Reflections on Investment Management Treatises*, 94 Harvard Law Review 561(1981).

〔3〕 See Lucian Arye Bebchuk, *The Case for Increasing Shareholder Power*, 118 Harvard Law Review 833(2005). 得津晶「持ち合い株と資本市場の健全な発展:株式所有構造の多様化とコミットメント」月刊金融ジャーナル55巻2号(2014年)25頁参照。

的投资去向问题。同样地,利益的分离也是在契约双方之间而非公司内部发生的。而显而易见的是,当第三、四阶段机构的集合资金投资到公司之后,机构投资者作为股东而言,其所有权与控制权非但不是分离的,两者还往往紧密结合,可见财产巨额聚集和企业所有权与控制权分离之间并没有必然联系。

由此可见,两权分离学说只能完美解释克拉克所言之第三阶段出现之前的历程,而对于后续发展的解释力着实有限。这也有助于我们重新理解弗里德曼所谓公司的社会责任就是增进其自身利益的观点。[1] 可以说,如果股东角色没有发生激烈分化,弗里德曼的立场仍有非常重要的参考意义。然而,一旦股东已然不单纯是或根本不再是所有者时,公司的存在若仍旧仅为了股东自身利益,也就不能完全符合弗里德曼观点之逻辑。[2]

股东角色分化将随着经济发展而必然不只这四个阶段。归结起来,这一分化具有三个特征:多样性、依赖性、共存性。第一,不同阶段都产生新的角色,不同角色在企业与市场中具有各自的功能,此为多样性的体现。第二,依赖性是指这一分化过程并不是独立生成的,它要以外部交易结构的复杂化与公司内部治理的层次化为前提。第三,也是最关键的一点,不同角色具有共存性,既存角色不会因为不同时期分解出来的新角色而被替代或消亡。所以,制度回应也并不是简单地废除旧法、颁行新法,而是愈加需要重新思考公司法的立法假设与基础,并对不同情形下的法律关系及权益保护提供规则适用的可选项。

而无论所有权是与控制权还是与经营权分离,当其发生在公司内部时,本质都是股权利益分离的体现。在现代公司发展的早期阶段,分享股权利益的主体较少,两权分离已然可以给出非常合理的解释,但是当

---

〔1〕 See Milton Friedman, *The Social Responsibility of Business Is to Increase Its Profits*, New York Times, September 13, 1970, p. 32 - 33, 122 - 126.

〔2〕 格林就认为,股东已经成为利益相关者,这一点对于我们反思公司治理尤为重要。See Ronald M. Green, *Shareholders as Stakeholders: Changing Metaphors of Corporate Governance*, 50 Washington and Lee Law Review 1409(1993).

相关主体不断增加时，就必然超出了两权分离的解释边界。分离态势反映出不同投资者之不同利益需求。例如，职工持股不仅使股东地位渐趋多元化，还昭示股权机制具有强大的社会机能。[1] 当然，亦有诸多投资者设立公司或持有股权纯粹为了获得财产收益，他们未必看重公司法是否赋予乃至强化其参与公司管理的权利。[2] 机构投资者在公司治理当中之作用愈加强大则是近三四十年来股东角色分化最重要的表现。在20世纪80年代催生的所谓股东行动主义（shareholder activism），正是以机构投资者为代表的要求夺回股东在公司中的权利，并且积极参与公司决策的运动。[3] 这使公司治理问题之重心发生了较大变化，代理成本已然不是唯一重要的问题，表决权行使方式之多元化及对其风险之防范渐次成为关注点，其实质是控制权的争夺。综上所述，投资与投机并存，追求长远利益的群体也完全可以和只在乎短期利益的群体相互交融。[4] 因此，选择型公司法也需要体现这样一种时代变化。

（四）作为立法目的之中国式两权分离：谜题与实质

明确控制权与经营权在特定情形下可能存在的区别，具有超越美国思维而回归各国本土立场的重要意义。我们在提出建立现代企业制度时，将实现所有权与经营权的分离作为一项立法目的。这的确耐人寻味：明明是一个“问题”，却又如何演变为一项“目的”？“问题”与“目的”之间的特殊关联值得深入剖析，也更加凸显区分控制权与经营权的必要性。

---

〔1〕 中村一彦「株主の地位の多元化と株主権の社会的機能——従業員としての株主を中心に」法律時報60巻9号(1988年)27～31頁参照。

〔2〕 See Stephen M. Bainbridge, *Director Primacy and Shareholder Disempowerment*, 119 Harvard Law Review 1735, 1737(2006).

〔3〕 See Edward B. Rock, *The Logic and (Uncertain) Significance of Institutional Shareholder Activism*, 79 The Georgetown Law Journal 445(1991).

〔4〕 在传统公司法理论框架下，由于股东被定位为所有者，更多关注收益回报，往往带有短视性，而不重视公司的长期绩效。但在股东行动主义的影响下，以机构投资者为代表的主体在挑战管理层权威时往往不是基于短期利益的策略考量。See Lucian A. Bebchuk, Alon Brav & Wei Jiang, *The Long-Term Effects of Hedge Fund Activism*, 115 Columbia Law Review 1085(2015).

1. 官方文件及其解读

实现所有权与经营权的分离从 20 世纪 80 年代开始就逐渐成为企业改革乃至《公司法》制定的目的。较具代表性的官方表述最早可见于 1984 年《中共中央关于经济体制改革的决定》:“根据马克思主义的理论和社会主义的实践,所有权同经营权是可以适当分开的。”这一表述无疑带有试错性预期,其目的旨在增加国有企业活力,提升企业自主独立性。研究表明,20 世纪 80 年代的改革并未取得实质性成效。企业改革本身的确有发展,但整个经济并没有太大改善,企业一定程度上的利润保留权使政府税收减少,赤字、通胀接踵而至,改革被迫中止。[1] 究其本质,这一轮改革没有理顺国家与企业之间的关系,也没有在制度层面对可能存在的风险做好充分的应对准备。在缺乏必要的监控机制下,单纯实现所有权与经营权的分离,将诱使被禁锢已久的国有企业渐成“脱缰的野马”。种种迹象也正凸显了内部人控制所存在的问题,倘若企业控制权在所有权与经营权分离后也随之转移,企业发展很有可能受挫,而国家利益也将遭受损失。

新一轮改革以现代企业制度为主旋律展开。1993 年《中共中央关于建立社会主义市场经济体制若干问题的决定》指出,“建立适应市场经济要求,产权清晰、权责明确、政企分开、管理科学的现代企业制度……对国有资产实行国家统一所有、政府分级监管、企业自主经营的体制”。这已经吸取了之前试错的经验教训:经营权交给了企业,但政府分级监管实际上就是由国家保有乃至强化对企业的控制权。由此可见,实现所有权与经营权的分离,目的是确立企业的市场主体地位,同时让国家解除对企业承担的无限责任,这是法治的必然选择。然而,国企改革的目的,自始至终都不曾想过要削弱国家对企业的控制权;恰恰相反,当经营权分离出去以后,控制权不必然依附于经营权,其行使也不需要受限于直接经营,由此拓宽了控制权的实现方式。

---

〔1〕 对这一时期改革的详细论述,可参见[英]罗纳德·哈里·科斯、王宁:《变革中国:市场经济的中国之路》,徐尧、李哲民译,中信出版社 2013 年版,第 66 ~ 70 页。

而当时的国家国有资产管理局、国家计划委员会、国家经济体制改革委员会、国务院经济贸易办公室在 1992 年联合颁布的《关于国家试点企业集团国有资产授权经营的实施办法(试行)》(已失效)更是从具体操作层面回应了控制权的行使问题。国有资产授权经营体制之合理性暂且不论,但这样的体制绝非要实现所有权与控制权的分离,而是旨在分解控制权,以此优化控制权的行使方式。其目的非但不是将控制权分离出去,反倒是意图加强国家对企业的控制。授权经营本身就是对所有权与经营权分离的超越。在此之前,法律主体只有国家和国有企业,当所有权与经营权分离之后,由于国家只保留所有权,使国有企业在掌握经营权的同时也极易获得控制权。授权经营使法律主体得以扩充,股权的所有权属于国家,监管机构行使控制权,企业享有经营权。[1] 这也成为后来制定《企业国有资产法》的一项关键的制度渊源。

2. 国企改革与《公司法》中的经营权与控制权

延续以上文件的精神与内容,因应国企改革的制度需求,我国于 1993 年颁布了新中国成立以来第一部《公司法》。该法是为国企改革服务的立法,尽管其在 2005 年已进行大刀阔斧的修订,但规则的整体框架与体例并没有发生质变。

一是经营权的问题。既然我国 1993 年《公司法》是国企改革背景下的必然产物,那么改革当中强调的所有权与经营权分离也无疑成为了一项难以撼动的立法目的。立法的初衷可能是希望通过法律来引导公司治理的优化,相关官方释义也明确指出:股东会以会议的形式行使权力,而不采取常设机构或日常办公的方式,是由股东会的权力性质和所有权与经营权相分离的现代公司制度的基本原理所决定的。[2] 在这样的指引下,以下两方面的问题就值得注意:一方面,公司治理结构僵化。《公司法》的规则基本都按照所有权与经营权分离的要求设置,使公司治理

---

〔1〕 对此,较具代表性的研究可参见赵旭东、王莉萍、艾茜:《国有资产授权经营法律结构分析》,载《中国法学》2005 年第 4 期。

〔2〕 参见安建主编:《中华人民共和国公司法释义》,法律出版社 2005 年版,第 65 页。

结构单一、内部机构职权固定、强行性规定过多。然而,不必要的程式对于封闭性公司来说将徒增运营成本。另一方面,因为理论指导的单一化,公司分类的意义必然受到影响。例如,现行法对于两类公司在内部机构职权、股东会特别决议事项、董事监事任职期限等方面的规定并无实质性差异。

二是控制权的问题。一方面,公司分类之所以辨识度太低,还因为考虑到过度对外融资可能会改变所有权性质,危及控制权的问题,故认为国企公司化应以有限责任公司为主,只有少数企业有条件改为股份有限公司,由此使有限责任公司形式成为《公司法》上的普通公司。[1] 不过从后来的实践效果来看,这种担忧实属不必,国有股东并没有因为企业上市而丧失其控制权,而且我国资本市场还起到了拓展国有企业融资渠道之巨大功效。但无论如何,可以确定的是,我国在确定公司类型时从一开始就没有遵循两类公司在域外实践中表现出的应然模式,而主要是基于对企业控制程度的考量。另一方面,基于控制权行使的传统方式,如何防止国有资产流失成为1993年《公司法》的一项重要任务,其第4条第3款规定,公司中的国有资产所有权属于国家。这无疑和通常理解的公司产权制度是不同的。就当代公司法理论而言,国家以国有资产出资,将资产之财产权转换成对公司享有之股权,这在本质上并未改变权利的根本归属,从而没有必要为此扭曲公司本质。[2] 随着公司法基础理论的革新,2005年《公司法》也对此进行了修改。但这仍然遗留了一个重要问题:公司的剩余控制权究竟由谁来行使并不明确。[3] 按照目前的规定,《公司法》有关股东参与重大决策的权利以及将股东会定

---

〔1〕 1993年《中共中央关于建立社会主义市场经济体制若干问题的决定》指出:“上市的股份有限公司,只能是少数,必须经过严格审定。”同时,1993年《公司法》第77条规定:“股份有限公司的设立,必须经过国务院授权的部门或者省级人民政府批准。”

〔2〕 参见甘培忠、周游:《我国公司法建构中的国家角色》,载《当代法学》2014年第2期。

〔3〕 在探讨国企改革的理论问题过程中,以林毅夫与张维迎为代表的经济学家就公司剩余控制权与剩余索取权之间关系曾产生激烈的争论。参见林毅夫:《解读中国经济》,北京大学出版社2014年版,第344~345页;张维迎:《理解公司:产权、激励与治理》,上海人民出版社2014年版,第163~164页。

位为权力机构之制度选择也可理解为公司剩余控制权由股东会享有。然而,这种只能由所有者行使剩余控制权的单一做法可能不符合多元化实践的需要。

3. 中国企业控制权的进一步考察:历史与现实

通过以上分析,我们有理由相信,以实现所有权与经营权分离为目的的政策举措,完全不妨碍所有权与控制权的整合。两权分离学说的经典描述往往重在限制股东权利,[1]而对国企改革的思考更多是如何在实现法治政府之基础上活化国有股权的行使。当然,仅省察《公司法》并不能完全理解我国企业控制权的实态。还需要认真考察单纯强调所有权与经营权而非与控制权分离的历史渊源,以及企业在现有公司法、金融法框架下如何争夺及保有控制权的现实策略。

我国国有企业的治理模式以及《公司法》对此之回应,是有着深厚的历史根源的。有学者指出,1949 年并非中国企业发展的“分水岭”,作为新中国经济发展之“顶梁柱”的国有企业,其治理模式不是苏联经验的再现,而是在抗日战争时期就已然开始孕育并不断成长的形态。[2]民国时期《公司法》的制定与修改对此有不同程度的体现。1946 年引入有限公司制同样与国企有关,1929 年《公司法》对于股份有限公司的规定以商办民营公司为基础,这难以适应抗战时期由政府参与设立的公司之发展需求,国民政府因此创设“特种股份有限公司”形式,其在发起人数、设立登记、表决方式、管理层人选确定等方面都已经不符合股份有限公司的特性,反倒可通过引入规则更为自由的有限公司形式对其进行法律上的补救。故而,立法机关在 1946 年对《公司法》进行了修订,以便利政府或法人或富有资力者组织有限公司。[3] 有限公司制度在当时引入

---

[1] See Stephen M. Bainbridge, *The Case for Limited Shareholder Voting Rights*, 53 UCLA Law Review 601(2006).

[2] 参见[美]卞历南著译:《制度变迁的逻辑:中国现代国营企业制度之形成》,浙江大学出版社 2011 年版,第 212 页。

[3] 参见魏淑君:《中国有限责任公司法律制度的历史解读——以国企公司化的百年变迁为视角》,载《法制与社会发展》2010 年第 5 期。

的目的是加强国家对国营企业的控制。《国营事业管理法》最终于 1949 年 1 月颁布,相关规则同样显现出实现所有权与经营权分离的意图。[1] 此等史实有助于我们进一步理解前述 1993 年《公司法》当中涉及有限责任公司的规定。

要摆脱这种路径依赖,将时间回溯至民国仍远远不够。洋务企业是近代中国企业实践的发端,这些企业往往先由官方垫款,再以官利等形式吸引商人认股,官方以"国家要政"[2] 的理由始终掌握企业控制权。这一模式成为近代中国公司法制肇始的重要素材,也是百余年来中国公司实践及立法力图摆脱的路径依赖。例如,轮船招商局等企业,其创办之初与伯利和米恩斯提到的多数所有权控制的形态类似,但也有一定区别:所有权与控制权对于认股人来说的确发生了分离,认股人的主要收入来源是企业不论盈亏都必须向其支付的官利。还需注意,洋务企业在不同时期(包括部分企业后来延续至民国时期)可能存在截然不同的治理模式,如包括官办、官督商办、商办等。所谓的"办",其实主要是经营权的独立。即便是在商办时期,国家掌握着控制权,经营权的独立并不伴随控制权的转移,控制权的行使也并不必然受到持股比例的影响。尽管这些举措可能存在缺陷,但的确符合当时的发展情势,也在一定程度上为我国当前混合所有制改革提供了可斟酌的元素。

将视角转至民营企业,可以进一步省察商人对企业控制权的看重。从股权结构来看,财产巨额聚集和所有权与控制权分离之间并无直接关联。目前我国众多规模较大的互联网公司都不属于伯利 – 米恩斯式的公司,因其股权充其量只是相对分散。[3] 即便如此,自然人大股东仍觉

---

〔1〕 例如,民国时期《国营事业管理法》第 4 条规定,"国营事业应依照企业方式经营,以事业养事业,以事业发展事业"。

〔2〕 属于"国家要政"之行业,往往实行"商任筹款建筑,官为维持保护"之办法。参见《大清德宗景皇帝实录》卷五五九[光绪三十二年(1906 年)闰四月]。

〔3〕 例如,目前软银持有阿里巴巴控股 24.8% 的股权,而董事及管理层则持股 2.3%。参见 Alibaba Group Holding Limited, Form 20 – F, https://www.sec.gov/ix? doc =/Archives/edgar/data/0001577552/000110465921096092/baba – 20210331x20f.htm#ITEM7MAJORSHAREHOLDERSANDRELATEDPARTYTRA。

得公司可能失控,故而创设了诸如“合伙人”制等规则,“合伙人”被赋予了提名董事候选人之关键职权。总之,如何在融资的同时保有控制权,成为创始人需要仔细斟酌的难点。应当说,中国公司的创始人或家族掌控者完全有能力维持控制权,外部因素也并没有对这种控制权的维持形成过多障碍。目前最大的障碍,是公司法、证券法对一股一权、同股同权等规则的过分坚守,这在很大程度上影响中国资本市场的国际竞争力。

4. 小结:形式上的分离与实质上的结合

随着国企改革的纵深发展,近年来学界对是否必须坚持政企分开产生了争论。正如前述,政企分开是国企改革的通行举措,而蒋大兴认为国企不但不能去行政化,还应当加强行政化治理,这符合中国国情。[1]实际上,20 世纪末所讨论的政企分开以及当前思考的行政化治理或许不是一个层面上的问题。强调政企分开指向的是公司的经营权;而所谓行政化治理,是要在区分商事公司与公共企业的背景下,针对国企的公共性而反思其内部治理的有效性问题,[2]即以行政化治理加强国家对企业的控制,故其指向的是公司的控制权。这也更进一步凸显区分经营权与控制权对于理解我国公司法制的意义。《公司法》的立法框架,以及从过往到当前、从国企到私企所呈现的公司对控制权的整合与争夺,都反映出这样一种极具特色的制度谱系:在形式上,力图实现所有权与经营权的分离;而在实质上,实现所有权与控制权的结合是企业发展壮大的命门。

因此,在我国语境下使用“两权分离”一词时,实际上指的是所有权与经营权的分离,而非所有权与控制权的分离,这与传统两权分离学说截然不同。就我国当前企业发展的情况来看,对于控制权行使的多样化

---

〔1〕 参见蒋大兴:《国企为何需要行政化的治理——一种被忽略的效率性解释》,载《现代法学》2014 年第 5 期。

〔2〕 参见蒋大兴:《国企应从公司法中撤退——从“商事公司”向“公共企业”演进》,载《中国工商管理研究》2013 年第 12 期。

安排并非空穴来风,而是与近代企业实践之史实紧密相连。同时,当代民营企业的控制权争夺进一步彰显公司法在形式与实质上的差异,这些元素不同程度地影响着我国公司法进化,尤其是对多元化公司治理结构之设置产生深远影响。

以经营者控制为核心的两权分离学说深刻影响着包括我国公司法在内的全球公司法的发展脉络,同时,我国语境下的两权分离又增添了极为丰富的新内涵。但无论是对于何种语境下的两权分离,我们都需要重新反思理念与实践之间的关联。一方面,深受国企改革影响的《公司法》始终坚持实现所有权与经营权的分离,这可能并不适合所有类型的公司,尤其是对有限责任公司来说,因其从一开始就确定为国企公司化的标准形式。随着民营企业的发展壮大,这一负面影响也愈加凸显。另一方面,经营者控制语境下的两权分离学说的社会基础蕴含特殊的美国元素,各国在借鉴乃至继受经营者控制语境下的两权分离学说时不得不依据特殊国情对其加以辨析及重述。[1] 两权分离、股东角色分化等一系列在域外历经百年才得以催生的问题、理论或实践,在当下我国可能需要同时面对。此外,两权分离涉及的所有权、控制权与经营权都并非严格意义上的法律术语,也无法直接嵌合至公司法的权利结构之中。因此,两权分离学说或许可以作为一种宏观上的立法指引,至于在具体规则层面,仍要与既有法律制度相适应,这也是超越两权分离的应有之义。针对我国公司法"形式上的分离、实质上的结合"之特质,未来的改革重点可从公司之不同类型、控制权之不同形态等维度重新予以斟酌。

总之,以国企改革为背景所形成的《公司法》,没有充分考虑非国有企业发展的实际需要。立法忽视了有限责任公司多为所有权与经营权合一而非分离的治理方式,从而造成不必要的治理成本。而对于控制权的行使,立法欠缺对多元化商业模式影响下各种不同的控制权配置途径

---

〔1〕 例如,即便日本公司法制在二战后渐趋美国化,也有不少学者针对两权分离进行了本土化反思。青木英夫「所謂「所有と経営の分離」の再検討:メストッカーの所説を中心として」一橋論叢50巻6号(1963年)691頁参照。

之实现可能性的考虑，简单机械的一股一权规则无法满足角色分化投资者的差异性需求。我国正处于非常关键的转型期，新常态下域外不同阶段的公司法发展催生的不同股东角色在我国可能会同时出现，公司法以及相关部门法需要对此有所回应。

（五）控制权形态多样化

我国《公司法》对控股股东、实际控制人也下了定义。根据《公司法》第216条的定义，控股股东，是指其出资额占有限责任公司资本总额50%以上或者其持有的股份占股份有限公司股本总额50%以上的股东；出资额或者持有股份的比例虽然不足50%，但依其出资额或者持有的股份所享有的表决权已足以对股东会、股东大会的决议产生重大影响的股东。实际控制人，是指虽不是公司的股东，但通过投资关系、协议或者其他安排，能够实际支配公司行为的人。这两个定义尽管在一定程度上考虑了控制权形态多样化的特性，但存在漏洞。假设某投资人只持有某公司0.001%的股权，又通过协议实际支配了该公司，那该投资人究竟是控股股东，抑或是实际控制人，还是两者都不属于？因其持有的股权显然不足以对股东会的决议产生重大影响，故而不能认定其为控股股东；但又因其持有股权，所以也似乎不符合实际控制人的要件。然而，倘若这种情形不被归类到控股股东或者实际控制人当中，就可能成为诸多投资人逃避法律责任的重要手段。按照目前的法律规定，从目的解释的角度出发，宜将这种仅持有极低比例的股权而又通过其他方式实际支配公司行为的投资人认定为实际控制人。法律改进的策略，可能加二字足矣，即扩充实际控制人的外延：实际控制人是指虽不是公司的控股股东，但通过投资关系、协议或者其他安排，能够实际支配公司行为的人。此外，亦可将控股股东视为实际控制人的一种类型。

我国公司法在所有权与控制权的结合方面更具必要性与可能性，而两权的结合程度在不同公司当中并不一致，由此形成各式各样的控制权形态。当法律未能就此提供必要的制度选择时，控制权安排主要通过合约的形式实现，这难免产生诸多乱象。与此同时，不尽完备的法律制度致使要求控制者承担相应责任的难度加大,这无疑给利益相关者带来较大风险。

一是多元化控制权形态的法律调整。前述提及股东角色分化之共存性,这一特性在我国转型期表现得更明显,实体经济发展与虚拟经济崛起并没有过分长久的时间差,传统和新兴的创业理念与模式的共存条件之优越前所未有。这使多元化的控制权形态可能远不止伯利与米恩斯提到的五种情况——这五种情况往往是在公司内部围绕所有权(持股)进行的考量,但当前公司的控制权争夺常超脱于所有权本身,且早已不局限于公司内部的股权之争。例如,资管计划的盛行表明我国早已出现前述克拉克所言之第三阶段,从这一阶段开始,所有权与控制权的分离在资金集合之前已经完成,本质上是财产权的利益分离;而集合资金投入到公司以后呈现的往往是所有权与控制权的结合。但我国结构化资管计划不同于域外杠杆收购专设一个壳公司之模式,采用的是多层SPV嵌套的模式。[1] 为何会出现此种情况?这多少也与我国国情有关,但主要不是源于商业惯例,而恰恰是因为《公司法》对控制权形态之规定过分单一。而上市公司股权代持问题严重,同样也是规定单一的突出表现。规则突破宜从修正一股一权规则着手。尤其是对于股份有限公司,一股一权规则单纯是以持股比例作为权利行使限度的唯一标准,在本质上是对股份平等原则的严守。实际上,由于杠杆收购、协议控制等策略的广泛运用,持有相当数量的股份已不是掌握公司控制权的唯一方式。倘若要满足《公司法》有关一股一权规则的要求,控制权争夺由于要收购更多的股权而将极大地增加投资成本。如此一来,结构化资管计划、代持等现象其实都是为了绕开这种制度障碍。也只有修正一股一权规则,双层股权结构等机制才有从科创板扩展至其他领域的可能,从而也能更大程度地提升中国资本市场的竞争力。

二是控制者责任规则的系统性修复。无论是公司内部发生的股权

---

〔1〕 参见刘燕、楼建波:《企业并购中的资管计划——以SPV为中心的法律分析框架》,载《清华法学》2016年第6期。

利益分离,还是在资金投入公司之前就已在公司外部发生的财产权利益分离,最终都将可能使控制权实现不同程度的集中,而当公司自治与契约自治失灵时,法律对控制者的责任配置就显得极为关键。《公司法》存在的核心问题之一在于控制者责任规则缺乏必要的体系。受到形式上的分离之影响,《公司法》借鉴域外的信义义务规则,明确被视为控制者的董事、监事、高级管理人员负有忠实义务和勤勉义务。然而,勤勉义务在 1993 年《公司法》当中是缺失的,现行法也仅规定了这四个字。我国司法实践对勤勉义务的履行并无统一的裁判标准,而取决于个案中法官的睿智程度。更需注意,由于坚持形式上的分离,立法欠缺有关管理层以外其他潜在的控制者之责任规则,如未明确大股东是否应当承担信义义务。〔1〕《公司法》仅在第 21 条提及控股股东、实际控制人董事、监事、高级管理人员利用关联关系损害公司利益,给公司造成损失的应承担赔偿责任,简单的规定难以适应当前公司发展的实况。针对我国公司股权相对集中之特征,强调大股东的信义义务是一个方面。〔2〕当然,所谓股东的大小仍主要是以持股比例进行的权衡,随着股东角色分化的推进及控制权形态的愈加多元化,仅强调大股东的义务可能将失去制度设置的意义,从而,构建可适用于所有股东的义务规则就显得尤为必要。〔3〕至于资产管理人、储蓄规划人等主体由于获得资本提供者或受益人之资金的控制权,本质上是一种信托关系,前者对后者同样需要承担信义义务。不过股东以外其他控制者责任的设置由于涉及诸多发生在公司外部的法律关系,其更多是属于金融监管法律制度的范畴,这些制度

〔1〕例如,在美国特拉华州,法院在大股东与公司进行自我交易等利益冲突交易不符合公正标准时,往往要求大股东对小股东承担信义义务。E. g. , see Sinclair Oil Corp. v. Levien, 280 A. 2d 717(Del. 1971).

〔2〕国内较具代表性的观点,可参见王保树、杨继:《论股份公司控制股东的义务与责任》,载《法学》2002 年第 2 期。

〔3〕大股东对小股东负有信义义务渐次不再属于例外情形,机构投资者的加入使这种特殊的义务不再局限于封闭性公司当中。有学者认为,所有股东都应被视为对公司及其他股东负有潜在的信义义务。See Iman Anabtawi & Lynn Stout, *Fiduciary Duties for Activist Shareholders*, 60 Stanford Law Review 1255(2008).

将深刻影响公司法改革的质效,相关部门法之间的制度联动势在必行。

以上两点存在紧密的逻辑关联,本质上反映的是权利义务的对应关系。依据对公司决策的不同影响力,当事人所负担的义务也有所区别。在打破一股一权规则之后,对于同股不同权之背景下的任何一种控制权行使方式,法律都需配之以必要的风险防范机制。例如,公司发行享有特殊表决权的股份应当满足相应的资质条件或程序性要求,而享有特殊表决权的股东也需要负担与之相应的特定义务。与此同时,这些义务的设置由于是以公司内部治理的优化为前提,故其不再主要是合同义务,而更多体现为法定义务。继而,权义配置的差异化也对公司治理结构的多元化提出更高要求。

二、为何不能是单一的治理结构

(一)单一治理结构的弊病

一国之公司法不能只提供一种治理结构,这似乎已成为公司法学界的一项共识。单一治理结构主要存在以下弊病:

第一,管制强于自治。公司法若是只提供一种公司治理结构,那么自治则不能得以彰显。单一治理结构从本质上来看是将一国之内成千上万的公司视为无差别的法律主体,国家通过整齐划一的方式对其予以规制。在这样一种制度环境下,投资者只能严格遵循立法者的意愿去构建公司治理结构,而无法充分彰显公司因实际需求而呈现的特质。

第二,公司分类形同虚设。一旦公司治理结构过分单一,就可能模糊了有限责任公司与股份有限公司的界限。两类公司之区别不仅在人合性、公开性等方面的程度不同,其实还有一点很重要,就是程式性要求有所差异。有限责任公司也需要相应的程式性要求,但相较股份有限公司而言,其往往更具弹性。缺乏辨识度的公司类型,就可能容易被其他类型所吞噬,从而丧失其独立存在的必要性。这也是为何总有要取消有限责任公司形式的建言,问题的关键可能不在有限责任公司形式本身存在何种严重的制度缺憾,而很可能是因为公司法没有在治理结构等方面认真对待两类公司,使两类公司过于同质化。

第三,徒增隐性规则。所谓上有政策、下有对策,立法提供单一的治理结构意图提升规制的质效,可能只是一厢情愿。实践中,投资者一旦察觉法律所提供的治理结构不适合自身运营需要,那么就极有可能在表面规则之下自行搭建内部结构。通过自行搭建结构,投资者就可能在内部形成游离于法律之外的运作机制,从而形成大量的隐性规则,甚至演变为全行业之潜规则。这些规则的存在不仅伤及法律权威,影响国家对企业的合理规制乃至对经济社会发展的有效治理,其实就投资者的角度而言,也可能带来巨大的不确定性。一旦涉及纠纷,当事人之间所形成的规则究竟能否得到司法裁判的支持就存在变数。

第四,容易导致内部人架空治理结构。在前一点之基础上,不难发现,投资者自行搭建内部结构往往也固化了控股股东、实际控制人甚至是董监高对公司的控制,使法律所要求设置的治理结构无法起到应有的管理与监控作用。内部人往往掌控了公司的资源,一旦法律对其规制不到位,他们就非常容易架空治理结构,从而使公司利益遭受损失。继而,倘若立法欠缺有关管理层以外其他潜在的控制者之责任规则,如未明确大股东是否应当承担信义义务时,在股权相对集中的公司当中就更容易引发前述问题。

第五,难以维护公司利益。公司治理结构设置的目的,主要是立法为了理性引导公司以程式化的规定为基础,有效开展公司业务,最终实现公司利益的最大化。然而,一旦公司治理结构是单一的,那么这种利益导向很有可能是以下两种情形:一是国家利益或公共利益导向。这就是当前《公司法》相关规定中仍隐含的历史痕迹——国企改革催生的公司法似乎肩负了过重的使命,无论是公司还是公司法,其存在意义都似乎少了些商业的气息,而富含公益的意味。二是大股东利益导向。在极容易产生隐性规则及架空治理结构之实践背景下,再结合当前我国公司股权结构相对集中的情势,单一治理结构模式可能根本不是为了维护公司利益而存在的,以持股为中心的内部治理更是成了大股东压制小股东的工具。以上两点,不难发现,唯独缺乏关注的正是公司利益本身。健全公司治理结构规则,实际上就是要使公司真正成为法律上所确认的"真正的人"。不仅是社会上的人,即便是法律上的人(尤其是商法上的人)也不应被视为无差别的芸芸众生,尊重每个人的特性,方为其独立性的本质体现。

(二)反思公司治理模式之争

前述已详细论述了企业组织形式变迁背景下的公司分类问题。实际上,组织类型化的关键标准之一正是不同组织之间差异化的内部治理。对此,学界一贯存在两种完全相反的立场:汉斯曼与克拉克曼坚持这种差异化的表象逐渐会走向趋同,股东利益导向是全球公司治理发展的归宿,并将这一过程形象地喻为"公司法历史的终结"。[1] 可以说,这种所谓的归宿是以美国公司治理模式为范本的,而安然事件及金融危机的爆发,迫使我们不得不反思美国公司治理模式。与全球趋同学说针锋相对的是比博绍克、马克·洛等学者的路径依赖学说。在他们看来,由于受到不同的历史背景、文化因素、政治体制等方面的影响,不同国家和地区的公司治理及其结构都不可能走向趋同。[2]

实际上,路径依赖与全球趋同理论并不是实质对立的,两者更多地反映出在看待同一个问题时不同的层面和角度。在不同的经济、政治、文化元素影响下制度一定有其特殊之处,这是不言而喻的,尤其是在企业组织形成与发展的初期,这种差异更为明显。然而,在以全球化为主流的现代化进程中,这种差异在逐渐减少,尤其是在功能方面显现出趋

---

〔1〕 See Henry Hansmann & Reinier Kraakman, *The End of History for Corporate Law*, 89 The Georgetown Law Journal 439(2001).

〔2〕 See Lucian Arye Bebchuk & Mark J. Roe, *A Theory of Path Dependence in Corporate Governance and Ownership*, 52 Stanford Law Review 127(1999); Mark J. Roe, *Some Differences in Corporate Structure in Germany, Japan, and the United States*, 102 Yale Law Journal 1927(1993); Mark J. Roe, *The Shareholder Wealth Maximization Norm and Industrial Organization*, 149 University of Pennsylvania Law Review 2063(2001).

同态势。[1] 不同国家和地区根据自身实际需要而进行的公司分类，有可能模糊了我们的视野，但公司治理的趋同不能只看公司类型的表象。值得注意的是，公司治理结构的框架与运作才是公司特性的本质体现，因此，变迁的核心在于内部"治理"而非外观"形式"的变化。

从这个角度来看，各个国家及地区公司制度的变迁呈现趋同态势。尽管各个国家及地区公司在内部组织机构的设置上存在巨大差异，然而立法旨在使各个机构所要实现的制度目的和要显现的制度体系是一致的：首先，在实现制度目的方面，立法要严格维护历经几百年而形成的公司特性，让其继续保持与国民经济发展的协同性。其次，在显现制度体系方面，立法要使公司内部的治理始终保持"授权—执行—监督"的结构模式，不管是否存在监事会或是外部董事，不管董事会的职权范围的大小如何，都是如此。故而，至少从公司法的功能角度来看，趋同迹象还是比较明显的。

然而，趋同不是同一；[2] 也并非形式的趋同，而是功能的趋同。在实现"授权—执行—监督"模式下，其实可以存在纷繁多样的公司机关设置的选择空间。

虞政平指出，受世界各国公司治理结构模式相互借鉴与融合的影响，公司治理结构更具灵活性，其表现主要是更加多样化，更具选择性，也更具可转换性。[3] 新近研究认为，由于公司控制权应当如何分配并不存在唯一范式，股东权限的不同使公司治理结构也会有所差异，法律应当允许公司在这些治理结构中进行理性选择。[4] 投资者迥然有别的投资需求同样对传统的公司治理结构设置提出挑战。多样化的机关设置能兼顾不同公司之间各有特色的治理机制，是以特定的企业文化为基

---

〔1〕 See Ronald J. Gilson, *Globalizing Corporate Governance: Convergence of Form or Function*, 49 The American Journal of Comparative Law 329(2001).

〔2〕 朱慈蕴等学者也认为，趋同并不代表完全一致。参见朱慈蕴、林凯：《公司制度趋同理论检视下的中国公司治理评析》，载《法学研究》2013 年第 5 期。

〔3〕 参见虞政平：《构建中国多元化公司治理结构新模式》，载《中外法学》2008 年第 1 期。

〔4〕 See Zohar Goshen & Richard Squire, *Principal Costs: A New Theory for Corporate Law and Governance*, 117 Columbia Law Review 767(2017).

础进行的制度考量。同时,这种制度设计也是基于风险控制的考虑,所谓的风险不仅是指市场风险,还包括制度风险。制度风险很难通过逻辑推理得以发现,而往往经由危机爆发方引起人们注意。例如,安然事件后全球对美国制度存在的问题进行了深刻反思。更重要的是,“选择”功能的导入有助于实现不同法系或地域的公司治理结构之间的借鉴与兼容。例如,大陆法系的监事会制度与英美法系的委员会或独立董事制度在功能上类似,倘若法律强制公司必须同时设置这两种制度,则可能引起职权冲突等一系列问题。但对此还存在另外一种路径:法律可将两种制度同时置于规则当中以供选择,两者间相互独立。

三、我国公司治理结构设置规定之反思

我国公司治理结构设置至少有以下几个方面需要反思:

第一,公司自治色彩仍待加强。公司对于机关设置并没有广阔的可选择空间。在有限公司场合,若非一人公司或股东人数较少、规模较小的公司,普通公司都必须设立股东会、董事会以及监事会。此外,如董事和监事的人数限制等,也明显体现自治色彩不强。至于股份有限公司乃至上市公司场合,公司自治不充分就体现得更加明显。这与我国公司法之“国企”情结密切相连,并非一朝一夕所能改变。[1] 当然,将国企抽离出公司法,继而通过公共企业法或其他法律予以规制,是一项妥当的改革进路。[2]

第二,两类公司的治理结构之间辨识度不足。除有限公司在股东人数较少或者规模较小场合可只设执行董事和监事以外,两类公司的机关设置规则并无实质性差别。如此,预设为中小型非公开公司的有限责任

---

〔1〕 参见方流芳:《试解薛福成和柯比的中国公司之迷——解读1946年和1993年公司法的国企情结》,载梁治平主编:《法治在中国:制度、话语与实践》,中国政法大学出版社2002年版,第285~314页。

〔2〕 参见蒋大兴:《国企应从公司法中撤退——从“商事公司”向“公共企业”演进》,载《中国工商管理研究》2013年第12期;胡改蓉:《论公共企业的法律属性》,载《中国法学》2017年第3期;周游:《企业单位制变迁理路的厘清与反思》,载《清华法学》2018年第3期。

公司同样需要依法构建完整的治理结构，这种过分程式化的要求从成本收益分析来看并不可取。例如，股东会是否必须在有限责任公司（一人公司、国有独资公司除外）成为一个“机构”，值得商榷。[1]

第三，股东会与董事会之间的职能定位存有疑惑。比较容易忽视的一点是，股东会与董事会虽然都被称为“会”，但实际上内涵有别。这在一定程度上源于汉字的丰富意蕴，单个汉字可能有多重指向。在英文中，股东会是一个“meeting”，即在语义上关注“会议”之层面，由此，类似中国公司法上的“股东会会议”之表达在英语语境中似有语义重复而略显怪异；而董事会是一个“board”，即不仅是关注“会议”本身，更是将其视为一个“机构”。[2] 因此，即便是在中国语境下，根据《公司法》第36条、第98条的规定，股东会是权力机构，但也不能将其视为常设机构。[3] 既然不是常设机构，那么对于股东会的规则设置就有以下两点需要斟酌：其一，将股东会规定为必设机构，可能不是所有公司的切实需求。再加之股东会作为权力机构之定位，公司治理结构若想趋向理性化，显然有难度。公司必然有股东，这毋庸置疑，股东在认为需要时召开会议，也符合实践逻辑。但即便如此，全体股东是不是必须组成一个机构呢？既然组成一个机构，是不是需要有机构的负责人（如股东会主席）？可见，这其中尚有疑问且不乏矛盾之处。其二，股东会与董事会的职权皆为法定，而不能在两者之间相互调整，可能也无法满足瞬息万变的商业实践需求。我国2018年《公司法》第142条的修改就充分说明了这一点：通过回购方式以应对救市或者抵御敌意收购的需要，的确能起到较好的效果，但若是这一决策必须经股东大会表决，就很可能错失良

〔1〕 1992年国家经济体制改革委员会颁布了《有限责任公司规范意见》，其中第22条规定，公司可设立股东会，也可不设立股东会。

〔2〕 董事会一开始就是以“委员会”的机构形式运作的。See Franklin A. Gevurtz, *The Historical and Political Origins of the Corporate Board of Directors*, 33 Hofstra Law Review 89 (2004). 另参见陈醇：《商法原理重述》，法律出版社2010年版，第34～35、131～134页。

〔3〕 其实从召开股东会会议需要提前相对较长的时间通知股东这一点就可以看出，将股东会视为常设机构也不是我国《公司法》的本意。但若是公司自身有其特殊需求，则可自行将其规定为常设机构。

机。经修改后,当前《公司法》规定股东大会可以授权董事会作出相关决议。然而,这毕竟是一次非常规修法。这一修订也更进一步说明:若非法律明确授权,股东会和董事会的职权都是法定职权,公司章程就此只能增加而不能减少,也不能自行配置两者之职权。

第四,监督机构未能发挥应有作用。在监事常常未充分发挥实质性作用的情势下,强制公司即便不设监事会也必须设监事,这究竟存在多少合理性,不无疑问。至于股份有限公司,暂且不论其中也可能存在中小型非公开公司,上市公司的机关设置规则皆为强行规范,公司不仅要依照《公司法》设置监事会,还要根据相关要求设置独立董事。[1] 域内外任何公司形式都会存在肩负监督职能的主体,但这一主体是否必须为一个机构,又或者是否必须为监事或独立董事等,法律不应多作干预。这样的制度设置看似是起到双重保险的作用,然而不同法系制度间的磨合可能并没有想象中简单,这只是在一个本就没有发挥应有功能的机构基础上再加上一种主要以兼职形式参与监督的角色,而没有冷静思考单个制度本身存在的问题,也可能是公司内部监督失效的症结。

四、公司治理结构设置优化的可能向度

(一)域外相关实践评介

日本《公司法》有关公司治理结构设置的规定,提供了绝佳的多重选项之样本。这展现的是一种如何既保留原有制度,又不妨碍引入新制度的策略。以公司规模为标准,日本公司可以分为大公司(日语中为"大会社")与中小公司;以公开程度为标准,日本公司可以分为公开公司(日语中为"公開会社")与非公开公司。根据日本《公司法》的定义,大公司是指在上一会计年度资产负债表中作为资本金计入数额在5亿日元以上的股份公司,或者是在上一会计年度资产负债表的负债部分中

〔1〕 倘若公司设有薪酬、审计、提名等委员会,独立董事应当在委员会成员中占有1/2以上的比例。参见中国证券监督管理委员会《关于在上市公司建立独立董事制度的指导意见》(证监发〔2001〕102号)。

计入的负债总额在200亿日元以上的股份公司。公开公司是指章程没有规定转让取得公司发行的全部或部分股份需公司同意的股份公司。[1] 可见,大公司不仅考量资产多寡,也要考虑负债的情况;公开公司则关注股份能否自由转让的问题,至于股权结构是否分散等不是其中要考虑的主要方面。如图5-1所示,日本股份公司主要以公司规模及公开程度作为选项设计的基本考量因素。

其中主要有以下几个重点:

首先,监督机关只能在多重选项中选择其一,以防止机关设置的臃肿及职权重叠。例如,在公开公司场合,大公司须在提名委员会等、[2] 监查等委员会[3] 及监事会当中进行选择,而中小公司在此基础上还存在只设监事而不设监事会的选项。值得注意的是,有关设置监查等委员会的规定是2014年日本《公司法》修订时增加的内容,这表明制度仍在进化,可供选择的模式并非一成不变的。

其次,倘若公司选择设置特定机关,则若干本属自由选择设置的机关也必须同时设置。例如,无论是何种类型的公司,只要设置了监事会,就必须同时设置董事会,以达到机关之间的制衡效果。

最后,从整体来看,中小公司较之大公司、非公开公司较之公开公司而言具有更广阔的选择空间。因此大型公开公司可选择空间最小,且必须设置会计监查人和董事会;中小型非公开公司可选择空间最大,除必须设置董事以外,董事会、监事会、会计监查人皆为自由选择设置的机关,当然,其设置也要遵守前两点规则。[4]

---

〔1〕 日本『会社法』2条参照。

〔2〕 所谓提名委员会等,是指需同时设置提名委员会、监查委员会以及薪酬委员会的情形。日本『会社法』2条参照。

〔3〕 所谓监查等委员会,与提名委员会等不同,它仅是一个委员会,这对公司来说设置成本相对较低,而监查等委员的权限则被强化。日本『会社法』2条参照。

〔4〕 当然,对上市公司的规制也是最强的,比如,上市公司是否应当建立独立董事制度,这在日本学界也一直存在争议。日本于2002年引入了外部董事制度,公司可在外部董事及原有的监事制度之间进行选择适用。随后,日本于2013年修改《公司法》将设置外部董事的任意性规定变为强制性规定,不设置外部董事的公司负有说明正当理由的义务。佐藤寿彦「社外取締役「不設置の理由開示」と社外性要件の見直し」ビジネス法務14巻2号(2014年)17頁参照。

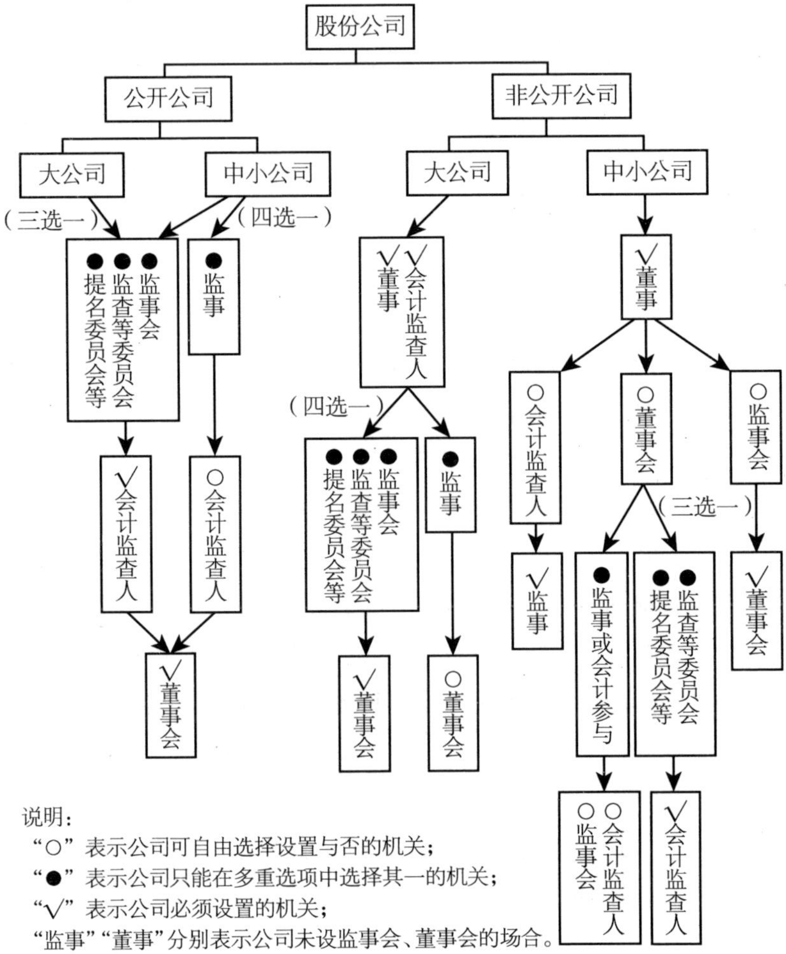

图 5-1　日本公司治理结构设置的多重选项

注:根据日本《公司法》第 326~328 条的规定制图

日本的做法绝非个例。比如,在法国,公司既可选择单轨制,也可选择双轨制,公司存续期间还可在两种机制间转换。[1] 当然,各个国家的公司治理结构模式都与该国之国家治理模式具有密切的关系,我国公司治理结构的优化对此也应有所注意。

〔1〕 参见[挪威]马德斯·安登斯、[英]弗兰克·伍尔德里奇:《欧洲比较公司法》,汪丽丽、汪晨、胡曦彦译,法律出版社 2014 年版,第 250~255 页。

(二)我国公司治理结构优化的主要留意点

不难想象,可选择设置公司治理结构的模式将成为未来很长一段时间公司治理进化的方向。这些实践对我国公司治理结构设置优化来说无疑具有一定的参考意义,归结起来主要有以下几点启示:第一,规则选项的设计主要以监督为中心;第二,同一公司类型不必然需要适用同一套治理机制;第三,淡化“必设”机关的观念,促进不同机关设置之间的联动与衡平;第四,自由度越高的领域,越需要法律提供多重选项;第五,立法宜适当回应非常态化的内部机构和董事人数限制等问题,以利于更大程度地提升公司治理质效。

1. 以监督为中心的规则选项设计

全球公司治理总体呈现的是功能趋同的态势:不管是否存在监事会或是外部董事,不管董事会的职权范围的大小如何,普通公司始终保持“授权—执行—监督”的结构模式。其中,公司究竟要如何监督管理层却不存在唯一的放之四海而皆准的模式,尤其是受到两大法系不同监督体系的影响,监督模式也具有更广阔的选择空间。这对于主要依靠外源性刺激进行法律改革的国家和地区而言尤为关键。故而,公司法可以根据公司公开程度及规模大小确定公司是否需要设置专门负责监督职能的机构。继而,无论监督机构是否为必设机构,公司法宜为公司提供充分的机构设置选择。例如,可以同时规定大陆法系的监事(会)制度和英美法系的董事会之下设立相关委员会制度,当事人可以在两者间进行限选。公司法可以再据此配之以相应的规则。

2. 同一公司类型项下之不同治理机制

传统观念聚焦于公司组织形式的不同导致的制度上的差异,这仅是公司法“选择”功能彰显的第一步。更关键的是,公司组织形式仍然是极为笼统和宏观的类型化处理,在同一公司组织形式当中还可能从具体和微观的视角对制度予以进一步的细化,以迎合实践之需。例如,在股份有限公司场合可以规定不同机关设置的搭配,再根据其公开程度和规模大小调适其选择空间的大小。由此可见,要实现同一公司类型项下不同治理结构的设置,实际上是要尽可能以多种不同的公司分类标准对规则予以细化。有些分类标准不像责任形式的分类那样在公司设立时就能确定,而可能是在公司持续运营过程中不断发生变化,唯有在规则适用的时点方能确定其究竟适用何种规则,规模大小的标准正是其例。

3."必设"机关之观念淡化

要确定一个机关为必设机关,得首先论证其设置的必要性,而不能仅为了满足形式上的美感。机关设置的必要性其实是相对的,除关注公司的公开程度外,还需斟酌公司是否设置其他机关以及这些机关之间的职权划分问题,故而这是基于公司治理质效的考量。尤其是在有限责任公司场合,可以将所有内部机关都设置为非必设机关,抑或是对于股东人数较多、规模较大的公司可以限定几种治理结构模式以供当事人进行限选。对于股份有限公司,则可根据公开程度及规模大小斟酌不同公司类型是否存在设置必设机关的必要。即便是规模较大的公开公司,也不必然所有的机关都是必设的,要视设置某一机关究竟要实现何种功能而定。对于特定的公司来说,可能设置股东会、董事会或监事会等都不是最重要的,反倒是特殊的专业委员会之设置更关键。从这个角度来看,是否必须设置某个内部机关还需顾及行业类别等,这就不仅是公司法的问题,还要与行业政策乃至产业政策等经济法议题相结合。

4.越是自由,越需选择

这一点尤其与一般认知有别。过分强调公司自治的后果可能是在非公开公司或者中小公司之治理方面存在大量制度空白。如果将这些空白完全交由公司自行填补,则实际上是一种立法的盲目乐观。必须注意到,由于较少受到资本市场及监管部门的约束,这些公司在作出经营决策时更多依赖的是个人阅历与直觉。同时,较高的人合性还容易导致当事人在筹备、商谈阶段忽视规则的重要性,一旦发生纠纷却常常因为没有明确的规定而引致裁判疑难。因此,法律在这些场合增加规则的选项实属必要。我国当前公司纠纷也多发于有限责任公司场合,这不仅是因为有限责任公司数量众多,还很可能是因为公司法并未对其给予足够的制度供给。本书一再强调,制度供给的多少与管制的松紧并无直接联系,甚至可以说,制度供给越多,越能提升规则的明确程度,从而降低当事人对公司法的立法目的及具体制度的理解成本。况且,在自由程度较高的公司场合,一旦公司法对其完全放任,则有可能引致当事人以为这些场合可以不重视甚至无视公司程式之信息误导。因此,公司法有必要扩充相关规定。例如,针对有限责任公司,可以在治理结构的选择方面提供更多不同的机关搭配方式;同时,可以根据公司之不同阶段予以细化。例如,在公司设立时不需要形成完整的治理结构,并允许初创公司在一段合理期限内根据自身发展需要对内部机关设置进行选择,继而办理相应的备案手续即可。

5.非常态内部机构或职务之设置

以上几点主要是针对一般的机关设置的思考。如今的公司,尤其是科技创新领域的公司,往往会仿照域外知名企业设置相关“执行官”的职务。例如,CEO(首席执行官)、CFO(首席财务官)、COO(首席运营官)、CHO(首席人事官)、CTO(首席技术官)等。为了迎合合规需求,不少公司还开始设置CCO(首席合规官)。〔1〕更有甚者,有公司为了更好地搜集业内资讯,助力业务落地,特设置所谓C8O(首席八卦官)。〔2〕继而,在这些“执行官”之下,公司往往会设置特别的内部机构。除此之外,公司还可能针对股东关系、高管关系、员工福利等设置相关部门。

诚然,公司要设置何种机构及职务属于公司内部事务,法律不宜多加干涉,但公司法可以对其进行规则指引,尤其是高级管理人员的设置,不能仅通过协议或其他安排确定,而往往要经过公司意思形成程序并将其规定在章程当中。不过,需要注意的是,这些“执行官”并不当然都是

---

〔1〕参见陈瑞华:《西门子的合规体系》,载《中国律师》2019年第6期;陈瑞华:《企业合规制度的三个维度——比较法视野下的分析》,载《比较法研究》2019年第3期。

〔2〕根据该公司公告,所谓C8O的主要职责为:(1)协助战略规划委员会主席曾小姐探取、搬运、研究不限于行业与物种的各类八卦;(2)为集团各部门、各公司提供一切八卦线索,顺藤摸瓜,助力业务落地。根据该公告,可以将C8O理解为是原来CIO(首席信息官)的特别版本。参见花样年集团(中国)有限公司《关于任命毛某某为花样年首席八卦官(C8O)的通知》(花集曾〔2019〕8号)。

我国《公司法》所规定的高级管理人员。根据《公司法》第 216 条的定义,高级管理人员是指公司的经理、副经理、财务负责人,上市公司董事会秘书和公司章程规定的其他人员。不难发现,CEO、CFO 被视为高级管理人员殆无疑义,其分别可以对应经理和财务负责人;然而,其他的"执行官"是否为高级管理人员则需要视实际情形而定。只有当公司章程明确将相关"执行官"纳入高级管理人员之范围,方能如此认定。那么,"执行官"是不是高级管理人员真的重要吗?显然重要——一旦被纳入高级管理人员的主体将要承担公司法规定的信义义务,而如果排除在外,则只能依据公司与之订立的合同来确定其义务及责任范围。故而,公司在设置诸多"执行官"职务的同时,也应当主动地斟酌是否将其纳入高级管理人员当中,这实属风险防范之稳妥举措。

6. 董事人数的选择性规则

由于受到以往国有企业干部职数限制的影响,我国《公司法》保留了董事人数的上下限规则。而且,相关规则存在疏漏。以有限责任公司为例,根据我国《公司法》第 44 条、第 50 条的规定,一般公司董事人数为 3 ~ 13 人,而若是股东人数较少或规模较小的公司可以只设置 1 名执行董事。问题在于,我国存在不少两人合资办公司的情形,若是两人都想成为董事,而又不希望其他人染指公司控制权,那么其意愿就可能与法律规定不相契合——要么组成 3 人董事会,要么设置 1 名执行董事,但这两种方式都可能不符合当事人之预期。换言之,与监事(会)不同的是,[1]我国有限责任公司不可能存在只有 2 名董事的情形。这主要与我国的董事之法律地位有关。与英美法系国家不同的是,我国的董事个人并没有独立代表公司之权,而是由法定代表人统一对外代表公司,以避免公司内部混乱,也更容易形成公司管治的集中意志。[2] 也可能是

---

〔1〕 根据我国《公司法》第 51 条的规定,有限责任公司设监事会,其成员不得少于 3 人。股东人数较少或者规模较小的有限责任公司,可以设 1 ~ 2 名监事,不设监事会。这样一来,无论是否设置监事会,监事人数方面就不至于出现像董事人数那样的脱节问题。

〔2〕 参见甘培忠著,周淳、周游续著:《企业与公司法学》,北京大学出版社 2021 年版,第 253 页。

基于此种考虑,所以立法不允许在不设董事会的场合而有2名(执行)董事之情形存在。然而,其中涉及两个问题值得忖度:其一,以上推导似乎只有在执行董事同时为法定代表人之场合为合理。一旦公司执行董事和法定代表人不是同一个人,那么即便董事为2人,也并不会对代表权的问题产生影响。其二,即便是在设置董事会的公司,不仅是董事个人,甚至连董事会也并无对外代表公司之权,那么以董事是否具有代表权为由而对董事人数进行限制在逻辑上也似乎站不住脚。

李建伟认为,应由公司自主选择一个最适合自身的董事会规模及结构。[1] 而在短时间内公司法无法完全取消董事人数限制之前提下,也可以斟酌先行增加在不设董事会的场合可以设1名到2名执行董事之规定,以应现时之需。

---

〔1〕 参见李建伟:《董事会规模强制规制模式的解释与反思》,载《法学杂志》2019年第10期。

第六章　公司内外部问责的规则选择

由于权利享有与行使的方式渐趋多样化，义务与责任的表现形式及承担方式也必须因应革新。基于权利与义务、权力与责任之对应关系，当事人在作出每一项选择时，都需要充分衡量选择所对应的义务与责任。

诚然，选择性规则必定存在不同程度的风险。立法者无论提供多少规则，都会存在不适应实践需要之可能。这不但要求法律要适时因应修改，也不得不在法律当中设置必要的风险防范规则。更重要的是，由于当事人对于所适用的规则具有愈加广阔的选择权，那么立法一旦不周延，就可能存在大量的规则漏洞，从而引致当事人权利的滥用。进而，无论是在股权利益的享有与行使方式多样化、公司治理结构的选择设置还是公司惩罚权设置等方面，在当前我国之股权结构及公司治理环境下，扩充相应的选择都可能成为大股东进一步控制公司、压制小股东的途径，继而危及公司人格、损害公司参与者的合法权益。这的确是选择性规则设置需要审慎考量的制度层面。

但也不能因噎废食。任何制度或模式都必定存在相应的问题，我们需要做的是如何尽可能构建一个相对完善的权义及权责架构，以最大的努力降低制度改革可能带来的负面影响。此外，股权利益多样化意味着我们不得不打破股东只需要承担出资义务的传统观念。一旦股东深入参与不同环节的规则选择，其对公司及其他利益相关者的影响也随之增加。尤其是对于控股股东来说，如何革新法律责任的规则体系，实属必要。以此为基础，并结合本书前文探讨的内容，本章拟从公司内外部两个维度探讨问责的议题。其中，就内部而言，以公司惩罚权和决议责任的规则构建为剖析重点；就外部而言，则主要聚焦于公司作为一个独立主体时的责任问题，尤其是结合当前平台企业蓬勃发展的背景对相关争点给予回应。此外还将简要分析董监高责任以及公司法上的协议责任等可能涉及公司内部或外部法律关系的综合议题。当然，问责本身也难以完全将内部和外部割裂。

一、公司惩罚权的选择设置

理性的公司自治本身应当内含风险防范与自我修复的能力。而要实现有效的公司治理，法律不仅要提供权益实现的多重选项，还需要考虑通过章程或决议实施内部规制的可能性，其中一项重要体现在于公司惩罚权的设置问题。公司治理结构框架下不同法律关系之间形成的制衡关系能够进一步有效抑制个人利己主义的膨胀，而公司治理当中防范风险的一项重要的同时也是备受争议的机制是所谓的社团惩罚权。

公司惩罚权主要涉及两方面的法律关系：公司和管理层、公司和股东。对于前者，无论是理解为代理关系还是委任关系，公司对董事等管理层相关人员的行为选择设置必要的惩罚措施殆无疑义。然而之于后者，问题就稍显复杂。股东作为公司的出资者，其主要义务就是出资。

在《最高人民法院公报》2012年刊载的一个案例中，法院确认股东会对股东按照公司章程规定享有惩罚权，并试图在判决中划定这种惩罚权行使的边界。[1] 随后，类似个案的判决亦遵循该规则。[2] 但同时，这

---

〔1〕 参见南京安盛财务顾问有限公司诉祝某股东会决议罚款纠纷案，载《最高人民法院公报》2012年第10期。

〔2〕 参见袁某与湖南绿源房地产有限公司公司决议撤销纠纷案，湖南省张家界市中级人民法院民事判决书，(2015)张中民二终字第29号。

些判决也明确指出,股东履行出资义务后,其与公司之间是平等的民事主体,相互之间具有独立的人格,不存在管理与被管理的关系,公司的股东会原则上无权对股东施以任何处罚,除非章程另有规定。有必要探讨的一个问题是,我们应当要如何理解这种内部惩罚权的性质?在分析公司惩罚权方面,德国法存在社团罚与合同罚两种路径,社团罚路径更倾向于尊重公司自治,继而不对股东会之处罚决定进行实质性审查;合同罚路径则在承认私法自治基础上允许司法对处罚决定的干涉。公司作为独立的社团法人,法律可赋予其在自治范围内对其成员之不当行为行使惩罚权,即所谓的社团罚。[1] 就我国情势而言,构建股东会惩罚权机制宜坚持社团罚理论,并应要求股东运用诉权之前须穷尽内部救济,继而强化程序性规则对处罚效力的影响。

从更深层次来看,社团罚实际上涉及所谓私法上的权力问题。私法上的权力,是指特定私法主体客观上表现为基于他人的或共同的利益,而享有的能变动特定人身或财产关系的能力。私法上的权力受到公权力与私权利[2]的双向压缩,外延狭窄。然而,这样一种权力状态是客观存在的,它不可能被公权力和私权利完全替代。公司权力,尤其是公司惩罚权,就是一种典型的私法上的权力。公司的股东会与董事会等内部机关的决策并不只是关系决策者自身利益,更会波及利害关系人的利益,因而更倾向于一种权力。毫无疑问,无论是章程还是决议都并不仅对于制定或决策者产生效力。例如,我国《公司法》第 11 条明确规定,公司章程对公司、股东、董事、监事、高级管理人员具有约束力。同时,即便

---

[1] 参见蒋大兴:《社团罚抑或合同罚:论股东会对股东之处罚权——以“安盛案”为分析样本》,载《法学评论》2015 年第 5 期。

[2] 需要补充说明的是,将私法上的权力简称为私权力是值得商榷的。对于私权力,可从三个方面去理解:首先,私权力可表现为一种作为公权力私化结果的不正当的实际权力,这类私权力一般都是违法的,如房地产开发商强拆他人房屋等;其次,私权力也可表现为在某些领域由于公权力力量不足迫使民众自发形成的某种游离于合法与不合法之间的自治权力,如一些没有黑社会性质的讨债公司(如果是黑社会性质就应该属于前一种情形)替债权人讨债的行为,当然,这样一种行为若得以规范化也可能成为合法的行为;最后,私权力还可表现为一种带有私人性质的支配力,如古代的父权、夫权。由此看来,私法上的权力并不能简称为私权力,它只类似上述私权力的第三种情形。

是在决议中投了反对票的主体，也需要遵守依法通过的决议。所以从这个角度来看，社团罚的定位要比合同罚更加契合公司法的基础理论及规则运行。因而，权力的影响力不能只考究权利主体的主观意向，还应该更多考虑主体行为的客观影响。尤其是当平台经济日益发达之情势下，互联网平台由于掌握了充分的信息，故其无论是对平台内经营者还是对用户都享有了非常强大的内部规制甚至惩罚的权力。

(一)可惩罚的对象及情形

综合来看，公司法宜就公司可对相关主体予以惩罚的情形、惩罚的方式及程度等作出相应的选择性规定。

在公司内部，公司惩罚的设置应当首先区分惩罚的对象，这大致可以分为董监高、股东、员工三类。

一方面，对于董监高来说，公司对其不当行为设置合理惩罚实际上可以理解为董监高信义义务之延伸。通常而言，公司对于违反公司法上信义义务的董监高，在追究其相应法律责任的同时，依据公司章程的规定，可以对相关主体予以进一步惩罚。如前所述，我国《公司法》对于忠实义务之规定较为具体，但对于勤勉义务的规定过于粗糙。公司章程若是要对董监高设置相应的惩罚规定，就需要首先细化违反勤勉义务的具体表现。例如，以召开董事会会议为例，董事有义务参加董事会会议并参与讨论和表决。如果董事无故缺席，或是扰乱会议秩序等，公司可以依章程给予其相应的惩罚。

另一方面，对于员工来说，公司对其施加相应的惩罚主要是依据公司与员工之间的劳动合同以及公司制定的内部管理规范。从表面上看，这与下文要探讨的公司与外部相对人通过合同约定惩罚事宜类似，实则两者有本质区别。这也是为何要单独制定《劳动合同法》的原因。员工与公司之间的关系并非平等主体之间的法律关系。基于公司内部威权与层级等要素的影响，员工往往成为弱势群体。因此，公司对员工设置的惩罚性条款不能仅因为得到员工确认而当然具备合法有效性。一是公司对员工的惩罚不能溯及既往，而只能以既定的内部规程为准；二是可惩罚的情形也理应局限于员工的工作事宜,而不能涉及其生活等其他方面的行为;三是公司制定涉及惩罚的规定应当征求工会或员工代表意见,并遵循相关民主程序。

此外,对于股东所设置的惩罚可能最棘手,需要多加斟酌。如前所述,因应股东角色分化等趋势,以机构投资者为代表的新型股东正不断深入参与公司治理,倘若股东对公司仅有出资义务,则不符合权义、权责之一致性。尤其是在不断强调公司程式对于公司治理之重要性的背景下,股东在制定章程,参与股东会表决,以及行使知情权、分红权、优先认购权等股东权利时,理应满足相应的程式化要求。如此一来,公司因应股权利益享有与行使方式多样化而对股东设置相应的惩罚措施极为必要。况且,在股权结构相对集中的公司治理环境下,对股东的惩罚更是遏制大股东滥权以维护小股东合法权益的重要手段。

在公司外部,基于公司与外部相对人的合同的约定,以及交易的效率与安全考虑,公司在一定范围内可以享有相应的惩罚权。因此,外部关系当中的惩罚权需坚持合同罚之趣旨,公司对相对人施加任何形式的惩罚都应当有合同依据。例如,在与相对人订立合同时就相关惩罚性规则予以明示,抑或是在与相对人交易前以显著方式提示相对人相关行为之不利后果。一旦相对人明确表示同意,那么相应的惩罚措施通常就具有合法正当性。因此,公司对于外部相对人在交易过程当中的不当行为,如恶意取消交易、损及公司商誉、迟延履行义务等,可以进行相应的惩罚。

(二)可选择的惩罚方式

正像股权利益内含财产利益及人身利益且常有交融之情状一样,所谓财产罚与人身罚在特定场合也时有交叉和混合,难以割裂。此外,无论是对于公司内部成员还是外部相对人的惩罚,在惩罚方式上也多有相似之处,故下文如无特殊说明,一般不对公司内外部之情形作严格区分。归结起来,惩罚方式主要有以下几种:

1. 警告。对于比较轻微的不当行为,公司对行为人可给予警告之处罚。例如,在召东董事会会议时,对于阻挠他人发表意见等扰乱会议秩序的行为,董事长可依照章程规定对其发出警告。

2. 不良记录或黑名单。对于经常性地存在不当行为的主体,公司可以对其行为进行记录和统计,并在合理范围内使用这些信息。例如,互联网平台公司可以在这些主体的介绍页面或其他显示其信息的位置标明相关信息,或者标示相应符号或标识显示其信用程度;严重者可以直接列入公司黑名单等。

3. 罚款。这可能是公司惩罚权行使最常见的表现形式。无论是基于社团罚还是合同罚,只要有事先明确的规定或约定,那么在合理范围内就可以对存在不当行为的主体进行罚款。当然,在合同罚之场合,罚款其实也可以理解为违约金的一种。

4. 限制权利行使。这也是公司惩罚权常用的手段,例如,在公司内部,公司可以在一定范围内对存在不当行为的股东的行使分红权、新股优先认购权等设置相应限制,我国《公司法解释(三)》第 16 条的规定与之类似;在公司外部,公司可以对存在不当行为的用户在一定范围内之交易行为予以限制等。

5. 限制任职资格。这主要是公司对内部成员的惩罚方式。例如,对于存在出资瑕疵的股东,公司可以限制甚至禁止其在本公司任职;又如,对于存在不当行为的董监高,公司可以限制其在一定期限内不得在本公司任职等。

6. 解除资格。我国涉及股东除名的规定仅见于《公司法解释(三)》第 17 条,且仅能适用于严重的瑕疵出资之特殊情形。但在未来的制度改革中可考虑扩大除名制度的适用范围,并在一定程度上认可公司在不违反民主协商、程序正义原则的前提下确定的除名事由。[1] 此外,《公司法解释(五)》第 3 条对于股东会解除董事职务的法律效力作出明确规定。这实际上为公司合理设置对董事的惩罚权提供了法律依据。

---

〔1〕 与此相关的代表性研究,可参见李建伟:《有限责任公司的股东除名制度研究》,载《法学评论》2015 年第 2 期。

就外部人而言,公司是否存在惩罚规则的选择空间呢? 本书认为是存在的。尤其是互联网平台公司,这些公司可以通过对平台内经营者以及用户的行为予以记录并据此为其建立信用档案,而后可能对具有不良记录的主体采取一定的惩罚措施,如对平台内经营者予以警告、限时禁止交易、减少交易量、扣减奖励或提成甚至是取消其经营资格等措施,对用户也可通过公开诚信指数、降低优惠幅度、增加押金或其他担保等方式达到惩戒效果。当然,这样的惩罚需满足非常重要的条件,那就是公司与外部人发生法律关系前必须就相关惩罚性规则予以明示,并征得外部人的同意。如此一来,此种惩罚往往就是合同罚,而不是社团罚。通常来看,这些规则选择只要不超过合理限度,都应当承认其效力。

(三)谁代表公司行使惩罚权

于董事会场合,由董事长依章程所确定的惩罚情形及惩罚方式对责任主体进行处罚殆无疑义。而在股东会之情形下,究竟由何人代表公司行使惩罚权,存有疑惑。由董事长或者经理行使显然不妥,无论公司治理是以股东为中心还是董事会、经理层为中心,都改变不了股东作为所有者之地位,亦即不能由下级处罚上级。如此一来,股东会负责人制度应引起我们的注意。所谓股东会负责人,是负责敦促股东会决议前后整个流程的有序进行,并负责宣布与执行章程规定的诸多处罚措施的主体,这在日本谓之"议长"。[1] 倘若股东会负责人在资格或行为上存在瑕疵,将可能影响股东会决议的效力。[2] 我国《公司法》规定的是召集和主持机制,会议召集在通常情况下是董事会的职责,继而由董事长主持会议。相比之下,日本的规定至少在形式上更加明确了会议负责人的法律地位,以引导股东遵守议事规则,而其更重要的意义在于通过立法明确负责人的职责,尤其是在涉及股东会之相关惩罚权的行使方面得以

---

〔1〕 日本『会社法』315 条参照。

〔2〕 例如,在日本,缺乏议长资格者主导的股东会决议将被法院确认决议不存在。来住野究「議長資格のない者により採決された株主総会決議とその追認決議の効力:インスタイル株主総会決議不存在確認請求事件(東京地裁平成二三年一月二六日判決)」法学研究:法律・政治・社会 85 巻 7 号(2012 年)25 頁参照。

有效落实。根据日本《公司法》的规定，股东会的议长有权让不服从其命令者以及其他扰乱股东会秩序者退场。[1] 实际上，公司章程或者股东会议事规则还可进一步细化股东会负责人之职权及其应当承担的责任。

二、公司决议责任的构建

尽管章程是规则选择的最重要载体，但章程修改往往需要通过决议来完成。倘若公司法对于决议责任的规定不明确、不全面，那么就可能引起以下曲解：决议责任缺失的同时又由于契约责任的较完备性，使当事人出于制度保障的考虑而倾向性地选择协议的方式进行制度选择，从而可能使合同法规则对公司法不当渗透，以至于又成为协议"杀死"决议的一项理由。这当然不应是公司法功能嬗变的结果。

公司程式充分彰显公司法的价值。梅西认为，将股东与公司之间的关系视为契约并不能反映公司治理的实质，公司治理的核心是承诺（promise），股东因为相信管理者会信守承诺所以进行投资，公司治理的关键是这种信任，而不是后期的强制履行。[2] 这一观点的重要启发是，由于这种信任不一定会有，甚至往往缺乏合同的保护，故而公司法的价值在于建立一套确保这种信任机制能够长期显效的规则。由于公司法律关系复杂、主体众多且利益存在异质性，为防止部分人之短视的或投机的行为侵蚀整体利益及公司持续发展，以决议为中心的决策机制需得以体系化完善。

（一）决议规则的系统性修复

在细化决议责任之前，立法首先需要对决议规则予以体系化反思。我国《公司法》对决议的程序、内容及效力设置了相关规则，但这些规则

---

〔1〕 弥永真生『リーガルマインド会社法』（有斐閣，2015 年）129～130 頁；日本『会社法』315 条 2 項参照。

〔2〕 See Jonathan R. Macey, *Corporate Governance: Promises Kept, Promises Broken*, Princeton University Press, 2008.

有待改进,且欠缺若干核心制度。不完备的决议制度无法很好地回应当事人作出规则选择之正当性问题。除决议责任以外,决议的制度体系至少应包括决议的目的、原则、内容、程序、效力等方面的内容。

第一,决议的目的是增进公司利益,实现理性的公司自治。受到此种目的的制约,决议内容不单纯调整股东之间的利益,而一般要涉及公司治理的具体问题,这与协议存在较大差异。尽管协议制度在人合性程度较高的公司当中可能得以更频繁地适用,但决议的这种目的并不因为公司类型的不同而发生变化。故而,《公司法》总则部分宜对决议的目的加以明确,以防止其被滥用。当然,从广义的角度来看,对公司利益的理解不应局限于作为主体的公司之得失,还必须在公司法律关系框架内斟酌如何优化利益相关者的利益实现方式。也正因为在此关系中往往存在不同的利益需求,利益之间产生冲突亦在所难免,私法上所强调的合意制度对此不能发挥更大作用,从而在其目的之指引下,决议也需要适用特定原则。

第二,决议的原则是民主协商、程序正义。股东民主的理念在公司治理进化过程中经久不衰,并深刻影响公司法制的构建。[1] 特别是规模巨大、股权分散的公司,为防止管理者滥权,这种民主倾向更为突出。[2] 同时,公司自治失灵也将促使股东民主的强化,后者对前者也起到了良好的修复作用。[3] 民主意味着不同意见的汇聚、碰撞、妥协,其结果都是少数人的意见不能被接受,且少数人也必须受到结果的约束。故而,尽管要求部分人违背意愿不合私法常理,但公司法引入民主机制却在很大程度上使其获得公法上的合理性,从而使公司法规则不拘泥于众人之合意,以确保效益价值的实现。当然,民主无法消弭人与人之间

---

〔1〕 See Dalia Tsuk Mitchell, *Shareholders as Proxies: The Contours of Shareholder Democracy*, 63 Washington and Lee Law Review 1503(2006).

〔2〕 松井秀征『株主総会制度の基礎理論:なぜ株主総会は必要なのか』(有斐閣,2010 年) 181 頁参照。

〔3〕 See Robert Sprague & Aaron J. Lyttle, *Shareholder Primacy and the Business Judgment Rule: Arguments for Expanded Corporate Democracy*, 16 Stanford Journal of Law, Business and Finance 1(2010).

的利益分歧，但经由明晰的列示、充分的说理、有序的争辩、公开的表态等一系列庄严程式，可减少机会主义行为，从而降低恣意“黑箱操作”之可能性。在这样的背景下，是否使少数人“心服口服”就成为考究机制是否被滥用的标准，由此彰显程序正义在整个决议过程中的重要作用。

第三，决议的内容是在其目的限制下能经由会议表决的事项。我国《公司法》对此之规定较为详细，至于内容违反章程的决议应当被认定为无效还是可撤销，存在可商榷的空间。日本的规定与我国的一致，皆采可撤销之立场。[1] 本书认为，尽管章程与决议在效力层级上存在差别，但两者皆为公司意思形成之表征，只要在程序上并未存在严重瑕疵，不宜轻易否定内容违反章程的决议之效力，这也是尊重公司自治的体现。继而，如何判定决议内容是否违反法律、行政法规的规定成为问题的关键。理论上，决议内容应当符合决议的目的，即决议处理的是公司事务，焦点也是公司利益；同时，决议内容不能剥夺股权的法定权能，除非股东依法调整甚至放弃了与之相应的股权利益。例如，多数股东不得以决议的方式剥夺其他股东的分红权，否则该决议无效。[2] 此外，如何确保股东能在合理期限内充分知悉决议的内容并对此及时作出应对也值得反思。这实际上属于决议的程序问题，其直接影响决议的结果。股东会一般只能商讨会议通知中列明的事项，即便是临时提案也须在会议召开前一定期限内提出，这也是决议与协议存在的明显差别。

第四，决议的程序涵盖从明确议题、会议召集与通知、会议召开与出席、意见表态与协商、进行表决到形成决议及对记录签名确认等事项的整个流程。由于《公司法》缺乏对决议的目的与原则的一般性规定，我们容易忽略程序正义在公司意思形成过程中的价值，从而对所有程序不合法的决议仅给予可撤销的法律评价。就决议而言，少数服从多数是一

---

〔1〕 日本『会社法』831 条参照。

〔2〕 参见曾宛如：《多数股东权行使之界限——以多数股东于股东会行使表决权为观察》，载《月旦民商法杂志》2011 年总第 31 期。

般规则,如何保证这种意思冲突机制不违背公平价值,就需要对其形成过程给予充分的关注。公司的意思形成与人的意思形成的本质区别在于,公司作为一种拟制主体,其内部结构、决策流程都可以通过一系列的制度设计得以呈现,因而具有可视性与确定性;而人之内心纠结与取舍难以琢磨,故法律侧重关注意思表示,甚至在意思与表示不一致时,倾向于采取外观主义法理来保护相对人的信赖利益。故此,通过审查公司意思形成过程中的机制运作而非形成结果来判定其效力是防范风险的关键环节。在此基础上,立法应当摒弃"一刀切"之做法,对于程序上违反法律、行政法规的决议应有针对性地作出分类,以重构决议的效力规则。

第五,决议的效力是对表决结果的合法性判定,应当包括决议无效、决议可撤销及决议不成立等情形。《公司法》第 22 条仅规定了前两种情形,《公司法解释(四)》确立了决议不成立之诉,后者之意义在于:一方面,与决议无效相比,决议不成立并未在决议内容上违反法律、行政法规,此时根本无法请求确认决议无效;另一方面,与决议可撤销相比,决议不成立是因为决议缺乏必不可少的成立要件而根本没有谈及是否存在瑕疵的必要,故而无须遵照撤销决议的期限及其他要求。日本在 20 世纪 50 年代已出现有关决议不存在确认之诉的案件,学界也开始探讨如何构建这样一种诉讼机制,日本《公司法》对此也作出了明确规定。[1] 实际上,我国部分法院也较早意识到了这个问题,但判决确认决议不成立的案件仍不多见。[2]《公司法解释(四)》明确了决议不成立之诉的相关规则,这起到较为及时的指导作用。

(二)决议责任的体系化革新

我国《公司法》及相关司法解释主要关注的是决议效力问题,但对

---

〔1〕 河本一郎「株主総会決議不存在確認判決の第三者に対する効力」神戸法學雜誌 5 巻 4 号(1956 年)698 頁;日本『会社法』830 条参照。

〔2〕 例如,在个案中,有判决确认股东会决议实际上并不存在,只要原告在知道或者应当知道自己的股东权利被侵犯后,在法律规定的诉讼时效内提起诉讼,人民法院都应依法受理,不受《公司法》第 22 条关于股东申请撤销股东会决议的 60 日期限的规定限制。参见张某某与江苏万华工贸发展有限公司、万某、吴某某、毛某某股东权纠纷案,载《最高人民法院公报》2007 年第 9 期。

于决议责任制度几乎没有规定，仅在《公司法》第112条第3款规定了股份有限公司董事应当对董事会的决议承担责任。董事会的决议违反法律、行政法规或者公司章程、股东大会决议，致使公司遭受严重损失的，参与决议的董事对公司负赔偿责任。但经证明在表决时曾表明异议并记载于会议记录的董事可以免除责任。这主要是瑕疵决议的董事责任条款。归结起来，我国相关制度的主要问题在于：其一，仅规定了决议无效或可撤销的责任，但对于合法有效的决议，倘若受其约束的主体不遵守决议内容，又当如何追责，公司法对此并无回应；其二，仅规定了股份公司的董事责任，但对于股份公司的股东、监事与其他相关主体，以及有限公司的相关主体是否应当承担决议责任，也缺乏相应的法律规定。

1. 决议责任的类型

从当前公司法的实践来看，决议的责任至少应当包括瑕疵决议的责任以及违反决议的责任两方面，这也是当前制度革新最需要回应的其中一个问题点。[1] 瑕疵决议的责任主要是指股东、董事、监事在作出相关决议时在内容或程序方面违反法律、行政法规或公司章程所引起的法律责任；同时瑕疵决议责任也需要结合《公司法解释(四)》增加决议不成立之诉的规则革新，以扩展瑕疵决议责任的适用范围。违反决议的责任主要是公司内部受决议约束的主体不遵守或不执行依法作出的决议，损害到公司及相关主体利益时所引起的法律责任。

而无论是何种决议责任，都需要明确的是，该责任应对谁承担？决议是“公司”的决议，故而责任人应首先对公司承担决议责任，相应地，公司有权实施内部规制或请求承担法律责任。那么，这里面是否存在对公司以外其他主体承担责任的可能呢？对此，需要从以下方面予以解释：根据我国《公司法》第42条、第43条等规定，要改变出资比例行使表决权，或者设定特别的议事方式和表决程序，都需要通过章程予以明确规定，亦即无法以章程之外的制度安排来确定是否应当承担决议责任。

---

〔1〕 类似地，陈醇认为，决议责任可分为违反决议的责任与违反议事程序的责任两种。参见陈醇：《论决议的民事责任——超越传统二元责任体系》，载《学术论坛》2010年第3期。

故而,决议责任作为一项法定责任,主要是指责任人对公司承担的责任。但与此同时,决议的内容也可能涉及其他主体的合法权益,那么承担决议责任就理应包含对于相关主体权益受损的赔偿或其他责任承担的内容。例如,公司股东会已经依法作出利润分配决议,但公司管理层故意拖延或拒不执行决议,那么股东在依法起诉公司要求其按照决议内容进行利润分配的同时也理应可请求相关责任人员承担决议责任。

2. 决议责任的承担方式

决议的效力判定仅是对决议行为本身的处理,至于与决议相关的主体责任,立法对此应当有所回应。决议行为既然能产生法律效力,那就应当要求引起决议无法生效的主体以及受生效决议约束而又不履行义务的主体承担责任。然而,究竟要如何承担决议责任,值得讨论。

一方面,对于决议责任的归责原则,宜采过错推定,这是考虑决议程序的可视化与确定性,除非当事人能够证明其在标准化流程当中并无过错。

另一方面,决议的责任形式与追究机制是制度构建的难点。董事会决议还可能通过完善董事责任体系来加以规制,但《公司法》对股东会决议的责任并无明确的追究机制。理论上,决议的责任形式还可拆解为内外两层:在公司外部,主要是指法律责任的追究问题,公司法对此可以明确瑕疵决议责任及违反决议责任的法定性,从而无须通过合同责任或侵权责任等传统规则体系予以救济。[1] 继而,公司法还需对股东、董事、监事、高管等相关主体的决议责任予以细化。而在公司内部,主要是指前述公司惩罚权的问题,公司可依法对责任人进行惩罚,包括警告、限制表决权或其他权能行使、罚款、赔偿损失甚至是不妨碍股权财产利益前提下的除名等。由于这些责任形式往往都涉及当事人的切身利益,在《公司法》当中对此予以明确是比较妥当的策略选择。

---

〔1〕 故而陈醇认为,应当打破固有的侵权责任与违约责任之二元责任体系,确认决议责任的独立性。参见陈醇:《论决议的民事责任——超越传统二元责任体系》,载《学术论坛》2010年第3期。

三、公司责任的多元化：以“相应的责任”为中心

(一)问题缘起与相关争论

网络平台的业态演进及功能嬗变愈加显现近年来电子商务立法之必要性及紧迫性,这一过程大致可分为四个阶段:在初始阶段,平台主要是被用以信息传递(包括信息发布、信息沟通等),业务也主要是在企业之间进行(B2B)〔1〕,其类型主要是内容提供平台和即时通信平台,如在1997年至1998年相继创立的网易、搜狐、腾讯、新浪等皆为其典例。而后,因应“非典”疫情防控无法频繁地进行线下交易之现实境况,平台业务也向个人延伸(B2C、C2C)。〔2〕“网购”渐次成为人们生活中的热门词汇,包括当当、京东等在内的平台也不再仅是被用以信息传递,而是服务于线上交易,即催生了通常理解的电商平台。从此,形形色色的电商平台与数量巨大的人口及其消费需求相结合,呈现具有当代中国特色的经济发展景观。电商平台于2009年首次举办“双十一”网络促销活动,而在2010年前后以美团为代表的团购电商平台促使网购得以更进一步地普及。这可谓网络平台发展的第三阶段,此时因网购产生的法律问题也受到关注,这直接促成2013年我国《消费者权益保护法》的修改。同时,《电子商务法》也于2013年年底正式启动立法进程。〔3〕继而,“互联网+”于2015年被正式提出,〔4〕同时受到所谓共享经济的影响,“共享企业”也使平台之商业模式迥异于传统之处得以更进一步彰显。这样一种民众广泛参与其中的协作模式在提升就业率等方面的确有其明显的

〔1〕 Business to Business,B2B.

〔2〕 我国商务部曾于2009年发布《电子商务模式规范》,其中规定了企业(或其他组织机构)之间、企业(或其他组织机构)和消费者之间(Business to Consumer,B2C)、消费者之间(Consumer to Consumer,C2C)等主要的几种电子商务模式。不过,随着互联网技术及电子商务的深入发展,电商平台也越发多元,以上单一的模式划分也已无法适应实践需求。

〔3〕 参见电子商务法起草组编著:《中华人民共和国电子商务法条文释义》,法律出版社2018年版,第3页。

〔4〕 参见国务院《关于积极推进“互联网+”行动的指导意见》(国发〔2015〕40号)。

效益优势,[1]但同时也引发劳动者权益保护等诸多问题。[2] 而更关键的是,这一阶段的电商平台发展往往伴随大量的公司融资与并购活动,[3]由此引致诸多公司证券法及竞争法难题。[4]

多元化的法律关系引致法律责任的构建也不能仅有一种模式。尤其是在平台经济蓬勃发展的今日,公司外部法律责任的构建更需要对此予以高度关注。因应日新月异、蓬勃发展的电子商务之时代需求,我国《电子商务法》于 2019 年 1 月 1 日正式施行。该法第 38 条第 2 款规定:"对关系消费者生命健康的商品或者服务,电子商务平台经营者对平台内经营者的资质资格未尽到审核义务,或者对消费者未尽到安全保障义务,造成消费者损害的,依法承担相应的责任。"该款是《电子商务法》立法过程中的一个争议焦点,其关键在于如何理解"相应的责任"。在此之前,该法三审稿规定的是"连带责任"。该款也是在三审稿中增加的规定,以期回应部分电商平台权责不对应的现实问题。然而,三审稿甫一公布即引起诸多质疑,主要是认为若对电商平台施加过重责任,从长远来看不利于电子商务的创新和发展。[5] 故而,在四审稿中,该款之"连带责任"又被修改为"补充责任",这似乎是借鉴了原《侵权责任法》第 37 条第 2 款关于因第三人行为引起的公共场所管理者的安全保障义务的规定。这一修改同样引起诸多批评。其中,中国消费者协会的反应

---

〔1〕 自 2008 年金融危机以来,全球失业率总体呈上升趋势,失业率的上升使有较为充分的劳动力投入共享经济。参见蒋大兴、王首杰:《法律规制共享经济的事实前提》,载《扬州大学学报(人文社会科学版)》2017 年第 3 期。

〔2〕 有学者将共享经济称作零工经济(gig economy),认为网络平台背景下的劳动雇佣关系已发生本质变化,如同工人没有了雇主,公司也不太像个公司。See Gerald Friedman, *Workers without Employers: Shadow Corporations and the Rise of the Gig Economy*, 2 Review of Keynesian Economics 171(2014).

〔3〕 斯利认为,参与共享经济的几乎都是得到大量风险投资支持的科技企业,这些企业为了财富聚集,不断鼓吹放松管制的口号。同时,这种发展模式往往只是企业利用共享的噱头而不断圈钱的手段。See Tom Slee, *What's Yours Is Mine: Against the Sharing Economy*, OR Books, 2015, p. 19 – 28, 163 – 164.

〔4〕 例如,"二选一"现象是近年来备受关注的规制难点。参见王晓晔:《论电商平台"二选一"行为的法律规制》,载《现代法学》2020 年第 3 期;焦海涛:《"二选一"行为的反垄断法分析》,载《财经法学》2018 年第 5 期。

〔5〕 刘文学:《电商立法:迎着问题和争议而上》,载《中国人大》2018 年第 20 期。

尤为激烈，其相关负责人认为这一改动将在很大程度上减轻电商平台的责任。[1]

而就在四审稿公布前后，2018 年 8 月 24 日，浙江乐清一名 20 岁女孩乘坐某网约车公司顺风车而惨遭司机奸杀，该案引起社会广泛关注。[2] 这一事件对《电子商务法》第 38 条第 2 款的规定产生了较大影响，倘若再规定电商平台在安全保障义务方面只承担补充责任，显然不合时宜。2018 年 8 月 31 日，全国人大常委会表决通过历经四次审议的《电子商务法》，最终确立了如今所见到的“相应的责任”之规定。

所谓的“相应的责任”应当如何理解，仍存在诸多疑惑。为了剖析这一问题，首先需要重新认识多元化的平台公司的法律关系，继而，我们才能结合平台经济之现实语境对“相应的责任”作出科学合理的解释。而更关键的是，“相应的责任”的规定可能反映了平台经济下复杂多变的法律关系。本书的基本立场是，《电子商务法》所规定的“相应的责任”存在现实合理性，其不仅符合当前平台经济发展的实况，且充分彰显了《电子商务法》的立法价值，还与日益多元化的平台法律关系相契合。而所谓互联网平台，往往都是采取公司形式设立和运营的企业，因此，“相应的责任”的确立，无疑也非常符合选择型公司法的理念。

（二）法律关系多元化与平台公司“相应的责任”的制度构建

平台经济的过快发展让人们愈加难以理解其商业模式，其中的法律问题也似乎愈加复杂。尤需注意的是，商业模式不会一成不变。在此之前，它更多以共享经济的面貌为人们所熟知。共享经济的滥觞，的确彰显出新兴商业模式对经济发展的刺激作用。

1. 从共享经济到平台经济

共享经济如何置于法学语境之下予以探讨，是个难题。在此，不妨

---

〔1〕 参见任震宇：《中消协表态：电商法（草案）四审稿修改有严重隐患》，载新浪财经网，http://finance. sina. com. cn/china/2018 - 08 - 29/doc-ihiixyeu1043752. shtml。

〔2〕 参见任震宇：《女孩乘顺风车遇害 滴滴该负何种责任》，载《中国消费者报》2018 年 8 月 31 日，第 2 版。

从共享经济的特征或者要素出发,探索这一经济现象背后最重要的关注点究竟是什么。《我的就是你的》一书认为,这一消费模式需要满足产品服务系统(product service system)、再分配市场(redistribution market)与协作生活方式(collaborative lifestyles)三个条件,以及临界群聚(critical mass,即要有足够的参与人数,且其中要有忠诚而高频的使用者之核心群体)、闲置产能(idling capacity)、对公有物的信念(belief in the commons,主要是遏制"公地悲剧")及陌生人间的信任四项原则。[1] 国内有学者在总结共享经济相关前沿文献的基础上将共享经济模型的要素归纳为消费观念、技术要素、信任机制、环境变迁等四个方面。[2] 在法学语境下,可尝试将共享经济的特征/要素大致归纳为主体、内容、客体三个维度(参见图6-1)。

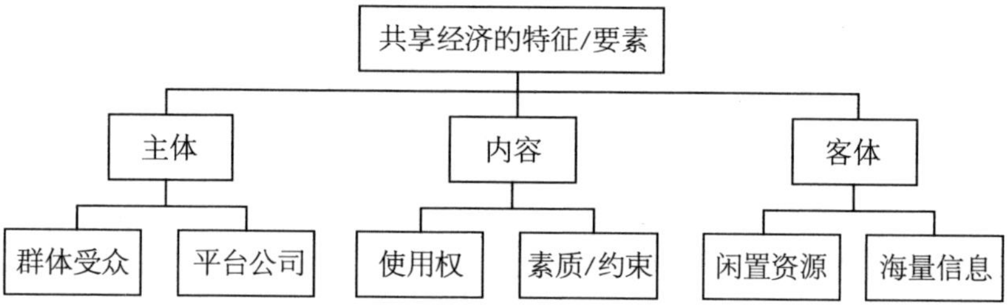

图6-1　共享经济的特征/要素

对此可以作如下几点阐释:第一,平台的建立,是共享经济成长的重要起点,在没有平台之前,群体间即便可能会存在资源共享的现象,其所波及的范围也极为有限。第二,共享经济的精髓正在于用户之间可共享使用权。而与之相对应地,用户在享有物或服务之使用权的同时,必须承担一定的义务,这主要是指用户在使用物或服务之后不影响其他用户的使用,属于禁止权利滥用原则在共享经济发展中的运用。这种义务的

---

〔1〕 See Rachel Botsman & Roo Rogers, *What's Mine Is Yours: How Collaborative Consumption Is Changing the Way We Live*, HarperCollins, 2011, Introduction, p. xvi.

〔2〕 参见杨帅:《共享经济类型、要素与影响:文献研究的视角》,载《产业经济评论》2016年第2期。

履行,往往寄希望于个人素质或相关制度的约束,而所谓素质往往也是靠制度予以保障的。第三,要实现闲置资源的充分利用,则必须同时汇聚海量信息。共享经济的滥觞,正是看中了闲置资源无比巨大的潜在价值。[1] 故而,共享经济难以形成于资源匮乏的领域或时代,它是生产力发展到一定阶段才可能出现的产物。而海量信息的汇聚与群体参与一样,必须通过互联网技术才能实现。这些所谓的大数据,一般被认为可以降低信息不对称所产生的风险,还可以提升交易双方的匹配性等。[2] 激发闲置资源的应有活力,甚至从单纯迎合需求到主动创造需求,实际上是在供给侧改革背景下共享经济发展的意义所在。

在这些特征要素中,对于主体之间权利义务配置产生关键影响的是海量信息,亦即,这些信息如何收集、由谁掌握以及何以利用。如此一来,信息权成为法学领域研究这一新兴商业模式的重要切入点。[3] 对于信息权的关注,落实到信息权的主体——主要就是平台,继而关注平台经济的法律规制,这也成为法学理论与实践对这一经济现象的理性回应。

2. 解剖平台公司法律关系——以"网约车"为例

以信息权的掌握程度为中心,我们可以发现不同情境下法律结构的重大差异,也能进一步呈现根据不同情境相应设置不同责任的重要意义。需要注意的是,信息权往往与产品或服务的供给端相联系。本书以某网约车公司业务开展为例对平台公司法律关系予以解剖。

某网约车公司作为一站式多元化出行平台公司,提供顺风车、快车、专车、出租车、豪华车、公交、代驾、共享单车、共享电单车、外卖等多元化的出行和运输服务。其中,较具代表性的业务是顺风车、快车、专车三类服

---

[1] Airbnb 的成立与发展正是最好的例子。See Rachel Botsman & Roo Rogers, *What's Mine Is Yours: How Collaborative Consumption Is Changing the Way We Live*, HarperCollins, 2011, Introduction, p. ix - xiv.

[2] 参见高秦伟:《分享经济的创新与政府规制的应对》,载《法学家》2017 年第 4 期。

[3] 参见龙卫球:《再论企业数据保护的财产权化路径》,载《法学》2018 年第 7 期;敬力嘉:《论企业信息权的刑法保护》,载《北方法学》2019 年第 5 期。

务,这三类服务也正反映出三种截然不同的平台法律关系。

(1)顺风车的法律结构(参见图6-2)。顺风车业务于2018年8月下线整改,其因由主要就是前面提及的顺风车司机奸杀女乘客一案。此处关注的不是司机的行为,而是作为平台的网约车公司究竟是否应当承担法律责任。事件甫一发生,舆论迅速发酵。论者多有指摘平台不作为是导致悲剧产生的重要原因。[1] 对此需要反思的是,平台公司究竟在顺风车业务当中扮演何种角色?可以说,顺风车业务一开始呈现的确实是传统共享经济之模式。在这一模式下,平台公司更倾向于发挥中介的作用,例如,Uber、Airbnb等早期共享企业所构建的平台都属于这一种模式。平台此时不是共享资源的供给端,就海量信息而言,平台主要负责将其汇集起来,而并非实际掌控。例如,顺风车司机要何时出发、去往何地等,平台公司对此不可能完全掌握。同时,顺风车司机只需要在网约车公司应用程序上注册,填写相关信息,即可开展顺风车活动。顺风车业务对于司机来说,往往不是以营利为目的,故而是否愿意载客,同意载客后又是否反悔,皆由司机自己决定。相应地,乘客也可以在选择了顺风车业务后至上车前随时无责取消服务。这的确充分彰显了你情我愿的共享特质。

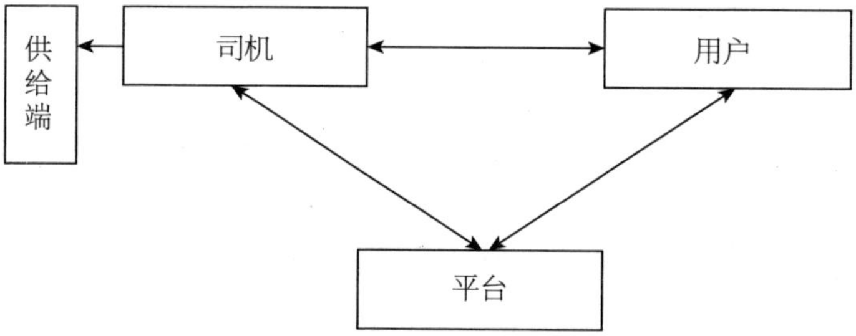

图6-2 顺风车情境下的法律结构

[1] 例如,有评论称:网约车各种恶性案件的发生,不法分子固然应该承担法律责任,但是公司作为平台方,监管制度的漏洞百出,社会责任感的缺失,使其也存在重大过失,一再威胁着消费者的出行安全。参见《"2018十大消费侵权事件"今日发布》,载央视网,http://jingji.cctv.com/2019/01/25/ARTIpCzp3hBj0zUc9gcmSJI2190125_5.shtml。

也正因为平台公司在此间并不享有强大的信息权，故而也没有能力甚至没有义务提供相应的保护措施，与之相适应，正是比起快车、专车业务而言相对较低的车费。这些都是乘客（用户）理应考虑的方面。

当然，也正由于这种信息的巨大不确定性，平台公司根本无法对于业务本身可能存在的风险予以掌握，也就难以设置全方位的风险防范对策。该业务下线后经过公司长时间整改才得以重新上线，既是强大的舆论压力所致，从本质上来看其实也是公司风险控制的必然结果。

（2）快车的法律结构（参见图6－3）。在快车业务中，与顺风车相似的是，司机依然是主要的供给端——司机驾驶自有车辆提供运输服务。然而，与顺风车业务不同的是，快车情境下乘客下单后或者司机接单后若未在限定时间内取消订单，则可能构成违约，需要支付相应的违约费用。更重要的是，在快车业务当中，平台对信息的掌握及利用程度显然相对较高。快车司机在选择乘客方面并非完全自由的，平台可能会根据不同时间段、不同区域以及需求量大小等因素向司机强制分派承运业务，司机对此不能拒绝，或者一旦拒绝即可能无法获得额外奖励等。因此，在快车情境下，虽然平台公司与司机之间并不是劳动关系，但公司的强势地位显而易见，两者之间订立的合同也不完全是平等主体之间的法律关系。一旦平台公司对司机的行为限制超过合理限度时，必然引致不公平现象的出现。对此，我国《电子商务法》第35条进行了必要的制度回应："电子商务平台经营者不得利用服务协议、交易规则以及技术等手段，对平台内经营者在平台内的交易、交易价格以及与其他经营者的交易等进行不合理限制或者附加不合理条件，或者向平台内经营者收取不合理费用。"

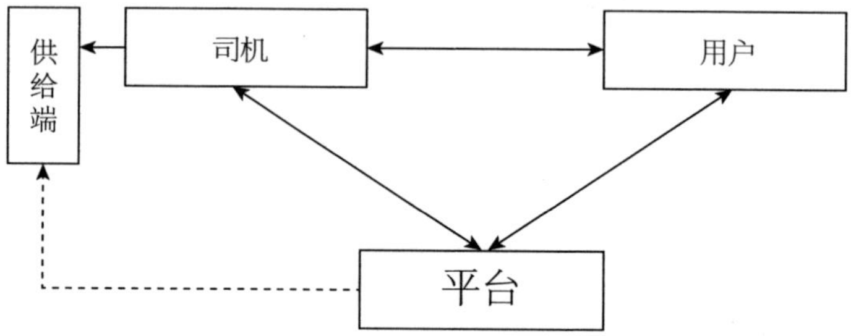

图 6－3　快车情境下的法律结构

既然如此,平台公司在快车业务当中所承担的审查义务和安全保障义务理应更重。至于承担何种责任,仍不能一概而论。司法裁判宜根据个案的具体情况,合理认定平台的过错大小。故而,在快车业务当中,平台公司可能需要承担快车司机侵权行为的补充责任甚至连带责任。

(3)专车的法律结构(参见图 6－4)。从图 6－4 中不难发现,专车情境下的法律结构发生了本质变化,相比顺风车、快车业务,专车业务已从三方法律关系演化为两方法律关系。在这样的关系当中,平台对专车享有所有权,与司机往往是劳动关系。可以说,专车服务已与所谓的共享经济渐行渐远,其完全是公司直接向用户提供的客运服务,相较传统服务而言,它只不过是借助了互联网并充分运用所收集的信息罢了。如此一来,平台公司不再是中介的角色,它已成了“卖方”,更是供给端:一方面,由于司机为公司的劳动者,那么司机的侵权行为理应由公司承担责任;[1]另一方面,由于公司充分掌握了用户信息,享有强大的信息权,故其理应承担更严格的审查和安全保障义务。而与之相应,专车服务的费用也更高。

〔1〕 根据我国《民法典》第 1191 条的规定,用人单位的工作人员因执行工作任务造成他人损害的,由用人单位承担侵权责任。

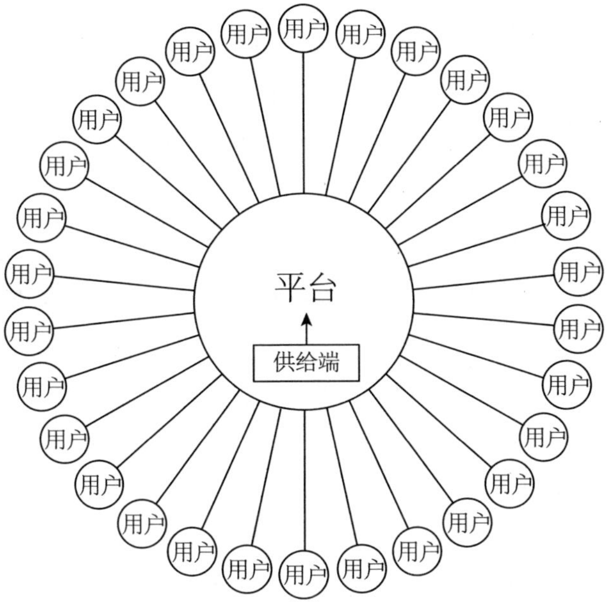

图 6 – 4　专车情境下的法律结构

可以说,专车模式是从共享经济到平台经济这一过程中的必然产物。在顺风车模式中,资源的闲置与流动都存在一定的不确定性,一旦资源配置无法由买卖双方自行完成,其负面影响则直接由平台承担。即便是快车模式,也常常会有在上下班高峰时段呼叫快车难度明显提升的情况,为维持正常运营,平台就必须储备一定量的自有车辆与司机用以应急,这就慢慢形成了专车服务。可以说,这种"平台主导的供给端 + 用户共享使用权"的做法一旦成为主流,平台法律规制就显得非常重要。

由此可见,不区分情形地去考虑平台公司应承担何种责任,无论是补充责任还是连带责任,都已无法完全与日渐复杂的商业实践相契合。相应责任的设置,既是对不同交易结构选择的制度应对,也是为司法裁判预留足够的裁量空间,结合具体案情具体分析。故而,所谓平台公司承担相应责任不必然减轻其法律责任。平台公司究竟要承担多大程度的责任,需要综合考虑其商品或服务的供给情况,以及对信息收集、掌握和利用的程度等因素。

四、两个延伸问题

实际上,公司内外部问责规则的构建是一个非常庞大的工程,也并非仅有以上三个方面的内容。此处再就以下两点进行扼要的延伸思考。

(一)董监高之资格及责任是否存在规则选择空间

从全球公司法的相关规则来看,董监高作为公司高层,通常都需要满足一定法定条件方可任职,其所承担的义务也通常是法定义务,即信义义务。这里所说的仅是“通常”情况。下面仅以董事为例探讨我国相关规定的问题及改进。

一方面,我国《公司法》对于董事的任职目前只规定了消极资格,而未有积极资格的规定。对于消极资格的规定,需要斟酌的问题在于:一是未对消极资格的情形进行合理分类。例如,担任破产清算的公司企业董事等,对该公司企业破产负有个人责任的情形,明明是普通的民事行为、民事纠纷,似无限制其再行任职的必要。即便需要有所限制,也应当与其他违法行为之危害程度及后果有所区别。二是公司章程能否针对董事消极资格予以特殊规定甚至是选择性规定,尚有疑问。例如,公司章程能否规定比《公司法》更严格的消极资格要求?秉持公司自治的视角,这样的规定应认定为合法。当然,公司法宜对相关问题予以明确,如规定公司章程可以对董监高任职设置更严格的条件,这就可以将积极资格规定也纳入进来。

另一方面,在主体范围方面,董事究竟是否只能由自然人担任,立法应予以明确。审视当前经济发展的格局与趋势,未来公司法引入法人董事也并非完全不可能。林少伟认为,人工智能时代若再坚持董事只能由自然人担任已然难以自圆其说。[1] 根据英国2006年《公司法》第156A条、第156B条的规定,英国公司董事原则上应为自然人,但并没有完全

〔1〕 参见林少伟:《人工智能对公司法的影响:挑战与应对》,载《华东政法大学学报》2018年第3期。

否定法人董事存在的可能性。而且关键是,实践中真的可能完全杜绝法人董事的存在吗?似乎不能。许德风指出,不少董事往往都是特定股东指派的,这在本质上与法人董事相去不远。[1] 考虑董事往往受控于指派其任职的股东,而大股东又大多是公司,故而赵旭东早已指出法人董事在我国实际上已然存在。[2] 那么,对于这样一种客观存在的商业实践,倘若公司法不作出有效回应,那么就有可能沦为一项潜规则。如此一来,还不如直接明确自然人董事和法人董事两种制度选择,并设置与之相应的行为规范。

此外,忠实义务之规定未进行必要的类型化。根据我国《公司法》第148条的规定,放贷或担保、自我交易以及竞业等,属于相对禁止行为,而其他行为则皆可被归入绝对禁止行为之列。尤需注意的是,根据该条规定,篡夺公司商业机会也属于相对禁止行为。实际上,篡夺商业机会与竞业并不能等同,尽管可能存在交叉,但绝非种属关系。公司商业机会应受到法律的充分保护,而制度构建的关键在于如何识别是公司的而非董监高个人的机会。[3] 因此,公司法宜对忠实义务的规定予以重新分类,尤其是着重强调相对禁止行为的规定,提示公司章程需要对相关事宜进行规则设置的选择。

(二)是否有必要构建公司法上的协议责任规则

如前所述,公司法应当构建相对独立的协议制度,继而设置与之相适应的责任规则。我国《公司法》明确提及的协议责任主要就是瑕疵出资股东的违约责任。此外,《公司法解释(三)》对于隐名出资合同的责

---

[1] 参见许德风:《论法人董事与代表人董事——兼议董事独立性的界限》,载《法学》2015年第3期。

[2] 参见赵旭东:《有限责任公司的改造与重塑——〈公司法〉相关内容的修改建议》,载《政法论坛》2003年第3期。

[3] 相关代表性研究,参见冯果:《"禁止篡夺公司机会"规则探究》,载《中国法学》2010年第1期;曹顺明、高华:《公司机会准则研究》,载《政法论坛》2004年第2期。

任略有提及,但并不明确;[1]《公司法解释(四)》对于拟对外转让股权之股东"反悔"时的协议责任也仍有较大的解释空间。[2] 至于在其他协议情形下当事人是否承担及如何承担协议责任的问题都未有制度回应。

就公司内部关系来看,公司法上的协议制度主要关注股东之间的协议,而在公司外部关系中主要是股东与股东以外其他主体之间的协议问题。公司法对于相关协议应给予必要的回应。尤需注意的是,之所以要在公司法当中设置必要的协议制度,不仅是考虑相关制度的公司法属性,更重要的是要在公司法语境下对协议和决议作出界分。简言之,哪怕是一份合法有效的协议,也不必然获得强制履行的效果,基于组织法之考虑,当事人可能仅能向违约方请求承担采取补救措施、赔偿损失或支付违约金等责任。从股东与其他主体的关系来看,这主要是防止股东滥用其权利损害公司人格或公司利益,又或是阻却股东以外其他主体无端干涉公司人合性。因此,公司法应当明确,相关主体之间的协议的履行,要以尊重组织法的特性为前提;若要突破公司法规则进而强制履行相关协议,需要有法律的特别规定。

既然协议的强制履行在公司法语境下受到较大限制,那么对于违约金的问题理应给予足够关注。一是当事人在订立相关协议时需要充分考虑合法有效的协议可能存在无法强制履行的风险,那么对于违约金的数额设置应当审慎斟酌;二是司法裁判中法院虽然在违约金的调整方面享有一定裁量权,基于公平的考虑而调整违约金数额的案例也较多,然而,面对涉及公司内部法律关系的协议时,司法者衡量违约金数额是否

---

〔1〕《公司法解释(三)》第24条首先明确隐名出资协议原则有效,实际出资人与名义股东之间的问题根据协议进行处理,同时协议因具有相对性而无法直接约束公司。但该条并未明确名义股东违约(如不按照协议要求行使股东权利)或实际出资人违约(如未依约经名义股东同意或未通知名义股东之情形下直接经公司其他股东半数以上同意而显名)的责任承担问题。

〔2〕《公司法解释(四)》第20条只是提及有限责任公司的转让股东在其他股东主张优先购买后又不同意转让股权时,其他股东不得主张优先购买,但可主张转让股东赔偿其合理损失。实际上,请求合理赔偿的理由既可能是违约责任也可能是缔约过失责任。区别主要在于转让股东究竟是否具有转让股权之真意。倘若转让股东只是假借订立合同以便了解股权的价值或是其他目的,其从一开始就没有转让股权的意图,那么这种违反诚实信用原则的行为应构成缔约过失责任。公司法宜对此予以必要回应。

合理的因素当中理应包含合法有效的协议无法被强制履行可能给权利人带来的风险及损失。以上两点考虑本质上都是商事思维在解决合同法和公司法交叉之纠纷时的体现。

在明晰协议类型及责任承担的基础上,公司法上的协议制度构建至少需要注意以下两点:一方面,合同法在处理与股权相关的协议纠纷时通常采取类推适用方法,但类推适用的范围应当限缩、条件应当明确。类推适用本身亦需要满足一个重大前提——法律存在漏洞。[1] 法律漏洞的存在有其不可避免的因素,但法律的目的解释与扩大解释常常能够使这种漏洞并非不可逾越。即便公司法对于特殊协议制度尚无规定,但这并不必然要将问题的解决方法诉诸合同法规则。商事审判宜首先秉持理性的商事思维对当事人法律关系进行剖析,先从公司法当中找到能够适用的原则性规定,或者类推适用公司法规则。另一方面,无名合同的“有名化”的确是利益保护的重要途径,然而,与公司法律关系紧密相连的合同实现“有名化”主要是公司法的任务。具体规则要对特殊协议类型作出规定,明确约定事项的边界,并可设置详细的任意性规定作为当事人协议的补充。

---

〔1〕 参见王泽鉴:《民法总则》,中国政法大学出版社 2001 年版,第 63 ~ 65 页。

代结论:中国公司法的功能调适及未来走向

一、这道选择题的参考答案

以上各章详尽剖析了选择型公司法的理论与实践及其可能的革新方向。行文至此,对于这样一道宏大的选择题,有必要扼要总结本书的基本立场。

第一,公司合同理论倡导的"填空"功能致使公司法在应对商业实践方面显得过于被动,这也成为我国公司法改革亟待反思的议题。公司合同理论自滥觞起就对全球公司法带来了颠覆性改变,其根本性的贡献在于提供了一种理解公司法规则的崭新思路。这一看法根植于经济学的自由主义,放松对公司的管制,增加公司法的任意规范,是"填空"功能导向下的必然结果。然而,一旦公司合同界限难以确定或是过于宽泛,公司法存在的必要性就可能被弱化,从而引起越来越多学者的担忧或质疑。法学视域下有关公司法功能的讨论,也因此呈现任意规范与强行规范如何设置与平衡之争。只不过,公司法同时兼有任意规范与强行规范是制度变迁的必然结果,一国公司法究竟是以何种规范为主,实为不同时期国家对公司发展采取的紧缩或宽松之政策性问题。但就公司法功能这一基础问题而言,过度的政策性思考可能并未切中要害。在股东角色多样化引致的投资格局多角化、治理模式多元化等当代背景下,以"填空"为功能导向的公司法在活化公司治理乃至提升一国公司竞争力方面就显得过于被动。相应地,在公司合同理论影响下,中国公司法也主要围绕公司自治与司法干预的关系展开,进而陷入如何确定强行规范与任意规范之边界的争论。公司法在填补公司合同"缝隙"过程中容易导致过度填补、"缝隙"识别困难及协议替代治理等问题,而这种"填空"功能的定位徒增当事人对默认规则的依赖,形式上强调的公司自治也可能引致公权的隐性管制。

第二,选择型公司法在坚持公司自治的背景下,力求体系化地突破仅提供一套默认规则的简单模式。当代公司法不能单纯以被动填补缝隙为目的,而需在公司基本框架、股权利益享有与行使方式、公司治理结构设置以及公司内外部问责等关键制度领域引入主动提供多重选项的模式。基于大数据等进步因素,以及当下参考域外机制的可能性与可行性,立法者要比过往更有能力考虑实践中业已存在或在一定时期内可能出现的交易模式以及风险应对策略,并将其置于公司法中以供当事人选择。以"选择"功能代偿"填空"功能的策略需充分考虑公司实践的不同可能性,提升机制形成过程中当事人的参与度,以促使公司自治从形式走向实质。由此,公司法的实施也不再单纯表现为主体被动接受规则设置的过程,而将充分彰显规则与主体之间的良性互动。

第三,在公司分类方面,我国公司法不宜机械模仿域外的做法,不能盲目扩张又或是随意取消特定的公司形式,关键问题应是针对有限公司与股份公司在立法体例、治理结构、决策方式等维度力求革新。公司类型不是越多越好,而需要关注一国之其他企业形式的发展状况,我国已有个人独资企业、合伙企业等其他形式,公司法保留两种公司形式符合实践需要。同时,公开程度与责任形式是两种不同的公司分类标准,两者之间不应是"二选一"的冲突关系,公司法完全可以同时容纳两种或更多样的公司分类方法。故而,本质问题是如何提升当前两类公司各自的辨识度。在立法体例层面,宜将股份有限公司作为标准公司,有限责任公司的相关规定置于其后作为补充。在治理结构层面,有限责任公司之规则设置应体现更大的弹性,例如,有限责任公司的机构设置可由投资者选择,在监事往往形同虚设的情势下,将监事乃至监事会的设置改由公司自行决定也未尝不是一种符合行为理性的制度选择。同时,未来修法有必要简化有限责任公司的相关规定,并可允许有限责任公司自由配置机构间的职权。在决策方式层面,有限责任公司规则有必要更关注协议以及人头多数决的功能,以资本多数决为基础构建的决议制度在特定场合反而不能满足公司治理的需求,而这在股份有限公司场合不存在广阔适用空间。

第四,在公司章程记载事项方面,应以相对必要记载事项作为革新重点。相对必要记载事项的规则设置将更大程度地彰显公司法的"选择"功能,该类事项的记载与否不会影响章程的效力,然其生效只能经章程载明,而不能通过其他途径。明确章程相对必要记载事项的内容,能促使当事人在公司法律关系情境下根据公司自身需求并依照程式作出制度安排,也因为这些事项只能通过章程产生效力,就可能在很大程度上降低了当事人通过协议或其他私下交易进行利益安排的概率,这对于减少冲突及处理纠纷都大有裨益。归结起来,至少应将特别股设置、差异化表决权安排、股权转让限制、公司治理结构设置、公司惩罚权等事项列入相对必要记载事项之范畴,以供当事人选择。

第五,在股权利益享有与行使方式方面,公司法宜在彻底反思一股一权、同股同权规则之基础上,依循股权变动和公司治理两条线路,尽可能提供足够的制度选择。股权利益享有与行使方式多元化的背景是股东角色分化与股权利益分离阶段,两者又根植于公司法上的分离理论。公司法的发展史昭示出一种分离态势:公司与合伙分异→公司与股东隔离→公司内部治理衡平→股东角色分化。分离态势仍将继续,当下正处于股东角色分化引起的股权利益分离阶段,即不同股东有着不同的利益需求,须剖析股权的利益结构,进而探索不同利益的实现方式,是选择型公司法构建的主要内容之一。具体而言,股权变动中的选择性规则主要关注股权转让、股东资格继承、股权赠与、隐名出资等维度涉及的股权利益如何进行特殊配置的问题,公司治理中的选择性规则可以从混合所有制改革中股权架构之多元化选择切入，省察优先股、差异化表决权安排、股权信托、黄金股、协议等涉及的相关问题。以上两个维度呈现这样一种规则应对的策略：公司参与者作出的特定权益安排通常都是有效的，但这些有效的协议或者其他安排却不一定能够在公司场合被强制履行。即行为法与组织法相遇时，理应优先考虑组织法的适用。基于公司独立人格的存在，公司内外部形成了独立的两方面法律关系。选择型公司法在进行相应的规则设置选择时，首先需要明确公司法与合同法乃至其他行为法之区隔。

第六，在公司治理结构设置方面，公司法宜摒弃过分单一的治理结构规则构建模式，在“授权—执行—监督”之基本框架下，充分衡量不同场合之公司内部机关设置的多元化可能。申言之，主要包括以下几个方面的内容：其一，规则选项的设计主要以监督为中心；其二，同一公司类型不必然需要适用同一套治理机制；其三，淡化“必设”机关的观念，促进不同机关设置之间的联动与衡平；其四，自由度越高的领域，越需要法律提供多重选项；其五，立法宜适当回应非常态化的内部机构和董事人数限制等问题，以利于更大程度地提升公司治理质效。继而，在构建多元化公司治理结构规则的同时，可因应革新董监高的资格与义务规则。

第七，在公司内外部问责机制方面，由于公司及各相关主体被赋予了一定的选择权，公司法需要充分考虑选择可能带来的风险。之于公司内部，主要是指公司惩罚权的设置问题，无论是基于社团罚还是合同罚之机理，公司都在一定范围内享有对相关主体进行惩罚之权。例如，对于董监高之惩罚可视为信义义务之适当延伸，而对员工甚至是用户等主体的惩罚则往往是由于合同的存在。难点可能在于公司是否有权惩罚股东。在股东角色分化的背景下，股东可能基于不同投资需求而深入参与公司治理，这首先需要在立法理念上打破股东只负有出资义务的传统立场，继而经过公司意思形成程序而将可惩罚的情形及可选择的惩罚方式明确记载于公司章程，那么对于股东之惩罚也获得了正当合法性。之于公司外部，主要是通过立法而对相关主体的法律责任予以明确，这主要包括公司法语境下的协议责任、决议责任等。此外,因应平台经济之蓬勃发展,渐趋多元化的法律关系引致法律责任的构建也不能仅有一种模式。我国《电子商务法》第 38 条第 2 款所确立的“相应的责任”也是选择功能在公司法律责任构建中的呈现。由此可见,不区分情形地去考虑平台公司应承担何种责任,无论是补充责任还是连带责任,都已无法完全与日渐复杂的商业实践相契合。相应责任的设置,既是对不同交易结构选择的制度应对,也是为司法裁判预留足够的裁量空间,需结合具体案情具体分析。

二、中国公司法分阶段改革之建言

当然,功能嬗变并非一蹴而就的,但若要等到所有的条件都满足才开展改革可能为时过晚。妥当的策略,可能是分阶段改革。首先,根据改革的难易程度进行区分,并结合当前实践中的需求程度予以细化。其次,每一部分只要条件满足,即可进行相应的制度革新。

第一,最需要反思和革新的是股权利益享有与行使方式多元化的问题。股东角色分化及股权利益结构的多样化是当前公司法实践与改革所要回应的最重要的客观态势。科创板当中的差异化表决权安排的试验理应只是制度革新的第一步。以此为契机,可以加快对于涉及一股一权、同股同权规则之相关问题的反思与研讨,以期促进相关规则的体系化变革。

第二,在体系化革新股东权利的基础上,公司法的修改可斟酌不同公司类型的股东在股权利益享有和行使方式之差异及其对公司治理结构的影响。股权利益调整和保障需要公司章程的护航,尤其是产生重大影响的利益配置,需要强化章程相对必要记载事项以及任意记载事项的规则以满足其程式化要求。

第三,公司内外部问责机制的逐渐构建能够在丰富股权利益的同时划定相关行为的边界。对于新兴业态或模式,我们往往在一开始的时候可以秉持多一些包容与开放的态度,但与此同时也要防患于未然。尤其是在股权利益享有与行使方式多元化以及公司治理结构选择设置优化之基础上，体系化地构建公司内外部问责机制就成为选择型公司法改革能否持续进行的重要制度保障。

第四，一旦股权利益和公司治理结构等方面的选择性规则得以构建，那么就可以相应地细化当前公司的分类，尤其是注重同一公司类型之下根据不同的分类标准进行再分类、再细化的问题。

第五，在以上几点都相应启动改革后，就能渐次形成选择型公司法基本的总体结构。一旦选择型公司法的总体结构得以初步形成，就能从理论角度总结并完善其特征，彰显这一功能嬗变的时代价值。

制度革新，理念先行——这实际上是理想状态。制度革新往往需要在不断试错之后方能找到妥当的进路，而崭新的理念也正是在这过程中逐渐形成。一旦选择型公司法之理念渗透到理论研究和制度实践当中，那么既能稳固既有的改革成果，也能为接下来一段时间的规则修订提供有效指引。而在这往复的指引与改革之间，理念也可能随之更新。

不以规矩，不能成方圆。越多的选择意味着越多的义务、责任将如影随形。在法治中国之宏伟蓝图引领下，我国正经历从公司法制向公司法治演进的重要阶段，公司法治是公司法制之体系建成与质效彰显的最终结果。商人实践会不断提供更多灵感与创意，而制度回应则应具有勇气与智慧。

三、选择型公司法研究的其他着眼点

（一）公司法与金融法的关系

股权利益享有与行使方式之多元化不仅促使公司法必须提供相应的选择性规则，还对金融法（尤其是证券法、信托法）提出了革新要求。在资本市场当中，这一多元化趋势首先体现为金融产品的多样化及交易结构的复杂化，层次性的关系或结构必然衍生纷繁多样的投资者权利。

继而,何为证券所有权以及权利分层引发的问题皆值得反思,[1]而证券权利结构必然随之发生变化,[2]这也进一步倒逼我们要重新思考我国《证券法》对于证券概念的规定是否妥当以及是否应当扩大其外延的问题。[3] 金融法不得不对此作出回应,乃至在特定场合提供可选择的法律规则。由于股权利益不可避免地从公司内部延伸至外部,并与整个资本市场相关联,那么不断革新的金融衍生品也就成为利益实现途径的可选项。金融衍生品本是投资者用以分散风险的工具,但其中也可能隐含更大的投资风险,这需要强大的法律保障。同时,各地交易所存在差异性的自律性规则也可能在竞争中催生新一轮利益享有与行使方式多元化的浪潮。由此,单凭一部《公司法》,无法很好地实现制度供给。资本市场的健康发展有赖于不断完善的证券法律制度,证券交易法与证券监管法的协同发展,也是供给侧与需求侧实现制度磨合的重要方面。

此外,选择型公司法需要更全面的信息披露制度。尤其是上市公司,应就其特定规则的选择进行详细、充分的说明。详细而言,公司应当就其作出此种选择的动机、目的、进程、预期收益及可能存在的风险与防范对策拟定详尽的报告,《证券法》及证券交易场所的相关规则还可针对上市公司的此种选择列示需要信息披露的特别事项。当然,信息披露是一门利益平衡的艺术,需要妥善处理公司及利益相关者的关系;同时,需要注重本国之当前情势,尤其是充分考量其他相关制度的完备性。

(二)合规视角下的公司法

合规逐渐成为时下非常热门的跨学科法律研究课题。在普遍开始设立合规部门之前,业界在前几年已经注重风险控制或风险管理。例如,有公司数年前就设置了风险管理委员会,其职权主要是定期评估公

---

〔1〕 尤其是涉及公司金融法领域对"所有权"概念的反思。参见楼建波:《金融商法的逻辑:现代金融交易对商法的冲击与改造》,中国法制出版社 2017 年版,第 103~137 页。

〔2〕 参见万国华、张崇胜:《互联网时代证券权利结构的嬗变与反思》,载《财经法学》2018 年第 4 期。

〔3〕 参见邢会强:《我国〈证券法〉上证券概念的扩大及其边界》,载《中国法学》2019 年第 1 期;吕成龙:《我国〈证券法〉需要什么样的证券定义》,载《政治与法律》2017 年第 2 期。

司风险状况和风险控制能力、开展公司治理情况自查和督促整改,也包括根据外部监管部门意见对公司内控体系进行评价。[1] 然而,所谓风控的主旨其实主要是聚焦于如何降低运营成本。随着社会经济纵深发展,公司内外部法律关系变得愈加复杂,经营风险已然不是唯一的甚至不是最主要的风险。而一旦公司法提供了充分的制度选择,监管风险与刑事风险等就愈加突出。由此,合规业务应运而生。陈瑞华认为,企业合规首先是公司治理和公司法的问题,同时也涉及经济法、行政法、刑法、刑事诉讼法的新课题,更是对律师业务产生了广泛的影响。[2] 从理论上来讲,选择过度或选择不当也可能和没有选择空间的情形一样,引致公司自治失灵。当公司选择适用的规定或模式不断增加的情势下,公司的选择是否符合法律、行政法规的规定,是否合乎公司章程及其他内部规程的要求,乃至是否符合公司利益最大化等,都需要合规部门会同法务、风控等部门予以有效应对。

合规,归根结底应为公司的内部事务,而不能演变成公权力干预公司自治的理由。合规首先还是一个公司治理和公司法的问题。从这一视角来看,合规的重要功能正是促进公司治理的优化,其本质是维护公司的程式。之所以要如此刻意地维护公司的程式,是因为公司治理常比人们想象的脆弱得多。正如汉斯曼等人之资产分割理论所强调的,"实体保护(entity shielding)需要法律,而所有者保护(owner shielding)不需要"。所有者保护可通过合同实现目的,而在组织法领域,公司法律关系进一步淡化了契约因素,需要通过立法的形式对权利进行确认及保护。[3] 一旦扩充了当事人对于规则适用的选择权,当事人忽视甚至侵蚀公司程式的可能性也相应提升。根据科斯的观点,企业权威的存在是

---

〔1〕 参见广发证券股份有限公司董事会于 2014 年 11 月通过的《董事会风险管理委员会议事规则》第 8 条。

〔2〕 参见陈瑞华:《企业合规制度的三个维度——比较法视野下的分析》,载《比较法研究》2019 年第 3 期。

〔3〕 See Henry Hansmann, Reinier Kraakman & Richard Squire, *Law and the Rise of the Firm*, 119 Harvard Law Review 1335(2006).

企业区别于市场的重要特征,[1]这与公司合同理论的契合之处在于,核心决策者既然可以对不完备合同进行修订以固化其权威,同样也可能会在规则选择方面倾向性地选择对自身而非对公司有利的规则,从而危及公司人格。因此,越是强调规则的多重选项,也就越需要设置相应的机制维护公司程式。公开公司对于程式的要求自不待言,而非公开公司之所以需要在一定程度上维持公司程式,不是因为当事人不能通过协议合理安排各自利益,而是考虑到,一旦为了迁就公司人合性而践踏公司程式的话,诸多违反规则的行为将可能成为当事人攫取不当利益的潜规则。非公开公司尽管自由度更高,但在对待程式的问题上,妥当的策略是淡化,而非完全摒弃。所谓淡化,是指赋予投资者对公司治理结构设计足够的选择权,而这种选择并不是简单通过协议即可实现的,而仍需经由公司法的程序性规则将其固化为机制。这也是非公开公司与合伙、联营、协作等其他组织形式或松散关系之间相区别的底线。[2]

而在合规业务盛行的背景下,还存在这样一种可能:以此为契机改良现有的独立董事制度。例如,在选择型公司法的框架下,立法可要求进行特定规则选择的公司必须设置相应的合规部门或相关委员会,[3]并规定机构组成成员应有一定数量的具有从事合规业务经验的独立董事,以应对规则选择可能带来的经营风险、监管风险和刑事风险。当公司对特定规则进行选择时,法律不仅会提供相应的制度规范,必要时还可要求合规部门就此进行评价并提交报告。与此同时,独立董事应当对公司的规则选择发表独立意见,公司证券法需要对该独立意见的内容予以细化。

---

〔1〕 See Ronald Coase, *The Nature of the Firm*, 4 Economica 386 (1937); Stephen M. Bainbridge, *The New Corporate Governance in Theory and Practice*, Oxford University Press, 2008, p. 38.

〔2〕 参见周游:《公司法语境下决议与协议之界分》,载《政法论坛》2019 年第 5 期。

〔3〕 域外不少立法都对外部董事(尤其是独立董事)在委员会当中的人数比例提出要求。例如,在日本,公司各委员会应有过半数的外部董事。江頭憲治郎『株式会社法』(有斐閣,2015 年)380 頁;日本『会社法』331 条参照。

(三)倾听公司制度史的回响

总的来说,公司法学是一门应用性极强的学科,故而需要关注当下,展望未来。然而,这并不意味着对于公司制度史的研究就微不足道,甚至可以说,当下面临的诸多公司法难题,过往早已践行,历史已早有回响,我们需要做的,首先是倾听。

中国公司法制变迁历程跌宕起伏,不少元素都深刻影响了我们当前公司法改革的策略。中国特色社会主义法治体系是要让世人看到中国法治的独特性与优越性。对本土公司法制的自尊与自信建立在对历史真实的认知与理解之基础上,借鉴经济史、法制史学者的既有研究,审慎厘清中国公司法制变迁的脉络与逻辑,很可能是公司法学者在当前的一项重要课题。针对选择型公司法这一宏大而重要的研究议题,这样的一段历史更有着独一无二的巨大优势。

1911 年 4 月,清政府进一步推行铁路国有政策。鲜为人知的是,此等铁路国有政策的实质是官方以采用公司制商办铁路将祸患无穷为由,公然违背《公司律》之意旨,强行收回已经按照《公司律》设立的公司之铁路商办权。[1] 如此一来,公司法制形同虚设,引致民怨四起、政权动摇。公司法制实践已过百年,公司法治的实现仍有很长一段路要走。如何从公司法制走向公司法治,将是当前及未来很长一段时间我国公司法学界需要研究之课题。

历史的真相只有一种必然性,但是对历史的理性解读则因各人之不同立场而具备多重可能性。对于中国公司法制史,公司法学者实际上要比历史学者、经济学者、法制史学者有更强大的动力及能力进行探究:一方面,公司法学者更有可能运用成熟的公司法理论对公司法制的形成与变迁作出理性解读,进而分析公司法律条文的立法理念、逻辑结构及制

---

〔1〕《大清宣统政纪》卷五二[宣统三年(1911 年)四月]记载:"乃数年以来,粤则收股及半,造路无多,川则倒帐甚巨,参追无著。湘鄂则开局多年徒资坐耗。竭万民之膏,或以虚糜,或以侵蚀,恐旷时愈久民累愈深,上下交受其害,贻误何堪设想。用特明白晓谕,昭示天下,干路均归国有,定为政策。所有宣统三年以前,各省分设公司集股商办之干路,延误已久,应即由国家收回,赶紧兴筑。"

度实效;另一方面,公司法学者更有可能影响《公司法》的修订,因此,就更有必要研究公司法制史,从而了解本国公司法制的历史脉络及发展趋势。

(四)公司法传统命题的冷思考

公司法功能嬗变是一个宏大的并且需要长期、持续关注的课题。那么,在如今常常倡导紧跟时代步伐、追踪前沿热点的背景下,为何需要关注公司法的传统命题,这与公司法之功能嬗变又有何联系,值得深思。

首先,公司法传统命题是常新的。诸如公司分类、公司章程、股东权利、公司治理甚至是国企改革、企业单位制等,都不是中国公司法上的新议题。然而,不可否认的是,这些议题历久弥新,常在不同时代、不同背景下得以注入新的元素,使我们不得不隔一段时间就需要对其进行系统的反思。尤其是在构建选择性规则过程中,需要对包括一股一权等在内的所谓固有的规则进行严肃推敲。继而,对于传统命题的思考,不宜因其固守传统甚至落后就对其全盘否定。每一项规则、原则甚至理念都可能在特定时期发挥重要作用,而这些素材又不可避免地融入制度变迁过程当中,成为我们在短时间内往往无法摆脱的路径依赖。

其次,公司法传统命题又是经常性地被异化的。公司制度并非中国原生,因此,在制度实践及相关法律法规之制定过程中,参考域外相关实践的优良经验则不可避免。然而,不管立法者或相关著述的翻译者是否有误解或曲解相关内容,域外机制引入中国就需要与本土制度环境等诸多因素相磨合。例如,本书提及的我们对于公司合同理论、股权性质以及两权分离等的理解都可能存在较大的误差。因此,我们并不是要推翻既有的传统学说或立场,而是力求正本清源,这似乎也成为在进行制度构建过程中一道必不可少的工序。

最后,公司法传统命题还往往是“法外的”。即这些命题都主要是公司法以外其他领域的重要研究和实践成果所引致的法学思考。无论是公司合同理论所依托的经济学,还是公司宪治论所依托的政治学,抑或是依托于心理学研究公司及其参与者之行为等,不难发现所谓的公司法传统命题都可能不是原生命题,而是将公司及其制度构建置于整个经济社会发展当中予以思考的产物。这也是以公司法为研究重心的商法与传统民法的区别之一,甚至可以说,专注于跨学科研究、不断从其他领域当中吸取思维观念或方法论之涵养,是商法挣脱民法桎梏的当代进路之一。

总之,公司法涉及的议题,因其常常与变动不居的经济社会密切相连,故而很容易受其表面之迷惑,而不得其宗。与其反对,不如反思;与其重构,不如重置。由此,我们在术业专攻之漫长征程中,越是面向应用性强的领域,可能越是需要冷静地回溯历史、回归本原。

主要参考文献

一、中文

（一）著作

1. 蔡立东：《公司自治论》，北京大学出版社 2006 年版。

2. 陈醇：《商法原理重述》，法律出版社 2010 年版。

3. 邓峰：《代议制的公司：中国公司治理中的权力和责任》，北京大学出版社 2015 年版。

4. 邓峰：《普通公司法》，中国人民大学出版社 2009 年版。

5. 范健、王建文：《商法的价值、源流及本体》，中国人民大学出版社 2007 年版。

6. 甘培忠著，周淳、周游续著：《企业与公司法学》，北京大学出版社 2021 年版。

7. 甘培忠：《公司控制权的正当行使》，法律出版社 2006 年版。

8. 葛伟军译注：《英国 2006 年公司法》，法律出版社 2017 年版。

9. 贺少锋：《公司法强制性规范研究》，厦门大学出版社 2010 年版。

10. 姜朋：《官商关系——中国商业法制的一个前置话题》，法律出版社 2008 年版。

11. 蒋大兴：《公司法的观念与解释 Ⅰ——法律哲学 & 碎片思想》，法律出版社 2009 年版。

12. 蒋大兴:《公司法的展开与评判——方法·判例·制度》,法律出版社 2001 年版。

13. 李建伟:《中国企业立法体系改革:历史、反思与重构》,法律出版社 2012 年版。

14. 李清池:《商事组织的法律结构》,法律出版社 2008 年版。

15. 楼建波:《金融商法的逻辑:现代金融交易对商法的冲击与改造》,中国法制出版社 2017 年版。

16. 罗培新:《公司法的合同解释》,北京大学出版社 2004 年版。

17. 施天涛:《公司法论》,法律出版社 2018 年版。

18. 汪青松:《股份公司股东异质化法律问题研究》,光明日报出版社 2011 年版。

19. 王保树、崔勤之:《中国公司法原理》,社会科学文献出版社 2006 年版。

20. 王军:《中国公司法》,高等教育出版社 2017 年版。

21. 吴建斌编译:《日本公司法:附经典判例》,法律出版社 2017 年版。

22. 叶林:《公司法研究》,中国人民大学出版社 2008 年版。

23. 张家镇等编纂、王志华编校:《中国商事习惯与商事立法理由书》,中国政法大学出版社 2003 年版。

24. 张忠民:《艰难的变迁——近代中国公司制度研究》,上海社会科学院出版社 2002 年版。

25. 赵旭东主编:《公司法学》,高等教育出版社 2015 年版。

26. 朱锦清:《国有企业改革的法律调整》,清华大学出版社 2013 年版。

27. [澳]斯蒂芬·波特姆利:《公司宪治论——重新审视公司治理》,李建伟译,法律出版社 2019 年版。

28. [德]格茨·怀克、克里斯蒂娜·温德比西勒:《德国公司法》,殷盛译,法律出版社 2010 年版。

29. [德]托马斯·莱赛尔、吕迪格·法伊尔:《德国资合公司法》,高旭军等译,上海人民出版社2019年版。

30. [加]布莱恩·R.柴芬斯:《公司法:理论、结构和运作》,林华伟、魏旻译,法律出版社2001年版。

31. [美]卞历南著译:《制度变迁的逻辑:中国现代国营企业制度之形成》,浙江大学出版社2011年版。

32. [挪威]马德斯·安登斯、[英]弗兰克·伍尔德里奇:《欧洲比较公司法》,汪丽丽、汪晨、胡曦彦译,法律出版社2014年版。

(二)期刊

1. 蔡立东:《公司制度生长的历史逻辑》,载《当代法学》2004年第6期。

2. 蔡元庆、黄海燕:《股东协议治理:缘起、困境与规范进路》,载《财经法学》2019年第2期。

3. 蔡元庆:《对我国公司分类模式的思考——从法律适用的视角》,载王保树主编:《商事法论集》第21卷,法律出版社2012年版。

4. 蔡元庆:《股份有限公司章程对股权转让的限制》,载《暨南学报(哲学社会科学版)》2013年第3期。

5. 蔡元庆:《股权二分论下的有限责任公司股权转让》,载《北方法学》2014年第1期。

6. 曹兴权:《认真对待商法的强制性:多维视角的诠释》,载《甘肃政法学院学报》2004年第5期。

7. 陈醇:《权利的结构:以商法为例》,载《法学研究》2010年第4期。

8. 陈醇:《意思形成与意思表示的区别:决议的独立性初探》,载《比较法研究》2008年第6期。

9. 陈群峰:《认真对待公司法:基于股东间协议的司法实践的考察》,载《中外法学》2013年第4期。

10. 陈甦:《实缴资本的多重效用及其保障措施》,载《法学杂志》2014年第12期。

11. 邓峰:《董事会制度的起源、演进与中国的学习》,载《中国社会科学》2011 年第 1 期。

12. 邓峰:《中国法上董事会的角色、职能及思想渊源:实证法的考察》,载《中国法学》2013 年第 3 期。

13. 邓峰:《中国公司治理的路径依赖》,载《中外法学》2008 年第 1 期。

14. 邓峰:《作为社团的法人:重构公司理论的一个框架》,载《中外法学》2004 年第 6 期。

15. 方流芳:《试解薛福成和柯比的中国公司之迷》,载梁治平主编:《法治在中国:制度、话语与实践》,中国政法大学出版社 2002 年版。

16. 方流芳:《中西公司法律地位历史考察》,载《中国社会科学》1992 年第 4 期。

17. 冯果、段丙华:《公司法中的契约自由——以股权处分抑制条款为视角》,载《中国社会科学》2017 年第 3 期。

18. 冯果:《"禁止篡夺公司机会"规则探究》,载《中国法学》2010 年第 1 期。

19. 冯果:《股东异质化视角下的双层股权结构》,载《政法论坛》2016 年第 4 期。

20. 甘培忠、周淳:《隐名出资纠纷司法审裁若干问题探讨》,载《法律适用》2013 年第 5 期。

21. 甘培忠、周游:《论当代企业组织形式变迁的趋同与整合——以国家需求与私人创新的契合为轴心》,载《法学评论》2013 年第 6 期。

22. 甘培忠:《论公司资本制度颠覆性改革的环境与逻辑缺陷及制度补救》,载《科技与法律》2014 年第 3 期。

23. 顾功耘:《论国资国企深化改革的政策目标与法治走向》,载《政治与法律》2014 年第 11 期。

24. 郭大维:《论股东表决权拘束契约之效力》,载《月旦裁判时报》2011 年第 10 期。

25. 郭富青:《公司创制章程条款研究》,载《比较法研究》2015 年第 2 期。

26. 郭锐:《商事组织法中的强制性和任意性规范——以董事会制度为例》,载《环球法律评论》2016 年第 2 期。

27. 洪艳蓉:《股票质押式回购的法律性质与争议解决》,载《法学》2019 年第 11 期。

28. 胡改蓉:《论公共企业的法律属性》,载《中国法学》2017 年第 3 期。

29. 黄辉:《对公司法合同进路的反思》,载《法学》2017 年第 4 期。

30. 黄铭杰:《"股东"平等原则 vs."股份"平等原则——初探股东平等原则复权之必要性及可行性》,载《月旦民商法杂志》2011 年总第 31 期。

31. 季奎明:《中国式公司内部监督机制的重构》,载《西南民族大学学报(人文社会科学版)》2020 年第 4 期。

32. 江平、孔祥俊:《论股权》,载《中国法学》1994 年第 1 期。

33. 蒋大兴:《国企为何需要行政化的治理——一种被忽略的效率性解释》,载《现代法学》2014 年第 5 期。

34. 蒋大兴:《公司法中的合同空间——从契约法到组织法的逻辑》,载《法学》2017 年第 4 期。

35. 蒋大兴:《合宪视角下混合所有制的法律途径》,载《法学》2015 年第 5 期。

36. 蒋大兴:《走向"政治性公司法"——党组织如何参与公司治理》,载《中南大学学报(社会科学版)》2017 年第 3 期。

37. 李安安:《股份投票权与收益权的分离及其法律规制》,载《比较法研究》2016 年第 4 期。

38. 李安安:《股债融合论:公司法贯通式改革的一个解释框架》,载《环球法律评论》2019 年第 4 期。

39. 李建伟:《董事会规模强制规制模式的解释与反思》,载《法学杂志》2019 年第 10 期。

40. 梁上上:《股东表决权:公司所有与公司控制的连接点》,载《中国法学》2005 年第 3 期。

41. 林少伟:《人工智能对公司法的影响:挑战与应对》,载《华东政法大学学报》2018 年第 3 期。

42. 刘斌:《公司类型的差序规制与重构要素》,载《当代法学》2021 年第 2 期。

43. 刘燕:《公司法资本制度改革的逻辑与路径——基于商业实践视角的观察》,载《法学研究》2014 年第 5 期。

44. 楼秋然:《有限责任公司中的股东协议效力问题研究——基于合同法与组织法交叉视阈下的效力区隔与整合》,载《河南财经政法大学学报》2019 年第 2 期。

45. 罗培新:《公司法的合同路径与公司法规则的正当性》,载《法学研究》2004 年第 2 期。

46. 罗培新:《公司法强制性与任意性边界之厘定:一个法理分析框架》,载《中国法学》2007 年第 4 期。

47. 罗培新:《填补公司合同"缝隙"——司法介入公司运作的一个分析框架》,载《北京大学学报(哲学社会科学版)》2007 年第 1 期。

48. 缪因知:《汉斯曼的企业所有权理论》,载《中外法学》2009 年第 2 期。

49. 缪因知:《从国企到公共企业的法律调整与所有制调整》,载《交大法学》2017 年第 3 期。

50. 潘林:《论公司法任意性规范中的软家长主义——以股东压制问题为例》,载《法制与社会发展》2017 年第 1 期。

51. 潘林:《优先股与普通股的利益分配——基于信义义务的制度方法》,载《法学研究》2019 年第 3 期。

52. 潘林:《重新认识"合同"与"公司":基于"对赌协议"类案的中美比较研究》,载《中外法学》2017 年第 1 期。

53. 钱玉林:《公司法总则的再生》,载《环球法律评论》2019 年第 4 期。

54. 钱玉林:《公司章程“另有规定”检讨》,载《法学研究》2009 年第 2 期。

55. 钱玉林:《商法漏洞的特别法属性及其填补规则》,载《中国社会科学》2018 年第 12 期。

56. 任尔昕:《关于我国设置公司种类股的思考》,载《中国法学》2010 年第 6 期。

57. 施天涛:《公司法的自由主义及其法律政策——兼论我国〈公司法〉的修改》,载《环球法律评论》2005 年第 1 期。

58. 汤欣:《论公司法的性格——强行法抑或任意法?》,载《中国法学》2001 年第 1 期。

59. 汪青松:《股份公司股东权利多元化配置的域外借鉴与制度建构》,载《比较法研究》2015 年第 1 期。

60. 汪青松:《论股份公司股东权利的分离——以“一股一票”原则的历史兴衰为背景》,载《清华法学》2014 年第 2 期。

61. 王保树:《从法条的公司法到实践的公司法》,载《法学研究》2006 年第 6 期。

62. 王保树:《公司法律形态结构改革的走向》,载《中国法学》2012 年第 1 期。

63. 王保树:《公司法任意性法律规范适用的留意点》,载《国家检察官学院学报》2011 年第 1 期。

64. 吴飞飞:《“公司章程另有规定”条款的理论争点与司法解说——以公司合同理论与股东平等原则为认知路径》,载《甘肃政法学院学报》2014 年第 1 期。

65. 吴建斌:《合意原则何以对决多数决——公司合同理论本土化迷思解析》,载《法学》2011 年第 2 期。

66. 吴建斌:《科斯法律经济学本土化路径重探》,载《中国法学》

2009 年第 6 期。

67. 夏小雄:《公司法现代化:制度改革、体系再造与精神重塑》,载《北方法学》2019 年第 4 期。

68. 徐强胜:《论公司关系:公司法规范的分析基础》,载《法学》2018 年第 9 期。

69. 许德风:《组织规则的本质与界限——以成员合同与商事组织的关系为重点》,载《法学研究》2011 年第 3 期。

70. 许可:《股东会与董事会分权制度研究》,载《中国法学》2017 年第 2 期。

71. 叶林:《商法理念与商事审判》,载《法律适用》2007 年第 9 期。

72. 叶林:《私法权利的转型——一个团体法视角的观察》,载《法学家》2010 年第 4 期。

73. 虞政平:《构建中国多元化公司治理结构新模式》,载《中外法学》2008 年第 1 期。

74. 曾宛如:《多数股东权行使之界限——以多数股东于股东会行使表决权为观察》,载《月旦民商法杂志》2011 年总第 31 期。

75. 张双根:《论隐名出资——对〈公司法解释(三)〉相关规定的批判与发展》,载《法学家》2014 年第 2 期。

76. 赵万一、赵吟:《中国自治型公司法的理论证成及制度实现》,载《中国社会科学》2015 年第 12 期。

77. 赵旭东、顾东伟:《隐名出资的法律关系及其效力认定》,载《国家检察官学院学报》2011 年第 2 期。

78. 赵旭东:《改革开放与中国商法的发展》,载《法学》2018 年第 8 期。

79. 赵旭东:《资本制度变革下的资本法律责任——公司法修改的理性解读》,载《法学研究》2014 年第 5 期。

80. 赵吟:《公司法律形态演进的动力机制》,载《北方法学》2015 年第 4 期。

81. 赵忠奎、周友苏:《整合与扩容:公司组织形态变革的本土路径》,载《社会科学研究》2021 年第 1 期。

82. 朱慈蕴、林凯:《公司制度趋同理论检视下的中国公司治理评析》,载《法学研究》2013 年第 5 期。

83. 朱慈蕴、沈朝晖:《不完全合同视角下的公司治理规则》,载《法学》2017 年第 4 期。

84. 朱慈蕴、沈朝晖:《类别股与中国公司法的演进》,载《中国社会科学》2013 年第 9 期。

85. 朱慈蕴:《公司章程两分法论——公司章程自治与他治理念的融合》,载《当代法学》2006 年第 5 期。

86. 朱大明:《美国公司法视角下控制股东信义义务的本义与移植的可行性》,载《比较法研究》2017 年第 5 期。

二、英文

(一)著作

1. Adam Winkler, *We the Corporations: How American Businesses Won Their Civil Rights*, Liveright Publishing Corporation, 2018.

2. Adolf A. Berle & Gardiner C. Means, *The Modern Corporation and Private Property*, The Macmillan Company, 1932.

3. Arianna Pretto-Sakmann, *Boundaries of Personal Property: Shares and Sub-Shares*, Hart Publishing, 2005.

4. Christopher M. Bruner, *Corporate Governance in the Common-Law World: The Political Foundations of Shareholder Power*, Cambridge University Press, 2014.

5. David Rothkopf, *Power, Inc.: The Epic Rivalry Between Big Business and Government—and the Reckoning That Lies Ahead*, Farrar, Straus and Giroux, 2012.

6. Frank H. Easterbrook & Daniel R. Fischel, *The Economic Structure of*

Corporate Law, Harvard University Press, 1991.

7. Henry Hansmann, *The Ownership of Enterprise*, Harvard University Press, 1996.

8. Jonathan R. Macey, *Corporate Governance: Promises Kept, Promises Broken*, Princeton University Press, 2008.

9. Jonathan R. Macey (ed.), *The Iconic Cases in Corporate Law*, Thomson/West, 2008.

10. Lance Davis & Douglass C. North, *Institutional Change and American Economic Growth*, Cambridge University Press, 1971.

11. Larry E. Ribstein, *The Rise of Uncorporation*, Oxford University Press, 2010.

12. Mark J. Roe, *Strong Managers, Weak Owners: The Political Roots of American Corporate Finance*, Princeton University Press, 1994.

13. Mathias M. Siems, *Convergence in Shareholder Law*, Cambridge University Press, 2008.

14. Randall K. Morck (ed.), *A History of Corporate Governance around the World: Family Business Groups to Professional Managers*, University of Chicago Press, 2005.

15. Stephen M. Bainbridge, *The New Corporate Governance in Theory and Practice*, Oxford University Press, 2008.

(二)论文

1. Alan Schwartz, *The Default Rule Paradigm and the Limits of Contract Law*, 3 Southern California Interdisciplinary Law Journal 389(1993).

2. Curtis J. Milhaupt & Wentong Zheng, *Beyond Ownership: State Capitalism and the Chinese Firm*, 103 The Georgetown Law Journal 665(2015).

3. Dalia Tsuk Mitchell, *Shareholders as Proxies: The Contours of Shareholder Democracy*, 63 Washington and Lee Law Review 1503(2006).

4. Daniel R. Fischel, *The "Race to the Bottom" Revisited: Reflections on*

Recent Developments in Delaware's Corporation Law, 76 Northwestern University Law Review 913(1982).

5. Dennis P. Coates, *Share Transfer and Transmission Restrictions in the Close Corporation*, 3 University of British Columbia Law Review 100 (1969).

6. Edward B. Rock, *The Logic and (Uncertain) Significance of Institutional Shareholder Activism*, 79 The Georgetown Law Journal 445 (1991).

7. Frank H. Easterbrook & Daniel R. Fischel, *The Corporate Contract*, 89 Columbia Law Review 1416(1989).

8. Franklin A. Gevurtz, *The Historical and Political Origins of the Corporate Board of Directors*, 33 Hofstra Law Review 89(2004).

9. Fred S. McChesney, *Economic, Law, and Science in the Corporate Field: A Critique of Eisenberg*, 89 Columbia Law Review 1530(1989).

10. Gabriela M. Engler Pinto, *Why They Persist? An Analysis of Dual Class Structures and the Unification Process in the U.S. and Brazil*, 10 DIREITO GV Law Review 23(2014).

11. Grant M. Hayden & Matthew T. Bodie, *One Share, One Vote and the False Promise of Shareholder Homogeneity*, 30 Cardozo Law Review 445 (2008).

12. Henry Hansmann & Reinier Kraakman, *The End of History for Corporate Law*, 89 The Georgetown Law Journal 439(2001).

13. Henry Hansmann & Reinier Kraakman, *The Essential Role of Organizational Law*, 110 Yale Law Journal 387(2000).

14. Henry Hansmann, Reinier Kraakman & Richard Squire, *Law and the Rise of the Firm*, 119 Harvard Law Review 1333(2006).

15. Henry T. C. Hu and Bernard Black, *The New Vote Buying: Empty Voting and Hidden (Morphable) Ownership*, 79 Southern California Law

Review 811(2006).

16. Iman Anabtawi, *Some Skepticism about Increasing Shareholder Power*,53 UCLA Law Review 561(2006).

17. J. A. C. Hetherington, *When the Sleeper Wakes: Reflections on Corporate Governance and Shareholder Rights*, 8 Hofstra Law Review 183 (1979).

18. Jeffery N. Gordon, *The Mandatory Structure of Corporate Law*, 89 Columbia Law Review 1549(1989).

19. Jeffrey N. Gordon, *Ties That Bond: Dual Common Stock and the Problem of Shareholder Choice*,76 California Law Review 2(1988).

20. Joel Seligman, *Equal Protection in Shareholder Voting Rights: The One Common Share, One Vote Controversy*,54 The George Washington Law Review 687(1986).

21. John C. Coffee, Jr. , *The Mandatory/Enabling Balance in Corporate Law: An Essay on the Judicial Role*, 89 Columbia Law Review 1618 (1989).

22. Jonathan R. Macey, *Courts and Corporations: A Comment on Coffee*,89 Columbia Law Review 1692(1989).

23. Katharina Pistor, *The Law and the Non-Law*,27 Michigan Journal of International Law 983(2006).

24. Katharina Pistor, Yoram Keinan, Jan Kleinheisterkamp & Mark D. West, *The Evolution of Corporate Law: A Cross-Country Comparison*, 23 University of Pennsylvania Journal of International Economic Law 791 (2002).

25. L. C. B. Gower, *Some Contrasts between British and American Corporation Law*,69 Harvard Law Review 1369(1956).

26. Larry Catá Backer, *The Private Law of Public Law: Public Authorities as Shareholders, Golden Shares, Sovereign Wealth Funds, and the*

Public Law Element in Private Choice of Law,82 Tulane Law Review 1801 (2008).

27. Larry E. Ribstein, *The Deregulation of Limited Liability and the Death of Partnership*,70 Washington University Law Quarterly 417(1992).

28. Larry E. Ribstein, *Why Corporations?*, 1 Berkeley Business Law Journal 183(2004).

29. Lawrence A. Hamermesh, *The Policy Foundations of Delaware Corporate Law*,106 Columbia Law Review 1749(2006).

30. Leonard Hein, *The British Business Company: Its Origins and Its Control*,15 University of Toronto Law Journal 134(1963).

31. Lewis A. Kornhauser, *The Nexus of Contracts Approach to Corporations: A Comment on Esterbrook and Fischel*, 89 Columbia Law Review 1449(1989).

32. Li-Wen Lin & Curtis J. Milhaupt, *We Are the (National) Champions: Understanding the Mechanisms of State Capitalism in China*,65 Stanford Law Review 697(2013).

33. Lucian Arye Bebchuk & Mark J. Roe,*A Theory of Path Dependence in Corporate Governance and Ownership*, 52 Stanford Law Review 127 (1999).

34. Lucian Arye Bebchuk,*Limiting Contractual Freedom in Corporate Law: The Desirable Constraints on Charter Amendments*,102 Harvard Law Review 1820(1989).

35. Lucian Arye Bebchuk,*The Case for Increasing Shareholder Power*, 118 Harvard Law Review 833(2005).

36. Lucian Arye Bebchuk, *The Debate on Contractual Freedom in Corporate Law*,89 Columbia Law Review 1395(1989).

37. Mark J. Roe, *The Shareholder Wealth Maximization Norm and Industrial Organization*,149 University of Pennsylvania Law Review 2063

(2001).

38. Melvin Aron Eisenberg, *The Structure of Corporate Law*, 89 Columbia Law Review 1461(1989).

39. Michael Jensen & William Meckling, *Theory of the Firm: Managerial Behavior, Agency Costs, and Ownership Structure*, 3 Journal of Financial Economics 305(1976).

40. Oliver Hart & John Moore, *Property Rights and the Nature of the Firm*, 98 Journal of Political Economy 1119(1990).

41. Oliver Williamson, *Transaction-Cost Economics: The Governance of Contractual Relations*, 22 Journal of Law and Economics 233(1979).

42. Per Samuelsson, *On the Evolution of Corporate Forms*, 2005 University of Illinois Law Review 15(2005).

43. Rafael La Porta, Florencio Lopez-de-Silanes, Andrei Shleifer & Robert W. Vishny, *Law and Finance*, 106 Journal of Political Economy 1113 (1998).

44. Rafael La Porta, Florencio Lopez-de-Silanes, Andrei Shleifer & Robert W. Vishny, *Investor Protection and Corporate Valuation*, 57 Journal of Finance 1147(2002).

45. Ralph K. Winter, *State Law, Shareholder Protection, and the Theory of the Corporation*, 6 Journal of Legal Studies 251(1977).

46. Robert C. Clark, *Contracts, Elites, and Traditions in the Making of Corporate Law*, 89 Columbia Law Review 1703(1989).

47. Robert C. Clark, *The Four Stages of Capitalism: Reflections on Investment Management Treatises*, 94 Harvard Law Review 561(1981).

48. Robert Sprague & Aaron J. Lyttle, *Shareholder Primacy and the Business Judgment Rule: Arguments for Expanded Corporate Democracy*, 16 Stanford Journal of Law, Business and Finance 1(2010).

49. Roberta Romano, *Answering the Wrong Question: The Tenuous Case*

for Mandatory Corporate Laws, 89 Columbia Law Review 1599 (1989).

50. Ronald Coase, *The Nature of the Firm*, 4 Economica 386 (1937).

51. Ronald J. Gilson, Charles K. Whitehead, *Deconstructing Equity: Public Ownership, Agency Costs, and Complete Capital Markets*, 108 Columbia Law Review 231 (2008).

52. Ronald J. Gilson, *Globalizing Corporate Governance: Convergence of Form or Function*, 49 The American Journal of Comparative Law 329 (2001).

53. Ronald J. Gilson, *Separation and the Function of Corporation Law*, 2 Berkeley Business Law Journal 141 (2005).

54. Ronald M. Green, *Shareholders as Stakeholders: Changing Metaphors of Corporate Governance*, 50 Washington and Lee Law Review 1409 (1993).

55. Sanford A. Schane, *The Corporation Is A Person: The Language of A Legal Fiction*, 61 Tulane Law Review 563 (1987).

56. Sofie Cools, *The Real Difference in Corporate Law between the United States and Continental Europe: Distribution of Powers*, 30 Delaware Journal of Corporate Law 697 (2005).

57. Stephen Bainbridge, *Director Primacy and Shareholder Disempowerment*, 119 Harvard Law Review 1735 (2006).

58. Stephen M. Bainbridge, *The Case for Limited Shareholder Voting Rights*, 53 UCLA Law Review 601 (2006).

59. Steven A. Bank, *A Capital Lock-in Theory of the Corporate Income Tax*, 94 The Georgetown Law Journal 889 (2006).

60. Tingmei Fu, *Legal Person in China: Essence and Limits*, 41 The American Journal of Comparative Law 261 (1993).

61. William Kirby, *China Unincorporated: Company Law and Business Enterprises in Twentieth-Century China*, 54 The Journal of Asian Studies 43

(1995).

62. William L. Cary, *Federalism and Corporate Law: Reflections upon Delaware*, 83 Yale Law Journal 663(1974).

63. William W. Bratton & Michael L. Wachter, *Shareholder Primacy's Corporatist Origins: Adolf Berle and the Modern Corporation*, 34 The Journal of Corporation Law 99(2008).

64. Xu Ke, *Research on the Separation of Shareholder Interests in Derivatives Area and Its Regulation in China*, 7 China Legal Science 110 (2019).

65. Zohar Goshen & Richard Squire, *Principal Costs: A New Theory for Corporate Law and Governance*, 117 Columbia Law Review 767(2017).

三、日文

(一)著作

1. 奥村宏『会社の哲学』(東洋経済新報社,2013年)。

2. 加藤貴仁『株主間の議決権配分:一株一議決権原則の機能と限界』(商事法務,2007年)。

3. 近藤光男『最新株式会社法』(中央経済社,2014年)。

4. 江頭憲治郎『株式会社法』(有斐閣,2015年)。

5. 山下友信『商事法の研究』(有斐閣,2015年)。

6. 出口正義『株主権法理の展開』(文眞堂,1991年)。

7. 松井秀征『株主総会制度の基礎理論:なぜ株主総会は必要なのか』(有斐閣,2010年)。

8. 松田二郎『株式会社の基礎理論』(岩波書店,1942年)。

9. 上村達男『会社法改革——公開株式会社法の構想』(岩波書店,2002年)。

10. 神田秀樹『会社法』(弘文堂,2015年)。

11. 青木昌彦『経済システムの進化と多元性』(東洋経済新報社,

1995 年)。

12. 前田庸『会社法入門』(有斐閣,2009 年)。

13. 大河内曉男『経営史講義』(東京大学出版会,2001 年)。

14. 大隅健一郎『新版株式会社法変遷論』(有斐閣,1987 年)。

15. 長浜洋一『株主権の法理』(成文堂,1980 年)。

16. 長浜洋一 = 平出慶道編『会社法を学ぶ:制度と実態を結ぶ基本テーマの解説』(有斐閣,1975 年)。

17. 末永敏和『コーポレート・ガバナンスと会社法——日本型経営システムの法的変革』(中央経済社,2000 年)。

18. 弥永真生『リーガルマインド会社法』(有斐閣,2015 年)。

(二)论文

1. 河本一郎「株主総会決議不存在確認判決の第三者に対する効力」神戸法学雑誌 5 巻 4 号(1956 年)。

2. 吉本健一「議決権信託に関する若干の法的問題点」阪大法学総 95 号(1975 年)。

3. 高岡義幸「種類株式から見た株式会社の設計思想:コーポレート・ガバナンス体制の変化」広島経済大学経済研究論集 32 巻 1 号(2009 年)。

4. 佐藤寿彦「社外取締役「不設置の理由開示」と社外性要件の見直し」ビジネス法務 14 巻 2 号(2014 年)。

5. 柴田和史「取締役および大株主の情報開示義務(1)」法曹時報 55 巻 1 号(2003 年)。

6. 小塚荘一郎「公益を理由とした株主の権利の制約:黄金株に関する欧州裁判所判決の教訓」上智法学論集 52 巻第 1・2 号(2008 年)。

7. 松尾健一「種類株式と株主平等原則に関する一考察」同志社法学 60 巻 7 号(2009 年)。

8. 新津和典「19 世紀ドイツにおける社員権論の生成と展開:社員権の歴史性と現代的意義」法と政治 59 巻 1 号(2008 年)。

9. 森田果「株主間契約」私法総 64 号(2002 年)。

10. 森田章「株主の公正な議決権行使に必要な情報開示——株主宛年次報告書制度導入論」同志社法学 48 巻 5 号(1997 年)。

11. 森本滋「会社法の下のおける株主平等原則」旬刊商事法務総 1825 号(2008 年)。

12. 青木英夫「所謂「所有と経営の分離」の再検討:メストッカーの所説を中心として」一橋論叢 50 巻 6 号(1963 年)。

13. 村田敏一「会社法における株主平等原則(109 条 1 項)の意義と解釈」立命館法学 6 号(2007 年)。

14. 中村一彦「株主の地位の多元化と株主権の社会的機能——従業員としての株主を中心に」法律時報 60 巻 9 号(1988 年)。

15. 田邉真敏「会社法の強行法規性と株主権の放棄:英国・ドイツ・オランダの比較法的考察」修道法学 32 巻 1 号(2009 年)。

16. 得津晶「持ち合い株と資本市場の健全な発展:株式所有構造の多様化とコミットメント」月刊金融ジャーナル55 巻 2 号(2014 年)。

17. 内海淳一「日本における株主提案権の射程範囲」松山大学論集 24 巻 1 号(2012 年)。

18. 野村修也「株式の多様化とその制約原理」旬刊商事法務総 1775 号(2006 年)。

19. 野村敦子「再考、「株式持ち合い」の功罪」月刊金融ジャーナル 55 巻 2 号(2014 年)。

20. 来住野究「議長資格のない者により採決された株主総会決議とその追認決議の効力:インスタイル株主総会決議不存在確認請求事件(東京地裁平成二三年一月二六日判决)」法学研究:法律・政治・社会 85 巻 7 号(2012 年)。

后　记

感谢读者翻阅至此处。就我自己的读书习惯而言，读后记常常不是读一本书的结束，而是读一本书的开始。从后记中打探作者其人其事以及写一本书前后的花絮，兴许要比单纯浏览目录框架更能迅速地判断是否值得花时间去读完它。[1]

最近在反复品读一本奇书，其开篇提及，世上至少有两种游戏——有限游戏和无限游戏。前者以取胜为目的，后者以延续游戏为目的。[2]哲学家的话语不只是诠释游戏，本质上是看待世界的两种方式，可引申审视人的行为之方方面面，乃至忖度整个社会运行的规则与秩序。本书讨论公司法的功能定位——填空还是选择，其实也是有限和无限的两种视角差异。而对这一议题的持续思考，竟已过去五六年的时光。如今回头来看，探索了这么多年，只有眼前这一点点小感悟，难免羞愧。只能权当鞭策，果决向前。

2015 年，我前往仙台，于日本东北大学商法研究会从事为期一年的

---

〔1〕“我沉浸在概念之中，没有考虑到它们与历史事件的关系，也没有考虑到它们与其创造者稀奇古怪的人生经历的关系。管他什么人生，理念才是最重要的。但三十年后，我得出了截然相反的结论。”参见［英］莎拉·贝克韦尔：《存在主义咖啡馆：自由、存在和杏子鸡尾酒》，沈敏一译，北京联合出版公司 2017 年版，第 457 页。

〔2〕参见［美］詹姆斯·卡斯：《有限与无限的游戏：一个哲学家眼中的竞技世界》，马小悟、余倩译，电子工业出版社 2019 年版，第 3 页。

访问研究。此前,日本《公司法》刚经历了一次非常重要的改革,尤其是对于公司内部机关的设置,法律赋予了当事人更多的选择空间,从而在同一种公司类型下可能有完全不一样的治理模式。这让我很受启发,由此延伸,我渐次领悟到不仅是公司治理结构方面,诸多公司法规则都存在设置"选择条款"的必要与可能。但当时我正忙于博士学位论文《股权利益分离机制研究》的撰写,无暇深入展开公司法功能嬗变的思考。但这一研究念头始终没有消失。2016 年回国后,还未等博士毕业,就迫不及待地着手研究了。只不过,就中国公司法的功能定位而言,主动"选择"是不是一定比被动"填空"要好,我心里没底。公司合同理论是否能在中国公司法改革进程中显现有待进一步研究。依循博士学位论文研究主题,我找到了突破口,先行撰写了《公司法上的两权分离之反思》一文,试图从股权集中程度切入分析不同国家在理解两权分离方面的本质区别,并以控制权形态多元化为落脚点初步探索公司法规则可能存在的选择空间,最后在该文结语部分提出了以"选择"功能代偿"填空"功能的观点。这样一来,有关选择型公司法的研究似乎就有些底气了。

而后,我以相关主题申请的中国法学会 2018 年度课题幸得立项,这是莫大的激励,同时也能敦促自己在此领域做些更深入的研究。写申请书时志气满满,在"成果形式"一栏写下"研究成果预计字数为 40 万字"的豪言壮语,严重低估了仅有一年研究期限之紧迫程度。王湘淳博士和黄海燕博士作为该课题的重要成员,在基础理论研究方面付出了大量心血。尽管我已然做了不少前期工作,但随后一整年除教学以外的时间基本上还是被定格在课题研究上。持续性的思考不仅没有增加确定性,反而是一次又一次地让人回归无知的状态。课题研究的过程大体上是煎熬的,但也有不少因为想通了某些问题而兴奋不已的深夜。本书在课题报告基础上删减修订而成,尽可能剔除了其中因时间匆忙赶进度而滥竽充数的"糟粕",在删除 10 余万字的同时又增加了约 5 万字新内容。这一繁杂的工作在课题结项后又持续将近一个春秋,方才鼓起勇气出版。衷心感谢法律出版社编辑陈妮女士和黄筝女士,得益于她们的细心与耐心,本书才有了如今的模样。

幸得季奎明教授赏识,相关前期成果得以发表,也让我更确定这一主题的研究价值。与此同时,我有幸在浙江大学、对外经济贸易大学等高校举办学术讲座,分享了与本书主题相关的若干粗浅想法;随后两三年在中国社会科学院法学研究所、西南政法大学等不同场合召开的研讨会上也展示了一些更微观的研究。感谢林少伟教授、夏小雄副研究员、周淳博士和楼秋然博士等好友的邀请。

甘培忠教授、缪因知教授为本书慷慨作序,我由衷感激。我自小缺乏父亲的训导,甘老师多年来如慈父般的爱护与鞭策,驱除了我心中诸多杂念。老缪对学术研究的专注以及为人处世的率真,让我深刻感受到一名学者应有的纯粹与风骨。还要感谢蔡元庆教授一如既往的鼓励与指引,促使我坚持本心,不偏离学术研究的基本面向。

前辈同行们的卓越成果是重要的思想源泉。本书所列参考文献不只是这些贡献的呈现,更是一份长长的致敬名录。当然,难免挂一漏万,还请包涵。以上,我皆铭感五内。

感谢可爱的学生们。王明泽、赵振瑞、谭舒予、袁旻晖、黄一豪、方可言、李安东、时海腾协助我搜集整理了不少案例、规则和文献;尤其是林嘉乐和林树荣——两位粤籍的林同学在课题报告统稿时协助我完成了大量工作,如今他俩也即将离开皂君庙,分别去往北京大学和中国政法大学读研。值得一提的是,在我们学院的促进与支持下,近几年来我持续举办商法学研究工作坊活动,幸得校内外同行好友鼎力相助,活泼自由的第二课堂让师生之间有了更多思维碰撞和知识连接,以上不少学生正是在工作坊活动中渐次体会到公司法研究的趣味,主动申请加入课题研究中。我深知协助课题研究是非常繁杂琐碎的任务,从中所收获的可能远不如所付出的,而在别处花费相同的时间与精力兴许会收获更多。再次感恩各位的“选择”,并祝福以上诸君,愿学有所思,思有所乐。

当然,本书所凝视的实在是一个复杂而艰难的主题,提及的诸多内容还有进一步深入拓展的空间,于我而言这的确只是一个开端。只不过，仅凭一人之力也无法对公司法基础理论涉及的每一个问题都研究透彻。近几十年来，围绕某一主题所涉关键概念的分析渐次成为中外社科学界一种比较流行的研究范式。[1] 我也一直寻思着写一本如“理解中国公司法：关键概念”类似主题的书，选取中国公司法领域颇具代表性且存在逻辑关联的若干关键词并深入解构其源流及意涵，由此省察中国公司法变迁的特质。光是构思的过程就激动不已，唯独忧惧自身是否真的具备足够的研究天赋。

最后，还是回归本书的原点，谈谈“选择”。时常会回想起五年前刚入职的一个下班时点，我坐北京地铁六号线回程，正读着赵汀阳的《坏世界研究》，某好兄弟来了通电话，说了一句“很累”便开始号啕大哭，我一时语失，哭声和地铁呼啸声重合在一起，我分明清晰听见的，反倒是自己的心跳声。而在这熙熙攘攘之处，那些眼力无法企及的，此时在内心当中却愈加澄明。法学可能不是我最热衷的术业，但我仍选择了它，它很适合我——用粤语表达，就是一个易得“揾食”[2]的选择；也正因为不是最热衷的，我才会有意识地将工作和生活分开，在不同情境下尽可能选择不同的角色扮演。尤其可趁着这角色切换之际，有了更好的调适空间，从而不会因为哪个角色入戏太深而随时崩溃。而无论是大到整个国家和社会，还是小到每一个个体，都常常面临选择的问题。例如，从宏观视角来看，历史学家王国斌与经济学家罗森塔尔在《大分流之外》中指出，一些历史现象与其说是因为文化差异，不如说是人们在不同自然地理环境与社会政治环境下的选择。[3] 至于个体的选择，就更可能充斥着诸多让人难以理解的矛盾。如美国作家、历史学家塔拉在《你当像鸟

[1] 最近阅读的两本相关译著都颇具启发意义。参见[英]雷蒙·威廉斯：《关键词：文化与社会的词汇》，刘建基译，生活·读书·新知三联书店 2016 年版；[美]狄安娜·泰勒编：《福柯：关键概念》，庞弘译，重庆大学出版社 2019 年版。两本原著初版时间分别为 1976 年和 2011 年。

[2] 粤语“揾食”，即谋生。

[3] 参见[美]王国斌、罗森塔尔：《大分流之外：中国和欧洲经济变迁的政治》，周琳译，江苏人民出版社 2018 年版，第 7 页。

飞往你的山》中写道:她爱父母的唯一方式,是选择与父母分离。[1] 而在《实证的迷思》中,社会学家叶启政坦诚自己曾在“做一个具刚硬理性的专技‘科学’学者还是带着柔软感性的社会思想家”之间踌躇,但最终选择了后者。[2] 当然,这样的选择有时候并不是自由的、自主的;诸如此类“二选一”的难题也如同本书所强调的,可能还算不上是一道真正的选择题。显然,可选项通常不会先验存在,而需要我们去创造、去争取。尽可能扩展人生的选择空间,算得上是人类存活下来并不断向好的一种信念感吧?而这种表面上的选择多样性,不过是丰富而宽广之内心世界的外在投射。“我身体里的火车从来不会错轨,所以允许大雪,风暴,泥石流,和荒谬。”[3]——命途多舛之人尚且能在摇摇晃晃的人间走动中选择以诗歌充当拐杖,我们又有什么理由退缩呢?

但愿我们都能作出不悔的选择。

2021 年 3 月 3 日丑时草拟于佛山
2021 年 4 月 4 日酉时定稿于北京

---

〔1〕 参见[美]塔拉·韦斯特弗:《你当像鸟飞往你的山》,任爱红译,南海出版公司 2019 年版,第 378 页。

〔2〕 参见叶启政:《实证的迷思:重估社会科学经验研究》,生活·读书·新知三联书店 2018 年版,“自序”第 11 页。

〔3〕 参见余秀华:《月光落在左手上》,广西师范大学出版社 2015 年版,第 13 页。